LES CONTEURS ÉTRANGERS

LE LAC ONTARIO

DE

FENIMORE COOPER

ADAPTATION ET RÉDUCTION A L'USAGE DE LA JEUNESSE

PAR

A.-J. HUBERT

ORNÉ DE 24 GRAVURES SUR BOIS
D'APRÈS LES DESSINS DE BRUN ET MOUCHOT

TOURS
ALFRED MAME ET FILS, ÉDITEURS

LE

LAC ONTARIO

1re SÉRIE GRAND IN-8°

PROPRIÉTÉ DES ÉDITEURS

« Vous êtes donc l'ami que mon père a promis d'envoyer
au-devant de moi ? »

LES CONTEURS ÉTRANGERS

LE
LAC ONTARIO

DE

FENIMORE COOPER

ADAPTATION ET RÉDUCTION A L'USAGE DE LA JEUNESSE

PAR

A.-J. HUBERT

ORNÉ DE 24 GRAVURES SUR BOIS
D'APRÈS LES DESSINS DE BRUN ET MOUCHOT

TOURS
ALFRED MAME ET FILS, ÉDITEURS

M DCCC LXXXVIII

AVANT-PROPOS

« Adaptation et réduction à l'usage de la jeunesse, » avons-nous écrit en tête de ce volume : ces quelques mots suffiraient, pensons-nous, pour donner une idée exacte de ce travail, et justifier les modifications forcément apportées par nous aux ouvrages que nous publions sous ce titre général : LES CONTEURS ÉTRANGERS.

Cela est vrai, mais pour ceux-là seuls qui connaissent à fond l'œuvre de Walter Scott et de Fenimore Cooper, et qui de plus l'ont étudié au même point de vue que nous, afin de pouvoir le mettre sans danger entre les mains de la jeunesse. Dans les traductions ordinaires et plus complètes, il faut renoncer, en effet, à trouver une lecture qui puisse être faite en toute sécurité autour du foyer, le soir, en famille.

Ceux qui n'ont point songé à cela ne sauraient comprendre l'*adaptation* ni la *réduction*, et peut-être nous accuseront-ils d'avoir défiguré à plaisir l'œuvre des maîtres, de lui avoir manqué de respect.

Défigure-t-on un tableau de Raphaël ou une statue de Michel-Ange en les réduisant à de moindres dimensions par la gravure ou la photographie? Manque-t-on de respect aux grandes productions du génie en leur donnant des proportions qui permettent à tous d'en avoir un exemplaire sous les yeux?

Nous avons eu entre les mains une édition de l'excellente traduction de Defauconpret, ayant appartenu à une femme très intelligente et très distinguée, qui se plaisait, devenue grand'mère, à lire à la veillée, — elle lisait admirablement bien, — à ses enfants et à ses petits-enfants Fenimore Cooper et Walter Scott; tous les volumes portent la trace de discrètes et habiles corrections; bien des parenthèses s'ouvrent qui suppriment à coups de crayon, là un mot ou une phrase, ici de longues pages et des épisodes tout entiers.

C'est là précisément ce que nous avons fait nous-même, en donnant toutefois une traduction entièrement nouvelle, qui ne laisse point soupçonner les coupures et rétablit l'équilibre entre les diverses parties du livre ainsi remanié.

Walter Scott et Fenimore Cooper excellent dans le genre descriptif; mais, de l'aveu de tous, ils en abusent quelquefois; ils surchargent leurs récits de trop de détails, de longueurs, disons le mot, dont souffre le jeune lecteur, — et nous pourrions bien ajouter : le lecteur français en général, accoutumé à des procédés plus courts et plus vifs, emporté par l'intrigue et désireux d'en connaître le dénouement. La mise en scène des situations et des personnages est trop considérable, surtout dans une traduction, qui ne saurait avoir ni le piquant ni le charme de l'original.

Plusieurs de ces ouvrages renferment aussi des discussions philosophiques, psychologiques, politiques même ; la controverse religieuse et le parti pris s'y laissent entrevoir de temps en temps ; on y rencontre, traitées parfois longuement, des questions commerciales, sociales aussi : toutes choses intéressantes pour l'Anglais ou l'Américain, mais que *saute* invariablement le jeune lecteur français.

L'*adaptation* et la *réduction* ont eu pour but de dégager le récit de ces longueurs, superfétations admirables, si l'on veut, comme œuvres littéraires et dans l'original, mais entraves assurément à notre point de vue.

Je n'ajouterai point qu'il y a aussi par-ci par-là, dans ces livres, plus d'une situation particulièrement délicate et passionnée, qu'il importait de remanier de fond en comble pour pouvoir les donner impunément à tous les enfants.

L'œuvre du maître reste donc entière ; elle n'est point défigurée ; nous n'avons point manqué de respect à l'auteur ; nous avons gardé la forme originale, autant que nous l'avons pu, conservé la marche des événements, la façon de voir et les jugements de l'auteur ; les caractères demeurent entiers ; les situations sont les mêmes ; avant tout nous nous sommes attaché à faire revivre l'émotion simple et vraie qu'excitent à chaque pas dans ces romans d'une école étrangère la sensibilité naturelle et la bonne foi de l'écrivain, en leur donnant une allure plus vive et en les dégageant d'accessoires trop lourds et parfois encombrants.

Les enfants au moins nous sauront gré d'avoir mis à leur portée les œuvres de Fenimore Cooper et de Walter Scott, qu'une censure justifiée pouvait trouver trop longs, fatigants et parfois dangereux pour eux.

A.-J. H.

Une illustration nouvelle et soigneusement étudiée donnera aux récits des *Conteurs étrangers* un charme nouveau, en rendant plus vivantes encore les scènes si dramatiques qu'on y rencontre à chaque pas. Le texte y gagnera, l'intérêt sera augmenté d'autant, et le but final sera atteint : donner à la jeunesse un livre utile en même temps qu'agréable.

LE
LAC ONTARIO

I

Rien ne saurait rendre l'impression profonde et particulièrement délicate qui s'empare de l'homme en présence de l'immense étendue des forêts vierges du nouveau monde. Les sentiments les plus élevés, les émotions les plus vives, un charme d'une incomparable douceur élèvent son âme et ravissent son esprit. Les grands bois, comme l'Océan, ont des aspects variés, nouveaux, un ensemble plein de grandeur et de majesté souvent relevé par des détails aussi imprévus que gracieux; leur solennité un peu monotone se double d'accidents dus à mille causes inconnues : un souffle d'air qui traverse l'espace, quelque commotion ressentie par les vieux troncs et qui fait tressaillir la futaie entière, la teinte uniforme des masses de verdure prenant tout à coup les tons multiples de l'arc-en-ciel, une note gaie jetée dans ce grave et mélancolique concert, le chant d'un oiseau éclatant soudain au milieu du frémissement continu et monotone mêlé aux mille bruits mystérieux qui s'échappent des profondeurs ignorées. Toutes les beautés de la nature, en un mot, simples et grandioses se rencontrent là, s'imposent à l'homme à ce point qu'il en demeure comme foudroyé.

C'est le sentiment qui s'était emparé de plusieurs personnages tenant une grande place dans cette histoire. Ils étaient quatre : deux hommes et deux femmes; ils étaient parvenus à escalader une sorte de rampe escarpée, formée de troncs d'arbres déracinés par la tempête et entassés pêle-mêle sur un point de la forêt; le monticule étrange avait laissé derrière lui, s'allongeant pendant plusieurs milles, un large passage vide que nos voyageurs avaient parcouru; il atteignait les plus hautes cimes des géants de la forêt, et de ce promontoire improvisé par quelque ouragan terrible on dominait à une hauteur prodigieuse la surface immense des bois. Il avait fallu déployer une étonnante somme de patience et d'agilité pour arriver jusque-là : il est vrai que nos voyageurs, accoutumés au désert, avaient laissé depuis longtemps derrière eux les délicatesses, les frayeurs, les découragements habituels aux habitants des villes, trop dominés par le luxe et la mollesse; il faut dire aussi que leurs efforts trouvaient à cette heure la plus magnifique récompense. Ils en jouissaient diversement; mais plutôt que d'analyser leurs impressions, mieux vaut les présenter au lecteur. Deux d'entre eux, un homme et une femme, étaient de race indienne et de la tribu bien connue des Tuscaroras. Les deux autres n'appartenaient point aux anciennes peuplades autrefois maîtresses du sol. A en juger par son extérieur rude, un peu commun quoique non sans prétention, l'homme semblait un matelot d'un rang peu élevé; sa compagne était une jeune fille modeste et douce, de façons distinguées, et, à l'heure présente, l'animation que lui prêtaient la rude ascension qu'elle venait de faire et l'émotion du sublime spectacle qu'elle avait sous les yeux donnait à sa physionomie vive et intelligente un grand charme. On devinait, malgré tant de jeunesse et de timidité, un caractère ferme, un esprit élevé, et surtout un cœur d'une sensibilité et d'une droiture parfaites.

« Mon oncle, disait la jeune fille, qui trouvait un appui sur le bras du rude marin, en lui montrant du doigt l'espace verdoyant qui se déroulait autour d'eux à perte de vue, cela ne vous rappelle-t-il pas la vue de l'Océan, que vous aimez tant ?

— Ce que c'est pourtant que l'ignorance et l'imagination d'une jeune fille! Où peux-tu trouver, Magnet, — terme d'affection que le marin employait souvent en parlant à sa nièce; c'était une flatterie pour elle et un souvenir pour lui, les marins se servant souvent de ce terme pour désigner la boussole, — où peux-tu trouver un terme de comparaison entre une poignée de feuilles et l'océan Atlantique? Les flots auraient vite fait de balayer toutes ces cimes; la mer les roulerait comme un bouquet tombé de ta main.

— Je pense, mon oncle, que vous montrez dans ce jugement au moins autant de préjugés et d'imagination que moi; car regardez devant vous : combien de milles se déroulent là sous nos regards, et nous n'apercevons que des feuilles agitées et frémissantes! Quel autre spectacle vous offrirait la surface des flots?

— Comment! reprit le marin opiniâtre, — et il enfonçait plus avant ses deux bras croisés sur sa large poitrine sous les plis de sa veste rouge, — comment! vous demandez sérieusement ce que je verrais de plus sur l'Océan! Mais, malheureuse enfant, où sont ses vagues écumantes, ses eaux bleues et transparentes, ses brisants couronnés d'écume blanche? Où sont ses trombes formidables, ses baleines, ses requins? Qu'y a-t-il dans cette méchante forêt qui rappelle l'éternel roulis des ondes?

— Mais, mon oncle, chaque chose a son charme particulier. Où trouver sur l'Océan ces cimes majestueuses, ce solennel silence, ces parfums pénétrants de la forêt, cette belle verdure?

— Verdure! voilà bien l'ignorance; ne savez-vous donc pas que l'eau verte est le fléau des marins? Et puis, dites-moi quels poissons pourraient vivre sous cette croûte de feuilles sèches.

— S'il n'y a pas de poissons, il y a des animaux de toutes sortes.

— Je n'en sais rien. Avant notre départ d'Albany, on nous a raconté mille histoires d'animaux extraordinaires, et néanmoins nous n'avons encore rien vu. Je suis convaincu qu'il n'y a pas, dans toutes ces forêts, une bête sauvage comparable à un requin des basses latitudes.

— Voyez là-bas! s'écria la jeune fille, prêtant peu d'attention aux arguments du vieux matelot, n'est-ce pas une colonne de fumée qui monte au-dessus des arbres? Pensez-vous qu'elle sorte de la cheminée d'une habitation?

— Je la vois parfaitement. Arrowhead nous renseignera sur ce point; c'est son affaire. »

Et il toucha du doigt l'épaule de l'Indien, debout à côté de lui dans une attitude pensive, mais complètement muet, et il lui montra, ayant ainsi, pensait-il, éveillé son attention, la fumée qui au-dessus de la cime des arbres filtrait à travers les feuilles à peu près à un mille de distance. Le Tuscarora avait la mine haute et la physionomie noble des anciens sauvages de ce continent; leurs rapports trop suivis avec les colons ont fait perdre au plus grand nombre, de nos jours, cette attitude pleine de noblesse et de calme qu'ils affectaient en toute circonstance. Arrowhead était demeuré fidèle aux traditions de ses pères, et il avait gardé, en apparence du moins, le type et le caractère de sa race, bien qu'il eût fréquenté les habitations et qu'il connût les usages des étrangers. Il entretenait avec le marin, son compagnon de voyage, des relations amicales, tempérées pourtant d'une réserve qu'indiquait à l'Indien la distance, bien connue de lui, qui sépare un officier de marine d'un chef subalterne. Sa dignité calme et tranquille imposait à Charles Cap une grande retenue. Le marin à son tour, dont le ton dogmatique et l'humeur facétieuse n'épargnait d'ordinaire personne, n'avait pourtant point osé aller avec l'Indien jusqu'à la familiarité. Mais la vue de cette fumée blanche à travers les arbres avait troublé le marin, et il s'était oublié pour la première fois jusqu'à mettre la main sur l'épaule de son compagnon de route.

Le Tuscarora avait vu la fumée; il resta une minute sur la pointe des pieds, l'œil fixe; puis reprenant sa première attitude après avoir jeté un regard rapide tout autour de l'horizon, il fit entendre une de ces exclamations basses et contenues, d'un ton doux et guttural qui forme un contraste si singulier avec les cris des sauvages à l'heure de la mêlée, et dont les éclats stridents déchirent l'oreille. Charles Cap et sa jeune nièce n'ignoraient pas quels dangers ils avaient à courir dans ce voyage à travers cette ceinture de déserts sauvages qu'ils devaient traverser; mais ils ignoraient complètement si la rencontre d'autres hommes était un danger ou une cause de sécurité.

« Serions-nous dans le voisinage des Onéidas ou des Tuscaroras, Arrowhead? dit Cap à l'Indien. Nous ferions bien, dans ce cas, d'aller passer la nuit dans leur wigwam.

— Il ne saurait y avoir de wigwam dans ces parages, dit Arrowhead d'un air tranquille, il y a trop d'arbres.

— En tout cas, il y a là des Indiens et peut-être quelqu'une de vos anciennes connaissances...

— Non, dit Arrowhead sans s'émouvoir. Point de Tuscaroras, ni d'Onéidas, ni de Mohawks. C'est un feu de faces pâles.

— Voilà qui est trop fort! s'écria le marin; nous autres vieux chiens de mer, nous ne pouvons distinguer la fumée d'un vaisseau de ligne de celle d'un bâtiment charbonnier; voilà une affirmation qui me paraît passablement hasardée. »

L'idée qu'il pouvait se rencontrer dans leur voisinage des compatriotes troublait étrangement la jeune fille; son oncle ne paraissait pas moins impatient d'être fixé sur ce point; mais cette légère colonne de fumée, montant légèrement dans l'air au-dessus de la cime des arbres, pouvait-elle bien être regardée comme un renseignement certain? Il est vrai qu'ils avaient eu déjà bien souvent l'occasion d'admirer la pénétration, il serait peut-être plus juste de dire l'instinct du Tuscarora.

« Un feu de faces pâles! dit la jeune fille. Assurément, mon oncle, il est impossible de deviner cela.

— J'aurais été de ton avis il y a dix jours, mon enfant; mais à l'heure présente je ne sais plus qu'en penser. Comment pouvez-vous reconnaître, Arrowhead, dit le matelot s'adressant à leur guide, à la fumée, le feu allumé par une face pâle ou par un Indien?

— Un Indien ne fait pas de feu avec du bois vert; le bois vert, l'humidité donnent trop de fumée, une fumée trop noire.

— Mais, pardon, votre fumée n'est pas noire, et il ne me paraît pas qu'il y en ait beaucoup.

— Le bois est trop vert, dit le guerrier en secouant la tête. Un Tuscarora n'essaye pas de faire du feu avec de l'eau; c'est un feu de faces pâles.

— Il est possible qu'il ait raison, murmura le marin. Maintenant, Arrowhead, dites-moi, à quelle distance sommes-nous de l'étang d'eau douce que vous nommez le lac Ontario, et à la recherche duquel nous sommes depuis si longtemps?

— Le grand lac est pareil au ciel, dit l'Indien avec emphase; encore un soleil, et les voyageurs le verront.

— Si votre lac est si près de nous et que cette mare d'eau douce soit si grande, comment se fait-il que d'un point élevé comme celui-ci nous ne l'apercevions pas? J'ai une bonne paire d'yeux néanmoins.

— Regardez, dit Arrowhead, étendant le bras avec un geste plein de grâce et de dignité, voilà l'Ontario.

— Osez-vous donc supposer qu'étant à portée de la vue de mon élément naturel, je pourrais ne pas le reconnaître?

— Mais votre élément naturel, mon oncle, s'écria en riant la jeune fille, c'est de l'eau salée; et puis vous êtes accoutumé à crier : Terre! Il n'est pas surprenant qu'après un voyage au milieu des bois vous ne reconnaissiez pas le voisinage d'un lac d'eau douce.

— Un vieux loup de mer comme moi ne saurait être mis en défaut. Si l'eau était là, je la verrais.

— L'Ontario! » répéta le guerrier indien, étendant le bras dans la direction du nord-ouest.

Cap eut un regard de mépris pour l'Indien. Le doigt de ce dernier désignait un point blanchâtre qu'on aurait dit placé dans le firmament au-dessus de la ligne des arbres; il haussa les épaules et murmura :

« Je m'y attendais! une mare d'eau douce! Contiendra-t-elle assez d'eau pour que nous puissions manœuvrer notre barque? N'importe, s'il y a des blancs dans le voisinage, je voudrais être à portée de les héler. »

Le guerrier indien s'inclina en signe d'assentiment, et

tous quatre descendirent en silence le monticule d'arbres enchevêtrés les uns dans les autres. Arrowhead annonça qu'il allait aller à la découverte, et il conseilla à ses compagnons de se retirer dans la barque; la rivière qu'ils descendaient depuis plusieurs jours n'était qu'à une très petite distance.

« Halte-là, chef! s'écria maître Cap, il me semble déraisonnable dans un pareil moment de laisser le pilote s'éloigner du navire; avec votre permission, je partagerai votre croisière; je verrai moi-même ces étrangers et je leur parlerai. »

Le Tuscarora ne parut point blessé de cette méfiance de son compagnon; il se contenta de donner à sa femme, une Indienne douce, patiente et soumise, dont les grands yeux ne se fixaient jamais sur son mari sans exprimer le respect, la crainte et surtout la plus vive admiration, l'ordre de rejoindre la barque en compagnie de la nièce de maître Cap. Mais Magnet, — son véritable nom était Mabel Dunham, — ne voulut point consentir à cet arrangement; elle ne manquait certes ni de résolution ni d'énergie; mais l'idée de rester seule avec l'Indienne, au milieu de ces bois, dans un véritable désert, lui était si pénible, qu'elle manifesta le désir de faire partie de l'expédition. Après être demeurée si longtemps assise sans mouvement dans le canot, l'exercice lui ferait du bien; et puis, ajouta-t-elle, il peut se faire qu'il y ait des femmes avec ces étrangers, et elle serait bien aise de les rencontrer.

« Venez, mon enfant, dit Cap, nous sommes à une encablure à peine de ce campement; nous serons de retour une heure avant le coucher du soleil. »

Rosée-de-Juin, — c'était le nom de la femme d'Arrowhead, — était trop accoutumée à une obéissance passive, et l'isolement dans la forêt lui paraissait trop naturel pour qu'elle eût la pensée d'élever la moindre objection; elle partit en toute hâte et s'en alla retrouver le canot.

Nos trois voyageurs eurent quelque peine à sortir de l'espèce de labyrinthe formé par l'entassement des troncs d'arbres accumulés sur ce point; néanmoins, grâce à l'instinct d'Arrowhead, ils entrèrent bientôt dans les grands bois, et d'un coup d'œil ce dernier indiqua la route qu'il fallait tenir pour arriver sûrement au point d'où s'échappait la fumée qu'ils avaient entrevue.

Cap affecta de ne pas s'en rapporter aussi facilement au jugement de l'Indien; il tira de sa poche une boussole et reconnut exactement la situation : l'Indien ne s'était point trompé. Le marin en fut pour ses frais et n'eut plus qu'à emboîter le pas; il dit pourtant à Mabel, qui le suivait d'un pas vif et léger :

« Il n'y a que les Indiens pour se gouverner ainsi à vue de nez. Mais un bon marin proclame la vertu de l'aiguille aimantée; jamais Christophe Colomb, vous pouvez m'en croire, n'eût découvert l'Amérique s'il n'avait pas eu la boussole. Ami Arrowhead, connaissez-vous cette machine-là? »

L'Indien jeta rapidement un coup d'œil sur l'instrument que Cap tenait à la main et observait soigneusement pour diriger sa marche.

« Eau-Salée, — c'est le nom que le Tuscarora donnait au marin, — c'est l'œil des faces pâles; l'Indien n'a besoin que de ses yeux. » Puis, prenant un accent plus grave : « C'est l'heure de se servir de ses yeux, mais il importe surtout de laisser sa langue en repos.

— Mon oncle, dit la jeune fille, je crois qu'il sera bon de s'en rapporter au Tuscarora; il se méfie bien sûr des gens que nous allons rencontrer, et il demande avec raison que nous observions le plus strict silence. N'hésitons point à suivre son avis.

— Vous avez raison, mon enfant; les sauvages prennent toujours toutes les précautions. Avez-vous remarqué que le chef a examiné l'amorce de son fusil? Je ferai bien de voir aussi si mes pistolets sont en bon état. »

Mabel, accoutumée aux aventures d'un long voyage à travers le désert, ne montra aucune inquiétude à la vue de ces préparatifs, et elle continua de suivre allègrement leur guide. Bientôt, comme on approchait de l'endroit où ils savaient que le feu était allumé, ils redoublèrent encore de précautions.

Sous la voûte de verdure de la forêt sous laquelle ils marchaient, aucune végétation n'arrêtait la vue; les troncs des arbres, lisses et droits comme des colonnes de granit, permettaient de voir fort loin dans toutes les directions, et la route restait largement ouverte devant nos voyageurs; mais ils savaient, nullement trompés par cette apparence de calme profond et de sécurité, que l'aventurier, le chasseur ou l'ennemi trouvaient aisément une cachette derrière ces troncs gigantesques, et qu'il importait de redoubler de vigilance et de se cacher avec le plus grand soin.

« Eau-Salée, dit l'Indien à voix basse, voyez-vous là-bas le feu des faces pâles?

— Il a raison, reprit le marin; ils sont, ma foi, aussi tranquilles, occupés à déjeuner, que s'ils étaient attablés dans la grande chambre d'un vaisseau à trois ponts.

— Arrowhead, dit Mabel, vous n'avez raison qu'à demi, car il y a deux Indiens et un seul blanc.

— Faces pâles, reprit gravement le chef tuscarora en levant deux doigts; homme rouge, n'en levant plus qu'un seul.

— Je ne saurais trancher la question, dit maître Cap. Je vois fort bien un blanc : un jeune, solide et vigoureux gaillard; l'autre est rouge, cela n'est pas douteux; mais le troisième est gréé de telle façon, qu'il me paraît difficile de dire si c'est un brick ou un schooner.

— Faces pâles, dit encore Arrowhead, et il leva deux doigts; homme rouge, en n'en levant qu'un seul.

— Ses yeux semblent ne le tromper jamais, dit la jeune fille; sans doute il a raison. Mais sont-ce des amis ou des ennemis? voilà ce qu'il importe de savoir. Ne sont-ce pas des Français?

— Nous allons le savoir; il suffit de les héler, dit Cap. Mettez-vous derrière cet arbre, Magnet, ces drôles pourraient nous envoyer une bordée avant de nous répondre; j'ignore sous quel pavillon ils croisent. »

Il approchait déjà la main de sa bouche pour remplacer le porte-voix, quand Arrowhead, d'un brusque mouvement de la main, l'arrêta au moment où il allait crier.

« Homme rouge, Mohican, dit-il en même temps, c'est bon; faces pâles, Anglais.

— Tant mieux! s'écria Mabel; approchons-nous, mon oncle, et faisons-nous reconnaître comme des amis.

— N'allez pas si vite, dit le Tuscarora; les faces pâles sont toujours pressées. Il vaut mieux que la squaw marche en avant.

— Quoi! s'écria Cap, la petite Magnet s'en ira en vedette tandis que, semblables à deux poltrons, nous resterons là en panne pour voir quelle sorte d'atterrage elle fera! Cela est impossible; jamais je ne consentirai...

— C'est pourtant le plus sage, reprit Mabel; un chrétien voyant une femme sans défense s'avancer seule n'aura point la cruauté de faire feu sur elle. Je n'ai d'ailleurs aucune inquiétude.

— Bon, très bon! dit le sauvage.

— Un marin cependant ne saurait donner son consentement à de pareilles dispositions...; il est vrai que nous sommes perdus au fond des bois... Ma nièce, prenez au moins un de mes pistolets.

— Non, non; je le répète, reprit la jeune fille, montrant la plus ferme résolution, la meilleure sauvegarde d'une femme en face de chrétiens, d'hommes honnêtes, c'est le droit qu'elle a à leur protection. Je n'ai nul besoin de vos pistolets, dont je ne sais point faire usage. »

Mabel partit aussitôt en avant; son cœur battait bien fort, de vives couleurs animaient son visage; mais elle n'avait pas une hésitation qui pût faire soupçonner la crainte ou l'inquiétude. Un silence de mort régnait dans la forêt; les étrangers, probablement fatigués par une longue excursion, restaient uniquement occupés à satisfaire leur appétit et à réparer leurs forces; ils ne voyaient point venir Mabel. Bientôt la jeune fille ne fut plus qu'à une centaine de pas du feu autour duquel ils étaient rangés. A ce moment une branche sèche cassa sous son pied; à ce bruit, comme mus par un ressort, deux de ces hommes, celui qu'Arrowhead avait dit être un Mohican et celui dont il avait paru si difficile de déterminer la couleur, se levèrent avec la promptitude de la pensée. Tous deux jetèrent un coup d'œil sur leurs mousquets, appuyés à un arbre voisin; mais reconnaissant vite une jeune fille seule, sans défense, ils ne firent pas un mouvement pour se rapprocher de leurs armes. L'Indien parut dire deux ou trois mots à son compagnon, puis il se rassit et se mit à continuer fort tranquillement son repas. L'autre vint aussitôt sans hâte, mais avec une bienveillance marquée, au-devant de la nièce de maître Cap,

Mabel reconnut en lui un homme de sa race, comme l'avait affirmé Arrowhead; mais pour s'en assurer il fallait y regarder de bien près. Il était d'un âge moyen; sa taille était haute, son costume simple, commode et fort usé; sa physionomie eût paru commune si elle n'avait été relevée par un grand air de franchise et d'honnêteté qui rassura aussitôt Mabel; elle devina qu'avec cet homme elle n'avait aucune espèce de danger à courir. Elle s'arrêta pourtant, voyant qu'il allait arriver près d'elle; elle ne voulait pas paraître montrer trop d'empressement.

« Ne craignez rien, jeune étrangère, lui dit le chasseur, car son accoutrement indiquait bien qu'il suivait cette profession, vous êtes en présence de bons chrétiens disposés à traiter avec bienveillance ceux qui aiment la paix et la justice. Je suis assez connu dans les pays, et peut-être mon nom est-il arrivé jusqu'à vous. Les Français et les Peaux-Rouges qui habitent de l'autre côté des grands lacs m'appellent la Longue-Carabine; les Mohicans, gens pleins d'honneur et de droiture, m'ont surnommé Œil-de-Faucon, et cela parce qu'ils savent pertinemment qu'étant à l'extrémité d'une piste et un Mingo ou un ami qui a besoin de mon secours à l'autre bout, j'y arriverai sûrement; les troupes et les chasseurs de ce côté de l'eau m'ont donné le sobriquet de Pathfinder.

— Pathfinder! s'écria la jeune fille.

— C'est mon nom, » dit le chasseur, qui venait de parler de lui-même avec la plus grande simplicité, non pour se vanter de ses mérites ou de ses exploits, auxquels tout le monde rendait justice, mais uniquement pour se faire connaître et dire la vérité.

« Vous êtes donc l'ami de mon père, celui qu'il a promis d'envoyer au-devant de nous?

— Oui, si vous êtes la fille du sergent Dunham.

— Je suis effectivement Mabel Dunham, et mon oncle Cap est là derrière ces arbres avec un Tuscarora nommé Arrowhead, qui nous sert de guide. Nous ne comptions pas vous trouver avant d'arriver sur les bords du grand lac.

— Arrowhead! répéta le chasseur; c'est un bon guide, il connaît tous les sentiers. Je souhaiterais qu'il eût plus de justice dans l'esprit. Je ne suis guère ami des Tuscaroras, ils ont trop délaissé la tombe de leurs pères. Arrowhead est ambitieux; plaise à Dieu que ce ne soit pas un traître!... Rosée-de-Juin est-elle avec lui?

— Sa femme nous a suivis; la connaissez-vous? Il n'y a point de créature plus douce et plus dévouée qu'elle.

— Oui, elle a le cœur bien placé. Je n'en saurais dire autant d'Arrowhead : il a trop de sang mingo dans les veines, surtout pour un homme qui fréquente autant que lui les Delawares.

— Il est heureux alors que nous vous ayons rencontré plus tôt que nous ne pensions.

— Vous avez raison, jeune fille, cela est heureux pour vous; car, ayant promis au sergent de vous conduire au port en sûreté, je le ferai, dussé-je y perdre la vie. Nous avions pris nos dispositions pour vous rejoindre en avant des cataractes où nous avons laissé notre canot; nous sommes venus jusqu'ici parce qu'il ne nous coûtait pas de faire quelques milles de plus pour voir si vous aviez besoin de nous, et nous avons bien fait. Arrowhead n'est pas l'homme qu'il vous faut pour franchir les rapides.

— Voici mon oncle et le Tuscarora, dit Mabel; nous ne ferons plus maintenant qu'une seule troupe. »

Cap et Arrowhead, ayant vu que l'entretien avait pris une tournure tout à fait pacifique, s'étaient approchés; la jeune fille leur fit aussitôt connaître l'étranger qui était venu au-devant d'elle, et tous ensemble s'en allèrent rejoindre les deux individus restés auprès du feu.

II

Le Mohican ne parut pas s'apercevoir de l'arrivée des étrangers; il continua son repas sans façon. Le second homme blanc se découvrit devant la jeune fille et la salua poliment. Il était jeune, robuste et avenant; comme maître Cap, il avait un costume qui annonçait sa profession : lui aussi était marin.

Il convient de dire qu'à cette époque les marins formaient une classe complètement séparée des autres hommes, ayant ses idées, son langage habituel et ses vêtements particuliers; ils portaient partout, en un mot, les insignes de leur métier, et en toutes choses aussi leurs prétentions étaient fort grandes. Il était aisé de voir que ce jeune homme était habitué à vivre sur l'eau ; mais sa façon et sa manière d'être étaient à coup sûr moins caractérisées que celles de l'oncle de Mabel. Il était d'ailleurs fort modeste et d'une grande simplicité, malgré sa vivacité et sa bonne humeur.

La fille du sergent, qui avait abordé sans le moindre embarras Pathfinder, à peine plus âgé que son compagnon, ne put s'empêcher de baisser les yeux en voyant le jeune marin la regarder avec une franche et naïve admiration. Ils ressentirent en réalité tous les deux, dès cet instant, l'un pour l'autre cet intérêt que la similitude d'âge et de condition inspire presque toujours à la jeunesse dans une situation semblable.

Pathfinder disait d'ailleurs à Mabel avec son franc et honnête sourire :

« Voici les amis de votre père venus sur sa demande au-devant de vous. Celui-ci est un grand chef delaware; on le nomme le Grand-Serpent; non pas qu'il soit faux et astucieux, mais parce qu'il est prudent et qu'il pénètre tous les détours du cœur humain comme il connaît tous les sentiers de la forêt. Arrowhead sait bien ce que je veux dire. »

Dans ce moment même, les deux Indiens se regardaient, et le Tuscarora fit un pas pour se rapprocher du Mohican et se mit à l'entretenir avec une déférence marquée.

« Voilà qui est de bon augure, dit le chasseur à ses nouvelles connaissances; la rencontre amicale de deux Peaux-Rouges dans les bois ressemble à celle de deux bâtiments étrangers se hélant sur l'Océan. Mais il faut aussi que je vous présente mon jeune ami, Jasper Western. Vous ferez sa connaissance avec plaisir, maître Cap; vous suivez la même carrière, car il a passé toute sa vie sur l'Ontario.

— Charmé de vous rencontrer, dit Cap en serrant cordialement la main du jeune homme; vous êtes marin, mais marin d'eau douce; vous devez avoir encore beaucoup à apprendre, il faudra voir cela. — Voici ma nièce Magnet! Je la nomme ainsi pour une raison que vous devez soupçonner, si votre éducation n'est pas trop incomplète.

— Je devine parfaitement votre raison, » reprit Jasper, et, souriant, il dit à la jeune fille, qui rougissait : « Le marin qui se fiera à cette boussole est assuré de trouver un bon atterrage!

— Ah! fort bien! fort bien! reprit Cap; je vois que vous connaissez nos termes et que vous savez les employer, bien que vous n'ayez pas dû voir encore des eaux bien profondes; le langage du marin ne se parle bien que sur l'Océan.

— Il n'est pas étonnant que je garde la façon de dire de ceux qui habitent la terre, puisque je la quitte rarement de vue plus de vingt-quatre heures.

— Tant pis, jeune homme; il n'est pas bon pour un marin de se rapprocher trop souvent de la terre. Votre lac, je suppose, est plus ou moins environné de terre. »

Mabel, qui n'aimait point à entendre son oncle le prendre sur ce ton dogmatique, craignant qu'il ne se rendît ridicule, lui cria vivement :

« Est-ce que votre Océan n'est pas également entouré de terre?

— Nullement; c'est l'Océan qui environne les terres, ce qui est bien différend; la terre entière n'est autre chose qu'une sorte d'île. Je le sais, la vanité n'a point de bornes en ce monde; et j'ai rencontré des drôles n'ayant jamais vu l'eau salée et s'entêtant à discuter avec ceux qui ont doublé le cap Horn. Quand on ne connaît point l'eau salée, voguât-on sur la plus grande mare d'eau douce qui se puisse imaginer, on n'est point marin : on habite simplement cette misérable terre sur laquelle je voudrais ne jamais mettre le pied. »

Western était disposé à montrer la plus grande déférence pour le marin; lui aussi eût aimé à voguer sur l'Océan, ç'avait été de sa part l'objet de bien des rêves; mais il aimait la magnifique nappe d'eau sur laquelle il avait passé sa vie, et il lui trouvait de grandes beautés et beaucoup de charmes.

« Monsieur, dit-il modestement, ce que vous dites est vrai sans doute pour les marins de l'Atlantique; mais ici, sur l'Ontario, nous avons un grand respect pour la terre et ses habitants.

— C'est parce que vous ne la perdez jamais de vue, répondit en riant maître Cap. Mais Pathfinder nous appelle et nous invite à venir prendre notre part d'un plat de venaison dont le fumet est des plus appétissants; j'avoue que c'est là une supériorité des bois sur l'eau salée : l'Océan n'a point de venaison. Maître Western, voilà une fonction qui convient à votre âge et ne réclame point un marin consommé : chargez-vous de veiller aux besoins de ma nièce. Cela sera aussi facile pour vous que d'embarquer le mou de la drisse du pavillon de poupe; et pendant que je partagerai la gamelle de Pathfinder et de ses amis, ayez l'œil sur l'assiette et le gobelet de Mabel. Je ne doute pas, si vous êtes empressé et complaisant, qu'elle ne s'en souvienne. »

Maître Cap ne savait pas si bien dire. Le fait est que Mabel se souvint des procédés aimables, de l'exquise délicatesse du jeune marin à son égard. Il n'avait point vu l'Océan, il ne connaissait point l'eau salée, il n'avait point parcouru les routes de l'Atlantique ni doublé le cap Horn; mais il était jeune et poli, ouvert et franc, et c'était plus qu'il ne fallait pour faire vite beaucoup de chemin dans l'esprit de la jeune fille, honnête comme lui et très touchée des attentions qu'il avait pour elle. Il lui avança un bout de tronc d'arbre et l'y fit asseoir; puis il la servit avec cet empressement respectueux qui est aussi éloigné de la brutalité ordinaire des gens de sa profession que de l'affectation si à la mode dans le monde, mais qui, par cela même, devait être plus agréable à Mabel. Quand il l'eut servie, il s'assit en face d'elle, et sans embarras il l'entretint de façon à la distraire des émotions de la journée et des préoccupations du lendemain.

Pendant que ces jeunes gens faisaient ainsi connaissance, Cap, avec l'aisance qui lui était habituelle et le soin de lui-même qui ne le quittait jamais, était en train de se faire une situation prépondérante dans le second groupe honoré de sa présence. Nos quatre personnages avaient pris place autour d'un large plat de bois où s'étalaient de magnifiques tranches de venaison grillées, et, tout en apaisant leur faim, ils entretenaient une conversation générale. Chacun y prenait part avec les qualités propres à son tempérament ; les Indiens étaient à peu près silencieux, ils satisfaisaient largement leur appétit : un aborigène américain semble toujours ne pouvoir être rassasié de venaison ; les deux blancs étaient plus communicatifs, mais l'un et l'autre défendait ses opinions avec opiniâtreté, sans trop céder au voisin, le chasseur à cause de sa grande sincérité, le marin par amour-propre, forfanterie et vanité. Nous prêterons un peu l'oreille à leur entretien, non pour l'intérêt des sujets traités, mais pour nous faire une juste idée de leurs caractères et de leurs manières de voir, puis aussi parce qu'il nous donnera des renseignements sur leur passé, et ainsi nous jugerons mieux leur conduite dans l'avenir et la part qui leur reviendra dans la suite des événements que nous entreprenons de raconter.

« Votre manière de vivre, monsieur Pathfinder, dit Cap quand ils eurent fait un peu connaissance, ne doit pas manquer de charmes ; elle offre de grandes ressemblances avec la nôtre, sauf que vous êtes dans les bois et que nous sommes sur l'eau.

— L'eau n'est pas un élément qui nous soit inconnu, répondait le chasseur ; nous manions la rame et le gouvernail presque aussi souvent que le mousquet et le couteau de chasse.

— Oui, oui, dit Cap, repris par ses idées de gloriole et de vanteries personnelles qu'il trahissait à tout moment ;

mais vous ne savez pas manier les bras des vergues, les boulines, la roue du gouvernail et la ligne de sonde, les garcettes des ris et les drisses des vergues. L'aviron s'utilise sans doute dans un canot; mais à quoi sert-il sur un navire?

— Je ne connais pas toutes les choses dont vous parlez, et je respecte tout homme dans l'exercice de sa profession. Mais un homme qui, comme moi, a vu beaucoup, a vécu avec des peuplades si différentes les unes des autres, comprend toutes les coutumes. Je n'ai pas grande confiance dans le savoir des habitants des villes; car je n'en ai jamais guère rencontré qui sussent tirer un coup de mousquet ou suivre convenablement une piste.

— Sur ce point je pense comme vous, maître Pathfinder; il ne faut pas se rompre la tête à consulter tant de livres, à noircir tant de papier. Embarquez-moi un jeune homme de bonne heure sur l'Océan; qu'il étudie les nations étrangères et regarde ce que j'appelle la face de la nature, seul moyen d'en connaître le vrai caractère. Tenez, par exemple, voici mon frère, le sergent; c'est un brave homme, j'en conviens, mais ce n'est pas autre chose qu'un soldat! Ma sœur n'a pas assez vécu pour le voir sergent; elle n'a pas joui de son avancement.

— La profession de soldat est toujours honorable, pourvu qu'il ne combatte que pour la justice, dit gravement Pathfinder; et comme les Français ont toujours tort et que Sa Majesté Britannique et ses colonies ont toujours raison, je ne vois pas pourquoi le sergent qui jouit d'une bonne réputation n'aurait pas la conscience tranquille. Je ne dors d'ailleurs jamais plus paisiblement qu'après avoir combattu les Mingos; il est vrai que je lutte toujours en homme blanc et jamais en Indien. Chacun a sa manière : le Grand-Serpent a les siennes, je ne le blâme pas; mais je conserve ma nature. Nous avons souvent lutté côte à côte, et jamais l'un de nous n'a trouvé à redire à la façon de faire de l'autre. Quoi qu'il en soit, ami Cap, je suis bien aise d'avoir fait votre connaissance; votre témoignage sera d'un grand poids pour persuader à mon ami le Mohican qu'il y a de grands lacs dont l'eau est salée. Les Peaux-Rouges ne croient pas à leur existence. Ils nient aussi qu'il y ait des rivières qui coulent en remontant vers leur source, comme cela se voit au bord de l'Océan.

— Rien n'est plus certain néanmoins; le doute sur ce point n'est pas permis; il est vrai que je ne peux pas me faire davantage à l'idée de vos mers intérieures, de vos mers d'eau douce. Je vous avouerai que je viens de faire un grand voyage sans doute pour accompagner ma nièce, selon le désir de mon frère le sergent, mais que je me propose surtout de m'assurer par moi-même de la réalité de ce fait.

— Vous avez tort, maître Cap, de ne pas croire plus fermement à la toute-puissance de Dieu; les gens des villes l'oublient trop. Je suis, pour mon compte, de ceux qui croient que la main qui a fait l'eau douce a pu faire l'eau salée. »

L'humeur batailleuse de Cap dut céder devant les affirmations simples et véhémentes du chasseur des bois; il ne lui venait pas à la pensée d'admettre comme vrai un fait dont il doutait depuis tant d'années; mais du moment qu'il s'agissait de reconnaître la toute-puissance de Dieu, il ne coûtait pas à son amour-propre de déclarer qu'il était absolument de l'avis de son interlocuteur.

Pathfinder prolongea l'entretien, et pendant que le marin lui répétait d'un ton goguenard qu'il aurait le plaisir de goûter l'eau douce du lac Ontario, il lui démontrait à l'aide d'arguments simples, mais irréfutables, que chaque pays a ses singularités, comme chaque race d'hommes ses qualités particulières, comme chaque profession ses avantages. Le marin, qui avait vu Arrowhead à l'œuvre, ne pouvait méconnaître l'instinct admirable des Indiens pour se diriger dans les bois, pour retrouver une piste. Le chasseur riait de ses étonnements, et à son tour le trouvait naïf.

Cap néanmoins ne cédait point aisément.

« Tous les hommes se ressemblent, disait-il; ce que l'un fait, l'autre peut le faire. Les Peaux-Rouges, je ne le nie pas, ne manquent point d'adresse; ils savent se diriger dans leurs forêts; mais il n'y a point de marin, s'il voulait seulement se donner la peine de s'en occuper un peu, qui ne fût en très peu de temps capable d'en faire autant. Encore une fois, concluait-il, tous les hommes se ressemblent; j'ai parcouru le monde, et j'ai trouvé qu'en général toutes les nations aiment l'or et l'argent, et que la plupart des hommes aiment à fumer de bon tabac.

— Et avez-vous rencontré chez beaucoup de nations l'habitude de chanter un chant de mort pendant qu'on vous enfonce des éclats de bois dans la chair, qu'on vous la coupe en lambeaux ou qu'on vous la grille avec des charbons ardents? Un Peau-Rouge peut faire cela; mais où trouver un blanc qui supporte ainsi un pareil supplice?

— Il ne saurait être question de blanc en pareil cas, dit maître Cap avec une mine assez piteuse; les sauvages ne commettent de pareilles horreurs qu'entre eux. Je suppose qu'aucun homme blanc n'a jamais été mis à pareille épreuve.

— Vous vous trompez fort; les Indiens ne se font point scrupule de nous traiter ainsi, et plus d'un blanc tombé entre leurs mains a connu cette épouvantable agonie; mais aucun n'a su mourir comme un Peau-Rouge.

— Au moins les sauvages alliés de Sa Majesté ne se livrent jamais à de pareilles pratiques; en tout cas, ils ne se permettraient pas de s'en prendre à des sujets fidèles de Sa Majesté. » Il ajouta sur un ton qu'il essayait vainement

« Le Seigneur est notre aide ! » dit avec une profonde conviction l'honnête chasseur.

de rendre plus calme : « Quoique je n'aie pas longtemps servi dans l'armée royale, j'ai, je l'avoue, plus souvent travaillé sur des bâtiments irréguliers en compagnie de corsaires... J'imagine aussi qu'il n'y a pas dans ces parages de sauvages alliés aux Français, car vous m'avez dit que l'Ontario est une grande nappe d'eau, et dès lors...

— L'Ontario, dit le chasseur sans essayer de cacher un sourire, est grand pour nous ; il peut paraître petit pour d'autres. D'ailleurs il a deux bouts qui permettent à l'ennemi qui n'oserait le traverser d'en faire le tour. Et si je ne craignais d'épouvanter votre nièce, — mais elle ne m'écoute pas, et je suis bien sûr qu'Eau-Douce, comme nous appelons Jasper, ne s'amuse pas à lui raconter des histoires effroyables de Peaux-Rouges, — je vous dirais qu'il y a presque autant d'Iroquois de ce côté du lac que sur l'autre rive, et c'est précisément pour cela que le sergent nous a envoyés à votre rencontre.

— Comment ! ces coquins osent s'approcher ainsi des canons des forts de Sa Majesté !

— Ils ne s'en font point faute. Le Grand-Serpent a suivi en venant une des rives du cours d'eau, pendant que je remontais l'autre ; mais ni l'un ni l'autre nous n'avons pu découvrir où ces coquins ont établi leur embuscade, et pourtant Jasper, qui amenait le canot, a été visé deux fois par les Mingos. Rien n'est dangereux comme une rivière bordée de grands arbres avec des ennemis des deux côtés.

— Ma foi, dit Cap ne dissimulant plus sa mauvaise humeur, si ce n'était pour Magnet, je virerais de bord. Quelle diable d'idée a eue le sergent de nous faire entreprendre un voyage de cent cinquante milles dans de pareilles conditions ?

— Retourner en arrière ne nous avancerait guère ; la route est plus longue et n'est pas plus sûre. Fiez-vous à nous ;

nous vous conduirons en sûreté au fort, ou nous y perdrons nos chevelures.

— A quelle distance sommes-nous du fort?

— A une quinzaine de milles environ. Nous nous embarquerons sur l'Oswego, et comme les courants sont rapides et que Jasper connaît son métier, il ne nous faudra pas beaucoup de temps pour franchir cette distance.

— Oui, mais... — Cap hésitait. — Et ces Mingos dont vous parlez, qui les empêchera de tirer sur nous quand nous manœuvrerons pour éviter les rochers?

— Le Seigneur est notre aide! dit avec une profonde conviction l'honnête chasseur. Sans rien négliger de notre côté, comptons sur lui. Sans son secours il y a longtemps que ma tête aurait été dépouillée de ses cheveux et de sa peau. Mais je ne m'engage jamais dans une entreprise difficile sans penser à ce puissant allié. Faites comme moi, mon ami, vous vous en trouverez bien. »

On donna bientôt le signal du départ. Jasper et Mabel n'avaient rien entendu de la conversation que nous venons de rapporter; la jeune fille rougit légèrement en pensant qu'elle n'avait donné nulle attention à ses autres compagnons de voyage pendant tout ce temps; mais le jeune marin lui avait fait la description du fort où demeurait son père; il lui avait parlé avec une nuance de respect et d'affection très marquée de ce père qu'elle n'avait pas vu depuis sa plus tendre enfance; il lui avait raconté la vie qu'il menait au milieu de ses soldats, l'estime dont il était entouré. Le temps avait passé vite, et la jeune fille n'avait pas eu le loisir de penser à autre chose.

Les apprêts du départ furent bientôt faits; car les bagages n'étaient pas lourds, et l'on eut bientôt pris le chemin de la rivière pour rejoindre les canots. Pathfinder resta un peu en arrière et jeta une brassée de bois vert dans le foyer à demi éteint; ils n'avaient plus aucune raison de se cacher, et il valait mieux, au contraire, pour attirer leurs ennemis sur ce point, laisser des indices qui ne pouvaient plus les trahir. Aidé de Jasper, il s'efforça, en suivant le même chemin que sa petite troupe, de faire disparaître toutes les traces du passage de ses compagnons. Chemin faisant il disait à son jeune ami :

« Je puis m'entendre avec un marin comme vous. Vos occupations sont sur le lac, comme les miennes dans les bois; mais elles n'ont rien d'opposé. Maître Cap me paraît un homme bien étrange; si nous essayions un peu la trempe de sa lame? Voulez-vous que nous lui fassions franchir d'un saut la cataracte?

— Oui, dit Jasper; mais sa nièce, qu'en ferons-nous? Elle mourra de frayeur.

— Elle n'en verra rien; elle fera à pied le tour des rochers; je voudrais savoir si le briquet de cet étranger produit du feu. »

Jasper n'était pas fâché de montrer à ce vieux marin, dont le ton était si tranchant et si dogmatique, qu'on savait faire d'assez bons tours sur la frontière. Mais de la conversation qu'il venait d'avoir avec la nièce de Cap il lui restait, sans trop s'en rendre compte, une vive crainte d'être désagréable à la jeune fille; il ne voulait pas qu'elle prît de l'effroi à cause d'une aventure dont on n'était pas obligé de courir les risques et qui ne manquait point de danger.

« Mais elle ne m'a point l'air d'être fille à prendre peur si facilement, disait le chasseur; laissez-moi faire, Jasper, je me charge de tout.

— Non, non, dit le jeune homme en secouant la tête, vous ne ferez que vous noyer tous les deux. Si le canot franchit la cataracte, il faut que je sois dedans.

— Eh bien! c'est entendu. Fumons la pipe du consentement au marché.

— Soit; après tout, il n'y a pas de danger. »

Il n'en fut pas parlé davantage; d'ailleurs ils rejoignaient leurs compagnons, et la barque était devant eux.

III

Les rivières qui se jettent dans l'Ontario du côté du midi sont étroites et profondes; leur cours est lent et leur lit d'ordinaire embarrassé de rochers, de troncs d'arbres accumulés et de buissons épais. Le pays est accidenté, et plusieurs de ces rivières ont des cataractes assez élevées. L'Oswego, formé par l'Oneïda et l'Onondaga, court rapidement à travers une plaine sans grands accidents de terrain sur une étendue de huit à dix milles, et atteint, à l'extrémité du plateau, une sorte de terrasse d'où il se précipite d'une hauteur de dix à quinze pieds pour couler ensuite, sur un autre niveau, jusqu'au lac Ontario. Arrivés sur la rive, tous nos voyageurs prirent place sur la pirogue amenée par Arrowhead et Cap du fort Stanwix, dernier port militaire sur le Mohawk; seul Pathfinder demeura sur le bord.

Jasper prit aussitôt place à la barre, dépossédant ainsi Arrowhead de ses fonctions de pilote. Sur les conseils du chasseur et dans le dessein de ne laisser aucune indication qui pût mettre l'ennemi sur leurs traces, il tourna en arrière l'avant du canot, comme s'ils eussent voulu remonter la rivière. Ces hommes avaient la conviction que les Mingos les épiaient afin de leur faire un mauvais parti.

Au moment où ils allaient prendre le courant, Pathfinder de la rive sauta légèrement dans la barque, et avec une telle agilité, qu'il n'y produisit pas même la plus petite secousse. Et pourtant la pirogue était légère et merveilleusement adaptée à la navigation de ces rivières; elle était longue, fort large, avec un fond très plat; elle pouvait ainsi porter assez de monde, et, calant peu, franchir aisément les rochers et les mauvais passages.

Cap prit place au centre; le Grand-Serpent se mit à genoux, un peu en avant du marin; Arrowhead et sa femme se placèrent à l'arrière; plus près encore du banc, Mabel était à demi couchée sur ses bagages. Pathfinder et Eau-Douce se tenaient seuls debout, tous deux armés d'une rame, le premier à l'avant, le second à la barre.

Il fallait avoir constamment l'œil bien ouvert et la main fort prompte pour voguer avec quelque sécurité sur l'Oswego, embarrassé dans tout son cours d'une foule d'obstacles impossibles à prévoir. La route suivie était pittoresque et pleine de charmes, mais non exempte de dangers. Les parties occidentales de New-York n'avaient point encore ressenti les bienfaits de la civilisation; il y avait deux grands canaux de communication militaire entre la portion habitée de la colonie de New-York et la frontière du Canada, l'un par les lacs Champlain et Georges, l'autre par le Mohawk, Wood-Creck, l'Oneïda et l'Oswego. On avait établi le long de ces deux lignes un certain nombre de postes militaires; mais depuis le fort Stanwix, sur un espace d'une centaine de milles, jusqu'au lac Ontario, on n'avait ménagé aucune défense. Aussi la route était pleine de périls; la guerre soutenue contre les Français la rendait encore plus dangereuse, et la présence de leurs perfides auxiliaires, les Mingos, qui rôdaient sans cesse autour du poste des Anglais, obligeait aux plus grandes précautions. Cette situation difficile faisait l'objet de la conversation de nos voyageurs.

« Que je regrette, disait Pathfinder, le temps où le Grand-Serpent et moi nous parcourions ces forêts sans crainte, vivant de notre chasse ou des produits de notre pêche sans jamais songer à un Mingo. Ma véritable nature n'est point de tuer mes semblables; je ne voudrais pas, dit-il en se retournant vers la fille du sergent, que vous me prissiez pour un de ces misérables qui se plaisent à outrager l'humanité. »

Les traits durs, brûlés par le soleil, de Pathfinder n'avaient rien de bien attrayant; mais sa physionomie était si honnête, si ouverte, il avait un tel ton de franchise et de loyauté ingénue, presque enfantine, que Mabel se sentait attirée vers lui par la plus ferme confiance.

« Mon père, dit-elle, s'il en était ainsi, ne vous eût pas envoyé au-devant de moi.

— Vous avez raison, c'est un homme trop expérimenté et d'un cœur trop sensible. Ah! je le connais de longue date; nous avons bien fait des campagnes ensemble.

— Seriez-vous le jeune ami dont mon père m'a parlé si souvent dans ses lettres?

— Son *jeune* ami! A la vérité, le sergent a trente ans de plus que moi, et par conséquent l'emporte d'autant sur moi par sa sagesse et son expérience.

— Trente années de plus, dit Cap en riant, voilà une supériorité que les jeunes filles n'apprécient guère. »

Mabel rougit, et pour cacher son trouble à ceux qui étaient sur l'avant, elle se retourna vivement; mais elle rencontra les yeux vifs de Jasper, qui, tout en manœuvrant la barre, écoutait de toutes ses oreilles et ne perdait point de vue la fille du sergent Dunham.

A un détour de la rivière, on entendit tout à coup un bruit sourd qui fit dresser l'oreille à maître Cap, comme le chien de chasse qui entend aboyer dans le lointain.

« Voilà, dit-il, ou je me trompe fort, le bruit du ressac.

— Vous vous trompez, en effet : c'est la rivière qui tombe du haut des rochers à un demi-mille d'ici.

— Il y a donc une cataracte sur cette rivière? Ne feriez-vous pas bien, Jasper, de vous rapprocher un peu du rivage? dit le marin avec une inquiétude qu'il ne parvenait point à cacher.

— N'ayez pas peur, ami Cap, et fiez-vous à nous; nous ne sommes, à la vérité, que des marins d'eau douce, mais nous connaissons les rapides et les cataractes, et en descendant celle-ci nous tâcherons de ne pas faire trop de tort à notre réputation.

— Vous descendez les cataractes! s'écrie Cap, et dans cette coquille d'œuf encore!

— C'est plus aisé à faire que de décharger le canot et l'emporter sur ses épaules au delà de la chute. »

Le bruit sourd devenait de plus en plus distinct. Mabel, effragée de la perspective de franchir la cataracte dans la pirogue, se tourna vers Jasper comme pour lui demander s'il était bien vrai qu'ils l'exposeraient à un pareil danger.

« Nous avions pensé, dit Jasper, passer la cataracte dans notre barque, comme cela nous arrive ordinairement; mais nous mettrons à terre les femmes et les Indiens.

— Toutefois nous comptons sur vous, maître Cap; l'eau ne saurait vous faire peur, dit Pathfinder.

— Sans doute, sans doute, répondit le marin, visiblement contrarié, ne voulant pas compromettre sa réputation de vieux loup de mer, et craignant néanmoins de trop exposer sa personne; sans doute, mais j'ai peur pour Magnet; n'avez-vous pas dit que les Iroquois sont sur la rive?

— Ne craignez rien, l'endroit est trop connu pour qu'un Indien y dresse une embuscade. Jasper, rapprochez-nous du rivage, nous y déposerons la fille du sergent. »

Le jeune marin obéit. Cap eût aussi volontiers mis pied à terre; il n'osa, mais ne voulut point reconnaître que l'entreprise présentât de sérieuses difficultés.

« C'est là, dit-il, une simple manœuvre de canot; il n'y a aucun mérite à se laisser entraîner par le courant quand la passe est bien connue.

— Ne méprisez pas tant, ami Cap, la petite cataracte que nous allons franchir. C'est un saut qui en vaut la peine. Allons, Jasper, tout dépend de vous; notre passager ne saurait nous être ici d'un grand secours, malgré sa science nautique. Ayons l'œil sûr et la main ferme. »

Mabel courut en toute hâte vers un rocher que Pathfinder lui avait désigné afin d'assister au fameux passage; en voyant le bouillonnement des eaux et la hauteur de la chute, elle poussa un cri et ferma les yeux. Cette frayeur fut de courte durée; elle eut assez de courage pour regarder en face cette opération, aussi hardie qu'effrayante, pendant que Rosée-de-Juin se cachait le visage sous ses vêtements et que les deux Indiens, immobiles et muets, regardaient de la façon la plus indifférente la rivière suivre son cours ou paisible ou agité.

La barque venait d'être saisie par le courant. Cap se cramponna à son banc; Pathfinder se mit à genoux au fond de la barque; Jasper resta debout, toujours à l'arrière, et l'œil fixé sur un point situé au delà de la chute et qui lui servait de repère.

« Plus à l'ouest, cria Pathfinder; il faut mettre en ligne la cime du chêne mort avec l'arbre rompu. Ne vous laissez pas arrêter par le flot d'écume. »

Jasper ne répondit point, le canot se précipitait vers l'abîme avec une rapidité vertigineuse.

Maître Cap eût volontiers sacrifié toute sa gloire pour être tranquillement assis auprès de sa nièce, qui de là-bas les regardait passer. L'eau mugissait autour d'eux, et il voyait nettement devant lui la ligne de la rivière brusquement interrompue à l'endroit où elle se jetait dans le gouffre.

« La barre dessous ! cria-t-il, incapable de dominer son émotion, la barre dessous !

— Non, non, dit Pathfinder riant de son rire silencieux, non, la barre au vent ! tout au vent ! »

Le reste produisit l'effet d'une vision promptement disparue ; une rapidité de foudre, de flots d'écume, un rejaillissement bruyant et bizarrement éclairé, une impression immense de défaillance générale, comme si l'air vous manquait en même temps que l'eau se dérobe, et ce fut tout : la barque voguait tranquillement au milieu d'un bassin arrondi sur des eaux tranquilles.

Pathfinder était déjà debout ; il riait encore. Il prit d'une main une écuelle de bois et de l'autre une cuiller de corne, et se mit à recueillir avec soin l'eau entrée dans la barque pendant ce périlleux passage.

« Quatorze cuillerées ! s'écria-t-il en regardant le marin. Jasper, mon ami, vous vous négligez ; je vous ai vu vous contenter de dix. Il est vrai que nous n'avions point maître Cap avec nous. »

La cataracte était maintenant devant eux ; au milieu de la rivière, l'eau avait creusé sur l'arête du rocher un étroit chenal dans lequel s'engouffrait une grande quantité d'eau, si grande que la projection des flots atteignait un angle de quarante-cinq degrés peut-être, et permettait ainsi à une barque légère et bien guidée de garder son aplomb et son orientation ; mais il fallait du tempérament et des nerfs, une grande habitude, un coup d'œil juste et un bras d'acier pour enfiler cet étroit canal.

« Après tout, dit Cap, il suffit de connaître la passe : tout est là !

— Tout est là! reprit Pathfinder ; je la connais la passe, et pourtant il faut toute l'habileté de Jasper pour pouvoir la franchir avec sécurité. Je regrette pourtant qu'il ait embarqué quatorze cuillerées d'eau ; en présence de la fille du sergent, j'aurais aimé qu'il fît mieux.

— Je ne fais pas grand cas de cet exploit, Monsieur, répétait maître Cap. Affaire d'habitude ; il y a plus d'écume, et de bruit, et d'embarras sous le pont de Londres qu'ici, et tout le monde y passe. »

Pathfinder et Jasper se contentèrent d'échanger un coup d'œil rapide. Les autres voyageurs reprirent leur place dans la pirogue, et bientôt, après une navigation assez tranquille sur des eaux profondes, on atteignit l'endroit où avait été laissée la barque de Jasper. Ce dernier prit avec lui maître Cap et sa nièce ; Pathfinder, Arrowhead et sa femme demeurèrent sur la pirogue.

Les deux canots voguaient côte à côte et si près l'un de l'autre, que la conversation, toujours tenue à voix basse par prudence, était néanmoins générale. Mabel avait été frappée du courage et de l'habilité de Jasper ; elle l'en félicita et lui exprima toute la joie qu'elle éprouvait de se sentir en sûreté sous sa conduite.

Pathfinder ne manqua point de faire l'éloge de son jeune ami et déclara, quelque agréables que dussent être pour lui les éloges de la jeune fille, qu'Eau-Douce, loin de se prévaloir de sa vigueur et de sa hardiesse, eût encore mieux aimé tenter l'aventure sans témoins. Cet homme simple et droit ne se lassait point de faire l'éloge de ceux qui avaient une fois mérité son estime ; il aimait à célébrer leurs belles actions et ne voulait pas qu'on prêtât à leurs intentions le moindre calcul d'intérêt personnel.

« Nous avons, dit-il à Mabel, traversé la cascade pour gagner du temps ; les bagages eussent été longs à transporter par la voie de terre, et l'on ne saurait jamais économiser assez son temps quand on craint les Iroquois.

— Mais maintenant, reprit la jeune fille, nous n'avons plus rien à redouter ; ne dites-vous pas que, du train dont nous marchons, nous serons au fort dans deux heures ?

— Je l'espère ; en tout cas, pour le sergent, et je puis dire aussi, maintenant que nous vous connaissons, pour vous-même, nous sommes prêts, Jasper et moi, à succomber avant qu'un Mingo touche un cheveu de votre tête. »

Puis, comme la jeune fille allait lui exprimer sa reconnaissance, il l'interrompit en disant à Jasper :

« Que regardez-vous là-bas ? qu'y a-t-il sur ce rocher ?

— Le Grand-Serpent ! — l'Indien n'était point entré dans la pirogue, il avait mieux aimé descendre la rivière en éclaireur ; — il me fait des signes que je ne comprends pas.

— Oui, c'est lui, il nous appelle. Attendons-nous à une affaire sérieuse ; le Mohican ne nous ferait pas signe de nous rapprocher de la rive sans cela. Du courage et de la prudence surtout, cela est nécessaire avec ces diables de Mingos. »

L'Oswego, très profond et très rapide en cet endroit, n'était pas bien large ; ils eurent bientôt atteint la rive.

« Pourquoi mon frère nous arrête-t-il ? dit Pathfinder en abordant.

— Les Mingos sont sur nos traces.

— Il y a deux jours que nous en avons la certitude. »

Le Mohican montra le fourneau d'une petite pipe en terre en disant :

« Voici la preuve que les Mingos sont dans les bois ; j'ai trouvé cette pipe sur une trace toute fraîche se dirigeant vers le fort ; elle était encore chaude.

— Nous sommes serrés de bien près alors ! Où est la piste ? »

Pathfinder descendit à terre et s'en alla avec son ami examiner soigneusement les traces de l'ennemi ; il n'eut que quelques pas à faire. Il revint seul au bout d'un instant ; le chef indien s'était enfoncé, après un court colloque, dans les bois.

« Qu'y a-t-il donc, ami Pathfinder? dit Cap ; je vous ai toujours vu jusqu'ici calme et tranquille, vous m'avez l'air soucieux.

— Nous avons trouvé à cent toises d'ici la trace des Mingos ; ils sont allés du côté du fort, et personne n'entrera dans la clairière qui l'entoure sans qu'ils s'en aperçoivent, et ils ont un tir fort juste.

— Le fort ne peut-il les déloger en leur envoyant des bordées ?

— Vous ne vous faites guère l'idée de ce que sont nos citadelles de ce côté ; ne comptons pas sur le fort ou sur les quatre canons que possède la garnison pour favoriser notre entrée ; nous n'avons qu'une ressource : il faut nous cacher ici avec nos barques sous les buissons de la rive et attendre qu'il plaise aux sauvages de remonter la rivière. Peut-être trouverons-nous un stratagème qui les engage à le faire promptement et de façon à laisser le passage libre. »

Il fut aussitôt convenu que Jasper remonterait la rivière et allumerait sur un point déterminé avec soin un grand feu. Les sauvages ne tarderaient pas à voir la fumée ; attirés par ce subterfuge, il y avait lieu de croire qu'en faisant diligence on pourrait descendre la rivière et arriver au fort avant qu'ils eussent éventé le piège.

« N'épargnez pas le bois vert cette fois, dit Pathfinder au jeune marin, il faut que cette fumée se voie de loin.

— Trop de fumée ! pas assez d'astuce ! » dit sentencieusement Arrowhead, qui, toujours grave, n'avait point laissé percer le secret de ses pensées depuis qu'il se trouvait avec les amis du sergent Dunham, venus à la rencontre de sa fille.

« Les Iroquois s'imagineront avoir affaire à des soldats de la garnison, » répondit le chasseur.

Les barques descendirent encore un peu le courant ; un coude de la rivière ne tarda pas à leur dérober le feu allumé par Jasper. Une petite anse se présenta à eux dans un endroit où le lit de l'Oswego était assez encaissé ; des broussailles, des buissons pendaient à profusion jusque dans l'eau. Les barques furent tirées avec soin et de manière à ne laisser aucune trace de leur passage jusqu'au milieu de ce fouillis.

« L'endroit est bon, dit Pathfinder ; nous allons avec le Tuscarora essayer de le rendre meilleur. Je ne vous demande qu'une chose, maître Cap ; c'est d'observer le plus rigoureux silence. »

Le chasseur et Arrowhead coupèrent plusieurs branches choisies avec soin dans les buissons voisins, puis ils les plantèrent dans la vase, et cela si habilement et si artistement, pourrait-on dire, que le refuge devint tout à fait impénétrable, même à l'œil le plus exercé. Ils achevaient à peine quand Jasper parut, marchant dans le lit de la rivière pour noyer ses traces ; il tournait les yeux à droite et à gauche, interrogeant du regard chaque buisson et chaque

Le Grand-Serpent les appelait.

anfractuosité de la rive. Il allait dépasser ses amis, quand le chasseur, écartant deux branches, l'appela doucement et l'introduisit dans le refuge.

« Voilà qui va bien, dit Pathfinder, riant silencieusement à sa façon; Jasper ne nous eût pas trouvés, et tout le régiment de votre père, Mabel, passerait devant nous sans soupçonner notre présence. Il est vrai que les faces pâles ne connaissent point le coup d'œil perçant d'un Peau-Rouge. Néanmoins nous pouvons espérer qu'ils y seront également trompés.

— Mon avis, dit Cap, est qu'il faudrait lever l'ancre; vous donnez trop d'importance à ces misérables; avec une bonne barque et du champ devant soi, un vrai marin n'a rien à redouter.

— J'aimerais mieux m'en aller rejoindre le fort en prenant à travers les bois. La route de la forêt serait encore plus sûre que la rivière.

— Prenons ce parti, dit Mabel suppliante, et partons; j'ai tant hâte de revoir mon père !

— Non, non, dit le chasseur, le sergent vous a confiée à ma garde, je ne puis vous exposer à de pareils dangers. Il nous faudrait faire plus de vingt milles à travers les bois; nous sommes trop nombreux, nous laisserions une trop large trace. Non, pour rien au monde je ne quitterais notre position actuelle avant d'avoir des nouvelles du Mohican. Jeune fille, vous pouvez compter sur lui, sur son dévouement, comme sur celui de Jasper et sur le mien. Restons ici.

— On n'y serait pas trop mal si seulement on pouvait fumer.

— Gardez-vous-en bien, dit le chasseur; l'odeur et la fumée nous trahiraient. Mais... Eau-Douce, n'avez-vous rien entendu ? »

Le jeune marin se pencha jusqu'à la ligne de l'eau et regarda sous les branches plantées dans le sable.

« C'est le Grand-Serpent, dit-il; il nous cherche.

— Nous allons voir si le Mohican a de meilleurs yeux que vous, mon jeune ami. »

L'Indien venait de dépasser la pointe de la rive qui abritait le port improvisé des défenseurs de Mabel; il s'avançait dans l'eau avec des précautions infinies; tout en se cachant, il regardait fréquemment derrière lui; il voyait certainement l'ennemi et le surveillait.

« Le Grand-Serpent, dit Pathfinder avec son rire silencieux, voit les Iroquois. Ils ont mordu à l'hameçon et remontent la rivière; pourvu qu'ils nous donnent le temps de nous remettre à flot. »

Il s'interrompit, et donnant un coup de coude à maître Cap, il lui montra, à travers la légère barrière de verdure qui les abritait, Chingachgook qui scrutait du regard tous les buissons de la rive. Évidemment il se demandait où les pirogues avaient pu trouver un asile. Il paraissait d'ailleurs inquiet et pressé; il n'oubliait point pourtant de noyer ses traces. Son hésitation et son angoisse se peignaient visiblement sur son visage, d'ordinaire si impassible.

« Appelez-le, dit Jasper; il sera peut-être trop tard dans un instant. Le voilà qui nous dépasse, et je suis sûr que l'ennemi le presse vivement; il va peut-être tomber entre leurs mains...

— Pas encore, pas encore, murmurait le chasseur; si les Mingos étaient à ce point à ses trousses, le Grand-Serpent ramperait sur le ventre..., et puis il ne chercherait point à découvrir notre asile, dans la crainte de nous trahir... Dieu nous vienne en aide! il passera sans nous voir, ajouta-t-il, — et le succès de sa ruse semblait le ravir; — il ne soupçonne pas que nous sommes là. »

Son triomphe était prématuré; le Mohican regarda encore longuement en arrière, évidemment préoccupé de ce qui se passait vers le haut de la rivière, au delà du petit promontoire qu'il venait de doubler, puis, se rapprochant de la rive après un coup d'œil vif, il se dirigea vers l'asile de la petite troupe, et, écartant les branches, il entra dans la crique qui les abritait.

Pathfinder l'emmena, et ils s'entretinrent à voix basse dans un coin. Le Mohican avait suivi la piste de l'ennemi jusqu'aux environs du fort; mais le feu allumé par Jasper leur avait donné le change; ils s'étaient mis à remonter l'Oswego. Chingachgook avait eu grand'peine à se dérober à leurs regards dans ce brusque retour des Mingos; mais, trop préoccupés de l'indice fourni par la fumée, ils avaient négligé de reconnaître ses traces et passé à côté de lui sans le voir. Il s'était lancé de nouveau sur leurs pas. Les Indiens arrivèrent à la hauteur de la pointe au tournant de la rivière justement comme Jasper venait de disparaître; voyant le feu allumé à peu de distance, ils se dispersèrent dans les bois pour pouvoir s'en approcher isolément et sans se montrer. Le Mohican avait choisi cet instant pour redescendre encore la rivière et rejoindre ses amis, mais auparavant il avait voulu s'assurer de l'issue. Les Mingos s'étaient approchés du feu, et avaient promptement reconnu le piège dans lequel ils étaient tombés. Qu'allaient-ils faire maintenant? Chingachgook pensait qu'on ne tarderait guère à les avoir encore sur les bras.

Jasper, admis au conseil, voulait partir tout de suite; on aurait le temps de lancer les pirogues dans le courant; l'onde était rapide, on trouverait bien moyen d'arriver au fort et de déjouer les artifices des Iroquois; d'ailleurs ils avaient juré au sergent de lui ramener sa fille, leur serment impliquait l'obligation de s'exposer à la mort pour elle; il ne fallait pas que la prudence fît oublier les devoirs imposés par le courage...; et il disait cela en regardant Pathfinder, qui souriait à cette ardeur du jeune homme.

« Non, non, disait-il; vous avez la tête trop chaude, jeune homme, et vos allusions ne sauraient m'atteindre; en fait de courage, j'ai fait mes preuves... »

Il sentit en parlant une main se poser sur son épaule; c'était Mabel qui lui montrait du doigt, à travers les branches, l'ennemi qui arrivait à la hauteur du petit havre dans lequel ils se tenaient cachés.

« Les maudits Mingos! murmura-t-il. Mes amis, prenez vos armes, mais demeurez muets et immobiles comme des troncs d'arbres morts. »

Jasper fit placer Mabel un peu en arrière; il exigea qu'elle s'assît au fond de la pirogue; puis, son mousquet à la main, il se plaça entre elle et l'ennemi, prêt à la défendre ou à mourir pour elle. Rosée-de-Juin vint s'accroupir auprès de la jeune fille; elle jeta sa robe sur sa tête et ne bougea plus. Arrowhead et Chingachgook rejoignirent, en rampant sur le sable, Pathfinder, et se placèrent à ses côtés après s'être assurés que leurs armes étaient prêtes à faire feu.

L'heure était critique. Trois Iroquois, descendant la rivière, s'étaient arrêtés en face du refuge choisi par nos amis. Ils étaient nus; leurs corps étaient chamarrés des plus étranges couleurs. Leurs regards, constamment en mouvement, indiquaient leurs préoccupations ; ils étaient encore indécis : l'un voulait descendre l'Oswego; un autre paraissait vouloir le remonter; le troisième montrait les rives couvertes de buissons et semblait insister pour qu'on fît avant tout une reconnaissance sur les bords de la rivière.

Quel avis l'emporterait ? Ces trois sauvages passeraient-ils si près de leur ennemi sans soupçonner sa présence ? Les précautions avaient été bien prises; mais qui pouvait assurer qu'un indice ne suffirait pas à trahir Pathfinder et ses compagnons?

IV

Le chasseur eut bientôt jugé la situation; elle n'était guère rassurante pour les pauvres fugitifs. Il était évident que les Indiens n'avaient point été complètement dupes de la supercherie tentée pour les lancer sur une fausse piste; ils ne s'étaient point décidés à remonter l'Oswego. Au contraire, ils le redescendaient, et d'un moment à l'autre on pouvait être surpris par les sauvages fouillant les buissons de la rive; pour l'heure, le danger le plus pressant venait des trois Mingos qui avaient pris le parti de marcher dans le lit même de la rivière. C'est à ceux-là qu'il fallait faire face. Pathfinder distribua les rôles.

« Nous sommes cinq, dit-il à voix basse, trois coquins ne sauraient nous faire peur; mais il importe de bien s'entendre. Eau-Douce, chargez-vous de ce sauvage dont le corps est peint des couleurs de la mort. Chingachgook, vous ajusterez le chef, et Arrowhead visera le plus jeune. Je me tiendrai en réserve en cas d'accident. Si le danger vient du côté de la rive, n'hésitez pas, Jasper; ne vous inquiétez pas de nous, poussez au large, et, si Dieu le permet, sauvez la fille du sergent. »

Ces dispositions prises, le plus grand silence régna dans la petite troupe. Bientôt, au bruit des feuilles agitées derrière eux, il fut évident qu'une troupe de sauvages arrivait sur la rive escarpée, au-dessus de leur tête; bientôt même les nouveaux venus, étant à la hauteur de leurs compagnons qui marchaient dans l'eau, une conversation s'engagea entre eux; néanmoins ils parlaient avec précaution et de grandes réserves, comme s'ils eussent craint d'être entendus.

« L'eau a effacé leurs traces, » dit l'un de ceux qui étaient dans la rivière, et il était si près des fugitifs, qu'en étendant la main il eût arraché une des branches coupées, plantée dans la vase par Pathfinder.

« Ils n'ont pu laisser de traces, ils étaient dans leurs pirogues; ils sont maintenant descendus jusqu'au lac.

— Impossible! nos guerriers campés sur la rive au-dessous ont de bons mousquets. »

Pathfinder serra sa carabine; mais il fallait remettre à plus tard le soin de sa vengeance.

« Qu'on cherche partout, dit le chef; il y a un mois que nous sommes sur le sentier de la guerre, et nous n'avons qu'une chevelure. Il y a une jeune fille parmi les étrangers, et plusieurs de nos guerriers n'ont pas de femme. »

Heureusement les sauvages s'exprimaient en un dialecte que Mabel ne pouvait pas comprendre.

Le silence régna de nouveau sur les bords de l'Oswego; la troupe placée sur la rive descendit plus bas, et les sauvages placés dans l'eau se disposaient à faire de même; mais ils jetaient toujours des regards ardents et inquiets tout autour d'eux; ils s'éloignaient, mais peu à peu, comme à regret.

Néanmoins Pathfinder reprenait courage; son rire silencieux, étouffé au fond de la gorge, et qui agitait ses lèvres d'une façon si caractéristique, allait reparaître : encore une fois sa sagesse et sa prudence auraient déjoué l'astuce des Mingos. Son triomphe ne fut pas de longue durée; les deux Indiens plus âgés disparaissaient déjà en aval le long des rives, et le plus jeune, avant de les suivre, jeta un dernier coup d'œil sur les buissons environnants. Le soleil, dardant ses rayons sur les branches fraîchement coupées, brûlait l'extrémité d'une ou deux cimes dont les feuilles plus tendres et plus délicates commençaient déjà à se faner : ce détail n'échappa point à l'Iroquois; il était jeune, inexpérimenté, et il craignit de se montrer prétentieux en appelant l'attention de ses compagnons sur un détail de si mince importance; il garda le silence, mais revint sur ses pas. Sans ce scrupule de modestie, nos fugitifs étaient perdus sans ressource. Pendant que le jeune sauvage remontait pour vérifier l'importance de l'indice découvert par lui, les autres Iroquois, dans le fleuve comme sur la rive, s'éloignèrent à grands pas et l'isolèrent.

Maintenant Pathfinder et ses compagnons, sûrs du danger, le regardaient attentivement à travers les branches et l'attendaient de pied ferme. Les sentiments qui s'agitaient en lui se lisaient sur son visage : on voyait qu'il était fier d'avoir trouvé un signe, un indice qui avait échappé à des guerriers plus expérimentés; l'idée d'un triomphe lui donnait une fierté et un reflet de gloire montrant bien quelle importance les sauvages attachent aux exploits de ce genre. Il doutait aussi parfois de lui-même, et visiblement se demandait si ces feuilles à peine flétries, et qu'en touchant de la main il trouvait semblables aux autres, ne l'avaient pas induit en erreur; il se félicitait alors de n'avoir point donné le signal d'alarme. On voyait aussi qu'il n'oubliait point le danger dont il était menacé, si vraiment il était en face d'une embuscade. Voulant en avoir le cœur net, il se décida à écarter les branches qui fermaient la petite anse ; il vit tout à coup les fugitifs dressés devant lui, menaçants et immobiles comme autant de statues. Il eut un tressaillement, un éclair dans les yeux ; sa bouche s'ouvrit pour pousser le cri de guerre ; mais le tomahawk de Chingachgook déjà levé lui fendit le crâne et étouffa le son dans sa gorge.

Le Mingo leva les bras, fit un saut en arrière et fut emporté par le courant. Le Delaware se précipita pour le ressaisir afin de s'emparer de sa chevelure, mais il ne put y parvenir ; l'eau trop rapide l'entraînait déjà et se teignait de son sang.

« Maître Cap, dit aussitôt Jasper à demi-voix, mais avec vivacité, faites comme moi si vous voulez sauver votre nièce. Mabel, couchez-vous au fond du canot. »

Les branches plantées devant la petite anse étaient déjà arrachées ; le jeune homme tira son léger esquif, et, aidé du vieux marin, il le poussa dans le courant et se mit à remonter très près de la rive, de façon à doubler la pointe dont nous avons déjà parlé. Chingachgook sauta vite à terre afin de surveiller les Iroquois. Pathfinder, dont la barque était plus enfoncée dans les sables de la rive, fit signe à Arrowhead de l'aider à la dégager ; ils partirent en toute hâte à la suite de Jasper. Mais, comme ils côtoyaient le petit promontoire qui devait les dérober à la vue des sauvages, le chasseur, placé à l'avant, sentit tout à coup son embarcation plus légère ; il se retourna : Arrowhead et sa femme avaient disparu. L'idée d'une trahison se présenta à son esprit ; mais ce n'était pas le moment d'y songer, d'autant mieux que des cris féroces annonçaient que les Mingos venaient de découvrir le cadavre du jeune Indien frappé par Chingachgook. Ils ne tarderaient point à arriver ; un coup de fusil se fit entendre. Jasper prit alors le parti de traverser l'Oswego et de demander un asile à l'autre rive ; ce que voyant, Pathfin-

Il manœuvrait habilement, couvrant toujours l'autre barque.

der, toujours dévoué et sentant les sauvages déjà sur son dos, l'imita, mais en se maintenant plus bas dans le courant et sur la même ligne, de façon à attirer sur lui et à intercepter les coups. Il fallait coûte que coûte sauver la fille du sergent.

Jasper vit sa manœuvre et comprit toute la générosité de son ami; et pendant que les coups de mousquet pleuvaient de la rive, il trouva moyen d'agiter une de ses rames et de montrer à son ami le point où il voulait aborder.

Pathfinder ne s'inquiétait nullement des coups; il manœuvrait habilement, couvrant toujours l'autre barque. Bientôt Jasper se rapprocha de la rive; maître Cap, qui ne manquait point de courage et aimait sincèrement sa nièce, l'aidait de son mieux. Ils n'avaient plus que quelques coups de rames à donner pour s'abriter sous les aunes, et ils étaient déjà hors de portée des fusils des Mingos. Il n'en était pas de même de Pathfinder; les sauvages remontant toujours, il lui avait fallu pivoter sur lui-même pour continuer son rôle d'écran protecteur pendant que Jasper gagnait la rive opposée, et maintenant il se trouvait exposé aux coups de tous ses ennemis réunis, de ceux qui étaient entrés dans la rivière aussi bien que de ceux qui s'étaient massés sur la crête du petit promontoire.

Le sang-froid et la fermeté du chasseur ne l'abandonnèrent pas dans cette situation difficile. Il savait qu'il ne pouvait devoir son salut qu'à un mouvement continuel; aussi ne cessait-il d'imprimer à sa pirogue une action aussi vive que variée. Heureusement pour lui les branches de la rive gênaient beaucoup les sauvages pour ajuster, et d'autre part ceux qui étaient dans la rivière ne pouvaient guère recharger leurs armes.

Sa situation devait pourtant devenir plus critique encore; il ne pouvait, sans ralentir ses mouvements, traverser le milieu du courant; force lui était donc, pour rejoindre ses amis, de se laisser aller à la dérive. Mais un groupe d'Indiens remontant la rivière et accourant au bruit venait de prendre possession, au milieu même de l'Oswego, d'un massif de rochers commandant un rapide dont la passe étroite était la seule issue par où pût s'échapper le malheureux chasseur. Il jugea la situation d'un coup d'œil et prit rapidement son parti : il saisit sa carabine et sauta sur des rochers qui montraient leurs têtes à fleur d'eau. La pirogue abandonnée s'en alla à la dérive au milieu des récifs, et finit par s'échouer près de la pointe dont nous avons parlé, que le chasseur venait de quitter et près de laquelle étaient posté les Iroquois.

Cependant le sort de Pathfinder ne s'était guère amélioré; il avait peine à sauvegarder sa carabine et sa corne à poudre, et il lui était impossible, sans abandonner l'une et l'autre, de songer à rejoindre Jasper et ses amis. Les Iroquois, étonnés de son audace, avaient ralenti leur feu; mais ils reprirent bientôt courage, et les balles vinrent faire rejaillir l'eau tout autour de lui; aucune ne l'atteignit pourtant : on eût dit qu'un charme le défendait de tous les coups. Il lui fallait changer sans cesse de position, aller et venir dans un espace étroit, se défendre du courant et se garder des balles venant de deux ou trois points différents, heureusement placés tous sur la rive droite. Il atteignit pourtant un rocher dont la tête dépassait un peu le niveau des eaux; il fut bien aise d'y déposer son fusil et sa corne à poudre, et de pouvoir placer son corps à l'abri des projectiles des Mingos; mais, outre que ce n'était point une solution, il comprit qu'un autre danger allait le menacer dans la situation qu'il venait de choisir. Les Mingos venaient de s'emparer de la pirogue, et ils se préparaient à traverser la rivière.

« Pathfinder, cria Jasper du milieu du buisson où il était

caché, ne pouvez-vous laisser votre carabine sur le rocher et venir nous rejoindre à la nage? car si ces coquins parviennent à mettre leur pirogue à flot, vous ne pourrez plus leur échapper.

— Eau-Douce, le véritable homme des bois ne se sépare jamais de son arme. D'ailleurs, je viens de reconnaître là-bas ce reptile d'Arrowhead ; sa trahison est sûre, je voudrais pouvoir l'en faire repentir ; je ne me séparerai pas de Tue-Daim dans un pareil moment. Vous n'avez pas laissé, Jasper, la fille du sergent sur la rive à portée des balles?

— Non, non, elle est à l'abri et soigneusement cachée. L'important est que nous gardions la rivière entre nous et les Iroquois. Je voudrais que vous fussiez, ainsi que le Grand-Serpent, à mes côtés ; les Mingos n'oseraient pas forcer le passage, nous sachant là tous les trois.

— Vous avez raison, Eau-Douce ; mais notre situation présente ne nous met pas en mesure de les en empêcher.

— Avec ma pirogue, dit Jasper, vous pourriez passer sur cette rive sans craindre de mouiller votre arme.

— Je ne veux pas que vous vous démasquiez, Jasper; les Mingos pourraient vous atteindre dans votre canot pendant la traversée ; il ne faut pas nous exposer à laisser sans défenseurs la fille du sergent.

— J'ai mon projet, reprit le jeune homme. Essayez de saisir au passage ce rameau vert lancé par maître Cap du point où mon canot est amarré ; si le courant le place à votre portée, il vous lancera l'esquif à son tour.

— Je suis homme des bois, mais voilà une idée d'homme accoutumé à vivre sur l'eau. »

Le rameau vert fut saisi au passage par le chasseur ; peu d'instants après il était en possession du canot.

« Couchez-vous au fond, cria Jasper, et laissez-vous aller à la dérive.

— J'aime à faire face à mes ennemis.

— Et Mabel? dit Eau-Douce à son tour.

— Vous avez raison. Il faut laisser la gloriole aux Iroquois. »

En un instant la pirogue fut remisée en lieu sûr, et le chasseur posté dans un buisson de façon à commander le passage de la rivière.

Il était temps : trois Iroquois, pensant que leurs adversaires réunis avaient dû s'enfuir à travers les bois, venaient de s'embarquer sur la pirogue; ils quittèrent la rive avec précaution et s'avancèrent au-dessus du rapide dans des eaux relativement tranquilles. Celui qui tenait la rame connaissait parfaitement son métier; aussi le léger esquif voguait-il comme une plume sur la surface des eaux.

« Ferai-je feu? demanda Jasper.

— Laissez-les venir, ils ne sont que trois. Maître Cap peut nous donner un coup de main; il faut les laisser aborder, et nous retrouverons notre embarcation. »

Quelques minutes s'écoulèrent; les Indiens n'étaient plus qu'à une très faible distance du bord. Pathfinder riait déjà silencieusement à l'idée de surprendre leurs ennemis au moment où ils débarqueraient, quand tout à coup une détonation se fit entendre sur la rive opposée; l'Iroquois qui conduisait la barque, debout sur l'arrière de la pirogue, sauta en l'air et retomba dans l'eau mortellement blessé. De l'autre côté de l'eau, sur la crête des rochers, une légère guirlande de fumée montait, se perdant dans l'atmosphère.

« C'est le Grand-Serpent, dit Pathfinder; au risque de se trahir, il a voulu arrêter un agresseur. J'aurais mieux aimé qu'il se tînt tranquille; mais il n'a pu deviner nos projets. »

Privée de son guide, la pirogue dériva aussitôt, — la rame était tombée à l'eau avec le Mingo, — emportée par le courant; elle s'engagea dans la passe étroite au milieu des rochers. Vainement les deux Indiens se couchèrent au fond tout de leur long pour l'aider à conserver son équilibre, elle heurta tantôt à droite et tantôt à gauche, chavira, et finit par s'échouer sur un bas-fond, perdue pour les deux partis. Les Iroquois se sauvèrent à la nage, mais abandonnèrent leurs armes et leurs munitions.

Cet incident avait attiré les regards de tous les combattants sur les deux rives. Tout à coup Pathfinder, dont la vigilance ne pouvait être longtemps distraite, s'écria :

« Qu'est-ce que je vois là-bas au pied des rochers, du côté où est parti le coup de fusil de Chingachgook? C'est un de ces diables qui rôde pour trouver la piste de leur grand ennemi. »

Jasper regarda de ce côté. Au bout d'un instant ces deux hommes, accoutumés aux ruses de cette guerre entre sauvages, faite de surprises et d'embûches, furent convaincus que l'Iroquois venait de gagner une situation d'où il apercevait le Delaware sans être vu de lui ; ils suivirent ses mouvements, et, tant était faible à vol d'oiseau la distance qui les séparait, ils distinguèrent le jeu de sa physionomie. Sa joie de surprendre le chef mohican, qu'il avait reconnu, éclatait sur le visage de l'Indien; mais cette satisfaction ne faisait point tort à sa prudence, et il prenait évidemment ses mesures pour frapper son ennemi à coup sûr.

« Le Grand-Serpent est là quelque part, dit Pathfinder, qui suivait avec la plus minutieuse attention tous les mouvements du jeune Iroquois; comment se laisse-t-il approcher de si près?

— Voilà, dit tout à coup Jasper, le corps du Mingo tué sur la pirogue qui s'en va s'échouer là-bas sur les rochers. »

Le chasseur ne répondit point ; il venait de lever lentement sa longue carabine, et, l'ayant solidement appuyée à son épaule, il fit feu. Il avait choisi son moment avec beaucoup de précision, car l'Iroquois qui avait ajusté Chingachgook reçut son projectile comme il touchait la gachette de son fusil; son coup partit, mais en l'air, et il dégringola du haut des rochers où il avait pris position.

« Je n'aime pas à tuer inutilement, même un Mingo, disait le chasseur entre ses dents, mais le reptile se l'est attiré lui-même. Il me fallait bien venir en aide à mon vieux compagnon d'enfance; nous avons combattu côte à côte sur le Horican, sur le Mohawk, sur l'Ontario. L'idiot pouvait-il bien s'imaginer que je resterais les bras croisés, ayant Tue-Daim à côté de moi, en voyant mon meilleur ami tué dans une embuscade? »

Ce coup de maître avait produit une grande impression sur les sauvages. Voyant que les balles de leurs adversaires portaient d'une rive à l'autre, et s'imaginant aussi qu'ils avaient pris position sur les deux côtés de la rivière, ils se montrèrent plus prudents, et, sans lâcher pied pourtant, ils cherchèrent des abris le long de l'Oswego.

Il y eut un moment de répit.

« Que vois-je là-bas au milieu de l'eau? dit Jasper au chasseur. Est-ce un chien ou un daim qui nage de notre côté? »

On distinguait, en effet, un peu au-dessus du rapide, un objet indistinct qui traversait la rivière. Était-ce une pièce de bois abandonnée, un buisson s'en allant avec ses branches et ses feuilles à la dérive? Ce n'était pas chose facile à reconnaître. L'ombre du soir commençait à envahir la surface de la rivière, assez profondément encaissée. Bientôt, l'objet se rapprochant, ils demeurèrent convaincus que c'était un homme, et un Indien; dès lors ils ne le perdirent plus de vue, suivant attentivement tous ses mouvements.

Quand il eut traversé l'Oswego aux deux tiers, Pathfinder

s'écria en riant sans bruit, mais de si bon cœur que les larmes lui en vinrent aux yeux :

« C'est le Grand-Serpent !

— Mais que pousse-t-il devant lui ? dit Jasper.

— Une sorte de tronc d'arbre sur lequel il a attaché son fusil et sa corne à poudre. Ah ! combien de fois n'avons-nous pas joué ce tour aux Mingos dans les environs de Ty !

— Je vous assure, dit encore Jasper, que je ne reconnais point les traits du Mohican.

— Qui peut parler de traits quand il s'agit d'un Peau-Rouge ? reprit le chasseur ; c'est la peinture qu'il faut voir, et je reconnais les couleurs des Delawares. Regardez donc aussi son œil ; n'est-ce pas l'œil d'un chef ? Impassible d'ordinaire, féroce dans le combat, je l'ai pourtant vu, cet œil, verser des larmes abondantes comme la pluie, car il y a un cœur tendre et une âme délicate sous cette peau rouge.

— Je n'en ai jamais douté, » répondit le jeune marin.

Le Grand-Serpent vint aborder à deux pas d'eux ; il connaissait exactement leur situation. Peut-être sur la rive orientale, quand il avait couru un si grand danger, avait-il compté, tant il perdait peu de vue ses amis, sur le secours arrivé si à propos de Pathfinder. Il sortit de l'eau gravement, se secoua comme un chien mouillé, et poussa son exclamation favorite : « Hugh ! »

V

Pathfinder voulut essayer des remontrances. Son ami s'était exposé trop volontairement aux coups de l'ennemi. Chingachgook ne répondit point ; il se contenta de sourire aux reproches de son ami.

Il avait d'ailleurs à peine mis le pied sur le bord, qu'il aperçut au milieu des rochers, dans le *rift,* — nom donné aux courants rapides, — le corps de l'Indien qu'il avait tué; il plongea de nouveau dans la rivière et repartit à la nage.

Jasper eût voulu que le chasseur essayât de l'arrêter; mais celui-ci n'en fit rien. « Il est nécessaire et sage, répondit-il, de laisser ses compagnons et ses amis se conduire d'après leur nature et leurs coutumes.

— Mais que va-t-il faire? Il se dirige vers le corps de l'Indien; quel est son but pour s'exposer ainsi?

— L'honneur, la gloire! ce qui fait la renommée et le triomphe des sauvages.

— Je comprends, répondit le jeune homme, il est allé scalper la chevelure de son ennemi.

— C'est sa nature. Nous essayerions vainement de l'en

empêcher. Cela vous paraît étrange qu'un Peau-Rouge puisse avoir de semblables idées ; mais nous sommes blancs, et nous ne saurions le comprendre. D'ailleurs, les blancs ne se font-ils pas parfois des idées tout aussi étranges sur l'honneur?

— Cela est possible, Pathfinder ; mais je trouve pourtant que le Mohican s'expose terriblement pour la possession d'une chevelure. J'ai bien peur que cela ne nous compromette.

— Il ne faut pas le blâmer. Chingachgook est seul au monde ; il n'a ni enfant à qui il puisse porter ses trophées, ni famille, ni tribu à honorer par ses exploits ; et néanmoins il reste fidèle à sa nature et à ses habitudes. N'y a-t-il pas là quelque chose qui mérite honneur et respect? »

Jasper ne répondit pas ; l'action si hardie du Mohican jetait sur l'autre rive les Iroquois hors d'eux. Ils déchargèrent sur lui leurs mousquets en poussant les cris les plus forcenés. Dans leur rage, ils entrèrent dans l'eau, n'osant pourtant se mettre à la nage pour insulter de plus près l'ennemi leur infligeant cette honte ; la crainte seule de Tue-Daim, dont ils connaissaient la portée, les maintenait à distance, et de fait Pathfinder veillait sur son ami et protégeait son aventure, tout étrange qu'elle fût.

Les cris épouvantables des Iroquois ne troublèrent point le Delaware ; il accomplit tranquillement sa hideuse besogne et reprit le chemin de la rive, la chevelure sanglante de son ennemi pendue à sa ceinture.

Comme il sortait de l'eau, Jasper ne put s'empêcher de détourner la vue avec horreur ; le chasseur, au contraire, regarda son ami en homme qui a pris son parti d'une chose désagréable tout au plus, mais qu'il ne saurait éviter. Le Mohican s'en alla promptement tordre derrière un chêne le peu de vêtements qu'il portait, puis il rechargea avec soin son fusil et parut ne plus penser à l'incident. Pendant ce temps Jasper était allé chercher Cap, en sentinelle à quelque distance, et non loin de la cachette où Mabel avait été laissée à l'abri de tous les coups.

La nuit arrivait, et tout annonçait qu'elle serait fort sombre; cette particularité devait, semblait-il, bien qu'en rendant les obstacles plus difficiles encore, favoriser leur fuite; mais il n'y avait point de temps à perdre. Selon la coutume, les quatre homme auxquels était maintenant confiée la garde de la fille du sergent tinrent conseil. Cap dut parler le premier; son expérience et les liens qui l'attachaient à la jeune fille lui en donnaient le droit et lui en faisaient un devoir, bien qu'il fût douteux s'il était plus dévoué à son salut, plus prêt à mourir pour la défendre que Pathfinder et Jasper Western.

« A mon avis, dit le vieux marin, puisque vous me consultez, il me semble que ce qu'il y a de mieux à faire, c'est de s'embarquer sur la pirogue aussitôt que la nuit sera assez profonde pour nous permettre d'échapper aux regards de l'ennemi.

— Nous serions moins exposés dans les bois, répondit le guide, et puis il y a toujours le rift à franchir. Jasper lui-même est-il bien sûr de pouvoir y diriger sa pirogue au milieu de l'obscurité? Cela vous concerne, Eau-Douce; qu'en pensez-vous?

— Je suis de l'avis de maître Cap; Mabel n'est pas capable de supporter une marche aussi longue et aussi pénible à travers les marécages et les racines d'arbres. J'aime mieux la pirogue, et je me sens toujours le cœur plus assuré quand je suis sur l'eau.

— Oui, oui, c'est votre nature, dit Pathfinder. Vos raisons sont bonnes : il y a du pour et du contre néanmoins; moi, je suis plus dans mon élément au fond des bois. Il est vrai que l'eau ne garde pas de traces ; qu'une barque lancée dans cette eau rapide pourrait défier les meilleurs coureurs, si surtout ils n'ont point de barques de leur côté pour rivaliser avec nous de vitesse.

— Il n'y a pas une seule barque sur la rivière, dit Jasper, depuis le rift jusqu'à l'embouchure de l'Oswego.

— Il y a la pirogue échouée sur les rochers, » dit tranquillement le Mohican, qui n'avait pas encore ouvert la bouche.

Tout le monde se taisait ; l'obstacle et la menace étaient là.

« Le Grand-Serpent et moi nous irons la chercher à la nage ! s'écria Jasper ; c'est le plus sûr parti à prendre ; nous serons ensuite maîtres de la position.

— Ah ! si nous n'avions pas une femme avec nous, dit Pathfinder, par une nuit pareille, quelle partie de cache-cache nous pourrions jouer avec les Iroquois dans les bois ! Enfin vous décidez-vous, Eau-Douce, à aller chercher la pirogue ?

— Je suis prêt à tout entreprendre pour assurer le salut de la fille du sergent.

— Vous avez raison. Je pense que le Grand-Serpent est également prêt à tout faire pour empêcher ces diables de Mingos de pouvoir nous nuire. »

Le Delaware fit entendre son exclamation gutturale ordinaire : « Hugh ! » C'était un acquiescement.

L'ombre était devenue plus épaisse ; il était désormais impossible de distinguer aucun objet sur la rive opposée. Il fallait se hâter ; les Indiens pouvaient trouver moyen de franchir l'Oswego et de s'emparer eux-mêmes de la pirogue. Jasper et Chingachgook entrèrent immédiatement dans l'eau ; le guide alla chercher Mabel, et sur ses indications elle se rendit avec son oncle au bord de l'eau en face du rift, où Pathfinder ne tarda guère à aborder avec son canot. Il les y fit monter tous les deux; ils prirent leur place ordinaire et attendirent en silence et non sans inquiétude, pendant que leur guide, debout à l'arrière, tenait à la main une forte branche pour empêcher l'esquif d'être entraîné. L'obscurité devenait plus profonde, le silence était rendu plus solennel par le bruit monotome et continu de l'eau au milieu des rochers. Pathfinder écoutait; Mabel songeait à son père et aussi à ce courageux jeune homme qu'elle ne connaissait pas la veille, qui lui avait déjà donné tant de marques de dévouement, et qui, à l'heure présente, exposait sa vie pour elle. Cap tournait et retournait dans sa cervelle cette étrange réflexion : Jamais en pleine mer on n'eût ainsi arrêté un canot à l'aide d'une branche tenue en main pendant des heures.

Jasper et son intrépide compagnon durent tout d'abord franchir à la nage un large et rapide canal avant d'atteindre à la partie du rift où les rochers et le lit plus élevé leur permirent de prendre pied. Se tenant par la main, ils commencèrent leurs recherches au milieu de l'obscurité. Il était difficile de s'orienter au sein des ondes agitées, à cette distance de la rive et sans un point de repère. Une ou deux fois ils changèrent de direction, n'ayant plus d'autre indice que la plus ou moins grande profondeur de l'eau. Jasper, qui forcément se laissait guider, trouvait le temps bien long. Ils allaient se décider à retourner à la rive afin de retrouver la direction vraie, perdue par ces allées et venues, quand le Delaware vit, marchant à côté de lui et presque à portée de sa main, un homme dans lequel il reconnut immédiatement un Iroquois.

« Hugh! fit le Mingo, les apercevant. J'ai trouvé la pirogue; venez m'aider à l'enlever du rocher.

— Hugh! » fit à son tour le Mohican, et il entraîna Jasper à sa suite.

Ils rejoignirent aussitôt le barque échouée. L'Iroquois la prit par un bout; Chingachgook se plaça au centre et fit mettre Jasper à l'autre extrémité. Il importait de tenir Eau-Douce à distance de l'Indien; ils étaient perdus s'il avait pu soupçonner dans cette obscurité et cette onde agitée la couleur de sa peau. Comme ils se trouvaient sur des rochers à fleur d'eau, ils durent porter la barque jusqu'à ce qu'ils atteignissent un courant assez profond pour leur permettre de la mettre à flot. Ils continuèrent ensuite à la diriger en gardant leurs situations respectives, tout en suivant la direction indiquée par le Mingo. Il fallait pourtant prendre un parti; ils ne pouvaient plus longtemps aider leur ennemi à s'assurer la possession de la pirogue. Il fallait tout au moins la détruire s'ils ne pouvaient s'en emparer, et Jasper avait tiré son couteau pour l'éventrer. Chingachgook leva une ou deux fois son tomahawk pour briser le crâne du Mingo; mais le moindre bruit les eût trahis et eût attiré en masse les Iroquois qu'ils sentaient s'agiter autour d'eux.

Leur embarras devait être plus grand encore. Quatre ou cinq Indiens les rejoignirent et entreprirent de les aider. Forcément ils dirigèrent la légère embarcation selon leur gré, et l'amenèrent tout près de la rive où leurs compagnons les attendaient. Dans la petite troupe il y avait un chef; il dit aussitôt que l'esquif lui parut assez rapproché de la berge:

« Que deux hommes gardent la pirogue. Les autres iront prendre leurs armes et s'embarqueront pour passer la rivière. »

Jasper, en se dissimulant de son mieux, resta à son poste; le Grand-Serpent, feignant d'obéir, plongea au plus profond de l'Oswego; le premier Indien qu'ils avaient rencontré se tenait à l'avant.

Il se retourna et dit à Jasper de l'aider à ranger la barque plus près du bord, en l'engageant dans un petit chenal qui

Jasper ne tarda pas à rejoindre ses amis.

lui permettrait de pénétrer dans une anse où les eaux étaient plus profondes. Chingachgook était revenu à la surface ; il se glissa sous la pirogue. La barque avançait lentement ; Jasper suivait sans seconder ni contrarier aucun mouvement. Cette manœuvre, qui exigeait un détour, les avait ramenés vers le milieu de la rivière.

Chingachgook commença alors à modifier la direction d'une façon lente et presque insensible. L'Iroquois s'en aperçut aussitôt ; il se retourna, et, devinant l'ennemi, il le prit à la gorge ; mais le Delaware ne s'était point laissé surprendre, et, au moment même où il sentait son étreinte, il arrondissait lui-même ses doigts autour de son cou.

Jasper avait sauté dans la barque. Sa première pensée fut d'aller au secours de son ami ; mais, l'importance de la possession de la barque se présentant à son esprit, il se dirigea en toute hâte vers la rive opposée, où il ne tarda pas à rejoindre ses amis. Il raconta en peu de mots ce qui était arrivé. Chacun sentit son cœur serré à ce récit ; on tendit l'oreille pour saisir le moindre bruit qui pût être un renseignement, mais le plus profond silence régnait sur les eaux et sur la rive opposée.

« Prenez votre rame, dit Pathfinder avec calme, mais avec une nuance de mélancolie qui n'échappa à personne, nous ne saurions nous attarder ici plus longtemps.

— Et le Grand-Serpent ?

— Il est dans les mains du Grand-Esprit... Selon que la Providence en décidera, il vivra ou mourra ; mais il nous faut profiter de cette obscurité ; partons ! »

Des cris, des vociférations épouvantables se firent entendre sur l'autre rive.

« Qu'est-ce que cela signifie ? s'écria Cap.

— Cela veut dire que nos ennemis se sont emparés du Delaware mort ou vif. »

Jasper, Mabel et le vieux marin demandèrent s'il n'y avait pas moyen de tenter de venir en aide à leur malheureux compagnon.

« Non, non! nous ne pouvons rien faire; laissons le chef entre les mains de la Providence. Hélas! hélas! ajouta-t-il, le daim finit toujours par être rencontré par le chasseur. »

Les deux embarcations voguèrent bientôt silencieusement sur l'Oswego; les nuages s'étaient dissipés, et la nuit était moins sombre; mais les grands arbres qui bordaient la rivière maintenaient l'obscurité sur les eaux, et les barques passaient côte à côte et tout à fait invisibles. Il y avait donc lieu d'espérer qu'on arriverait à bon port sans trop d'encombre. Malheureusement il fallait traverser encore, au-dessus même de l'embouchure de la rivière, un rift plus étendu, plus rapide que tous ceux qu'on avait rencontrés jusqu'ici; le passage de la cascade de l'Oswego était à peine plus dangereux.

Nos fugitifs, rendus plus tristes par l'absence du Grand-Serpent, causèrent peu entre eux ou parlèrent bas. Néanmoins, après plusieurs heures de navigation, ils éprouvèrent le besoin de se communiquer leurs pensées. Maître Cap, un peu rassuré, retrouva sa jactance et ses rodomontades ordinaires; mais l'inflexible honnêteté, la droiture du chasseur l'obligèrent plus d'une fois à changer de sujet de conversation, et pour Cap c'était en fait s'avouer vaincu. Jasper, seul dans sa barque, causait doucement avec Mabel, assise à l'arrière de la pirogue; il lui parlait encore de son père, de l'affection qu'il avait pour lui, du dévouement qu'il avait pour elle. Elle lui répondait que son père, dans ses lettres, lui avait souvent parlé de lui, de son courage, de sa grande habileté à conduire son navire, de sa fidélité à ses amis; elle ajoutait que, malgré les périls de l'heure présente, elle se sentait rassurée sous sa protection et celle de Pathfinder.

Le chasseur, tout en donnant la réplique à son interlocuteur, prêtait l'oreille à tous les bruits qui montaient des profondeurs de la forêt. Il crut entendre une fois le hurlement prolongé d'un loup; il eut une minute d'hésitation, mais ce son venait de bien loin, et il y avait des loups dans ces bois. Néanmoins à partir de ce moment il demeura constamment aux aguets, et recommanda à ses compagnons le silence le plus complet. Il reconnut bientôt sur la rive le bruit particulier d'une branche sèche brisée sous le pas d'un homme; il ne s'y trompa point.

« Quelqu'un marche sur la rive, dit-il à Jasper; ces maudits Iroquois sont-ils parvenus à traverser la rivière avec leurs armes sans canot?

— C'est peut-être le Mohican. Si c'est votre avis, Pathfinder, je m'approcherai de la rive pour m'en assurer.

— Soit! mais maniez votre rame avec prudence, et ne vous hasardez sur la rive qu'à bon escient.

— N'y a-t-il pas de danger? dit vivement Mabel.

— Il y en a si vous parlez aussi haut. Votre père, mon brave ami, vous dirait ce que vaut le silence dans le voisinage de l'ennemi... Mais allez, Jasper, il faut savoir qui est là. »

Pendant l'absence du jeune marin, qui dura dix minutes au moins, l'anxiété fut grande à bord de la pirogue; pas un mot ne fut prononcé; l'embarcation continuait à descendre, entraînée par le courant, et ceux qui la montaient retenaient leur respiration pour mieux épier le moindre son venu de la rive.

On entendit encore le bruit d'une branche sèche cassée sous le pied. Un ou deux sons étouffés traversèrent l'air; Pathfinder crut reconnaître la voix.

« C'est le Grand-Serpent, dit-il.

— Je vois quelque chose sur l'eau, dit Mabel.

— C'est la pirogue, reprit le chasseur. Dieu soit loué! si Jasper était revenu seul, il fût revenu plus tôt. »

Une minute après les deux embarcations étaient bord à bord, Jasper debout sur l'arrière de la sienne, et l'Indien se dressant tout à coup en face de ses amis.

« Chingachgook! mon frère! s'écria le guide, et sa voix tremblait d'émotion ; nous avons souvent combattu ensemble, j'ai craint que vous n'eussiez fait votre dernière campagne.

— Hugh! les Mingos sont des squaws. J'ai trois de leurs chevelures attachées à ma ceinture. Ils ont peur, et ils parlent de prendre le sentier du retour à travers les eaux du grand lac.

— Vous êtes allé jusqu'au milieu d'eux ?

— J'ai voulu compter nos ennemis ; j'ai touché leurs mousquets.

— Qu'est devenu le Mingo qui vous tenait à la gorge quand Jasper a dû vous quitter ?

— Hugh! répondit-il, il habite avec les poissons. »

Le chef delaware et Pathfinder eurent alors un entretien à voix basse et dans un dialecte que leurs compagnons n'entendaient point; Chingachgook fit le récit complet de ses aventures depuis l'instant où il avait étranglé son adversaire jusqu'à son retour auprès de ses amis. Il avait abordé au milieu des Iroquois et s'était mêlé avec eux; on lui avait plusieurs fois demandé son nom, il avait répondu qu'il se nommait Arrowhead. Il avait pu se convaincre que l'expédition avait été dirigée contre la fille du sergent, dont les Mingos avaient appris l'arrivée; ils s'étaient aussi exagérés l'importance de maître Cap et de son rang dans la marine anglaise. Il avait également recueilli la preuve de la trahison d'Arrowhead, mais il n'avait pas deviné le motif de sa perfidie, celui-ci n'ayant pas encore reçu la récompense de ses honteux services.

Pathfinder rapporta à ses compagnons tout ce qui était de nature à les rassurer; mais il ne put néanmoins leur dissimuler qu'il croyait retrouver leurs ennemis à la hauteur du rift, et il proposa encore une fois de conduire Mabel au fort à travers les bois. Jasper s'y opposa; il s'écria:

« Mettez Mabel dans mon canot, et je réponds de lui faire traverser le rift malgré l'obscurité; personne n'est plus que moi en état de lui faire franchir ce mauvais pas.

— Vous avez raison, mon jeune ami, dit gravement Pathfinder. Je suis sûr de ne point m'égarer dans les bois, même au milieu de la nuit la plus sombre, mais la forêt est mon élément; l'eau est le vôtre, Jasper, c'est votre nature. Que Mabel en décide donc, ou qu'elle prenne avis de son oncle.

— Je ne suis point partisan des bois, s'écria Cap; j'aime mieux un bon courant comme celui-ci que toutes les routes de forêt.

— Vous auriez mieux aimé être à terre que de franchir la cascade de l'Oswego, malgré qu'elle ait un courant rapide.

— Aurions-nous encore une cataracte à descendre? dit Cap avec inquiétude.

— J'ai grande confiance en vous deux, disait Mabel; je m'en rapporte aux deux amis de mon père. J'avoue pourtant que je suis de l'avis de mon oncle, et que j'aimerais mieux continuer à descendre la rivière.

— Passez donc alors dans le canot de Jasper, dit le guide; sur l'eau son œil est plus sûr que le mien. Pourtant je crois bien que pour franchir le rift par une nuit aussi obscure il faut l'œil et la main de la Providence. »

Cette résolution prise et ces arrangements faits, les pirogues glissèrent silencieusement sur l'Oswego, et ceux qui en avaient la conduite apportaient à la manœuvre, et non sans raison, la plus grande attention. Les mugissements du rapide annonçaient qu'il n'était pas bien loin, et qu'avant longtemps on saurait le résultat de cette tentative suprême. Pathfinder ne la tentait qu'à regret, ayant la ferme conviction que les Iroquois étaient postés à droite et à gauche du rift, faisant bonne garde pour les attaquer à leur passage. Au delà de cette barrière de rochers que franchissait l'Oswego, ils n'auraient plus rien à craindre de leurs ennemis à cause du grand voisinage du fort; la rivière devenait plus large, et il eût fallu une barque pour leur nuire.

Cap n'était pas sans appréhension; mais comment laisser percer son inquiétude, imaginez un peu, un vieux marin, surtout en présence d'un marin d'eau douce ! Mabel avait aussi ses craintes et son émoi : la rivière faisait un si épouvantable tapage là-bas sur les rochers, et même dans cette obscurité l'écume avait de si sinistres reflets ! Mais elle avait confiance dans son guide. Elle comptait aussi sur la Providence et lui adressait du fond du cœur les plus ferventes prières. La pirogue montée par Cap, Chingachgook et Pathfinder enfila la passe la première.

« Ils s'engagent trop près du centre de la rivière ! cria Jasper; mais ils ne sauraient plus m'entendre, et d'ailleurs il serait trop tard pour s'arrêter. Dieu les garde ! Mabel, tenez-vous bien ferme à la pirogue; ne faites plus un mouvement, mais ne craignez rien ! »

Il l'entendit encore confusément lui dire qu'elle se fiait à lui, mais le courant impétueux venait de les saisir; les flots courroucés rugissaient autour d'eux, l'écume amoncelée était lancée dans toutes les directions. La faible barque parut vingt fois devenue le jouet des vagues furieuses : elle tourna sur elle-même, elle bondit, et fut secouée comme si ses liens allaient se rompre; elle se cabra comme un cheval emporté, elle fut précipitée dans l'abîme comme si les ondes allaient l'engloutir; puis, tout à coup domptée, obéissante et soumise, elle nagea doucement sur des eaux tranquilles, au milieu d'un bassin dont la surface était à peine agitée : calme complet après ces redoutables secousses.

« C'est fait, Mabel, dit Jasper au comble de la joie ; vous verrez sûrement votre père ce soir.

— Dieu soit loué! dit la jeune fille ; je vous devrai ce bonheur.

— Pathfinder a le droit de réclamer sa bonne part de votre reconnaissance. Mais où est donc l'autre pirogue ? Où sont-ils ?

— Que vois-je de ce côté, là, sur l'eau? N'est-ce pas la pirogue de nos amis ? »

Deux coups de rames les rapprochèrent de l'objet désigné : c'était la pirogue ; elle était vide et renversée. Jasper se mit aussitôt à la recherche de ses compagnons ; il découvrit bientôt Cap, qui s'était mis bravement à nager et descendait la rivière en toute hâte. Il l'embarqua et ne se préoccupa nullement de ses deux amis. Il savait bien qu'ils trouveraient aisément leur chemin jusqu'au fort ; ils étaient déjà sur la rive, ayant couru sur les rochers pour ne point noyer leurs armes.

On entendit bientôt le bruit du ressac du lac ; Mabel s'inquiétait, demandant s'il y avait encore des rifts à franchir. Jasper la rassura ; ils entrèrent dans la baie et débarquèrent sur une plage sablonneuse. Quelques minutes plus tard Mabel, ayant franchi plusieurs postes et passé devant deux ou trois sentinelles, se trouva près de son père, qui était resté jusqu'alors presque un étranger pour elle.

VI

Mabel Dunham, après les fatigues et les émotions du voyage, goûta un repos aussi doux que tranquille. Quand elle s'éveilla, son père, appelé au dehors par les exigences de son service, était déjà sur le point de rentrer pour le déjeuner. Elle sortit aussitôt pour respirer l'air frais, charmée et reconnaissante de sa nouvelle situation au milieu de ce fort établi sur les limites extrêmes de la frontière des possessions anglaises en Amérique.

Il n'y avait pas bien longtemps que ce poste avait été créé au bord de l'Oswego; il était confié à un bataillon d'un régiment écossais d'origine, mais qui avait admis dans ses rangs bon nombre d'Américains. Le père de Mabel occupait le grade très humble encore, mais chargé d'une lourde responsabilité, de premier sergent. La citadelle, si on peut lui donner ce nom, n'avait que quelques pièces de campagne bonnes pour disperser les sauvages, et deux ou trois gros canons en fer placés aux angles des fortifications plutôt comme enseigne que comme défense sérieuse.

Au sortir de la hutte où son père lui avait ménagé une petite installation aussi confortable qu'on était en droit de l'espérer dans un pareil campement, Mabel se trouva en face d'un bastion ; elle gravit d'un pied léger la rampe gazonnée qui conduisait au sommet, et son esprit fut saisi par l'imposant spectacle qui se déroula tout à coup sous ses yeux.

Au sud s'étendait l'immense et magnifique forêt qu'elle avait traversée pour arriver à rejoindre son père ; cette végétation splendide eût envahi le pied même des fortifications, si une ceinture de terrains libres ne l'eût séparée de la palissade du fort. Cette zone, sorte de glacis où s'exerçait la garnison, avait été conquise sur les bois par le feu, seul capable de s'en rendre maître.

Notre héroïne, se tournant d'un autre côté, se trouva subitement en face du lac Ontario, et une brise agréable vint lui rafraîchir le visage. Le lac était si beau, ses ondes si limpides, la lumière du matin donnait de tels reflets à sa surface, que la jeune fille ne put retenir une expression de plaisir. Nulle terre n'était en vue, sauf la côte adjacente à droite et à gauche ; celle-ci, découpée d'anses profondes alternant avec de hauts promontoires, était partout couverte par la forêt qui, des deux côtés du fort de l'Oswego, avait reconquis tous ses droits. Le lac était tranquille ; à peine une brise légère ridait çà et là sa surface, où se reflétait le ciel bleu ; nulle voile n'était à l'horizon ; on ne voyait point sauter les poissons ; il n'y avait point d'oiseaux égayant les rives ; la nappe d'eau, belle dans ses proportions, semblait comme inutilisée, absolument déserte ; il n'y avait point de filets séchant sur les grèves, point de canots de pêcheurs sortant de ces anses solitaires ou doublant ces mornes promontoires. Ainsi du haut du bastion la jeune fille pouvait contempler deux immensités mises en face l'une de l'autre : la surface sans limite du lac Ontario et l'étendue interminable de la forêt : celle-ci plus sombre, celle-là lumineuse et dorée; toutes les deux solennelles et tranquilles, toutes les deux toujours inassouplies au joug de la civilisation et comme échappant encore à la domination de l'homme.

Mabel Dunham ressentit à cette vue une vive émotion, celle qui devait naturellement naître en pareille occasion dans le cœur affectueux et sincère d'une jeune fille bien élevée. Elle n'avait pas reçu une brillante éducation, tant s'en faut; mais elle était assez développée pour sentir le charme de ce grand spectacle. C'était une nature un peu neuve, très franche, et qui ne manquait point de délicatesse. Son père, devenu veuf peu après sa naissance et empêché par les fonctions de sa charge, l'avait confiée à la veuve d'un officier, qui en avait pris soin et l'avait élevée un peu au-dessus de sa condition; aussi Mabel semblait-elle, à première vue, appartenir à une classe plus élevée que celle en réalité occupée par son père; mais il convient de dire que sa distinction venait surtout d'un naturel bon, très heureusement cultivé. Aussi ressentit-elle plus que de la curiosité, mais un véritable enthousiasme en face de cette scène sublime, pleine de charme et de grandeur, où la main ni le travail de l'homme n'avaient point laissé leur empreinte.

« Quel beau spectacle! s'écria-t-elle, et pourtant qu'il me semble étrange! »

Mabel fut interrompue dans l'expression de son admiration par la venue inopinée sur le bastion de Pathfinder; il la toucha du doigt à l'épaule avant qu'elle se fût aperçue de son arrivée. La jeune fille, croyant que c'était son père, se retourna et se trouva en face du chasseur, debout, appuyé sur sa carabine et riant silencieusement, tandis que, le bras étendu, il montrait l'immense panorama des bois et des eaux.

« Voilà, dit-il, nos domaines, ceux de Jasper et les miens.

Il a le lac immense, et moi j'ai les grands bois. Et il me semble, Mabel, que ni l'un ni l'autre ne vous font peur; vous avez sondé les profondeurs de la forêt, et sans doute vous ne tarderez guère à faire connaissance avec le lac.

— Je suis bien aise de vous retrouver, Pathfinder, dit aussitôt la jeune fille. Jasper ne paraissait nullement s'inquiéter de vous hier soir; mais je craignais qu'il ne vous fût arrivé malheur sur le rift.

— Oh! c'est une vieille connaissance. Le seul embarras nous venait de nos armes; pour rien au monde je ne voudrais noyer ma carabine; j'ai pu la maintenir hors de l'eau et atteindre un gros rocher. Nous y avons pris place avec le Mohican, et nous avons attendu tranquillement que les Iroquois qui nous guettaient à droite et à gauche du rapide fussent décampés, ce qui arriva aussitôt que le canot de Jasper fut arrivé dans la baie. Les Mingos virent comme nous des lanternes envoyées au port au-devant de vous; ils partirent, craignant qu'on n'envoyât un détachement de la garnison essayer de les envelopper, et nous fûmes libres de regagner la rive et de rentrer tranquillement chez nous.

— Je suis bien aise que vous n'ayez pas eu à souffrir davantage; j'en suis restée préoccupée fort longtemps, et l'inquiétude m'empêchait de m'endormir.

— Dieu vous bénisse, Mabel, pour votre bon cœur! Nous avons aussi été bien contents quand nous avons vu apparaître les lanternes qui venaient au-devant de vous. Les chasseurs sont un peu brusques dans leurs manières; mais nous serions morts, Jasper et moi, pour empêcher qu'il vous arrivât malheur.

— Je le sais, dit simplement la jeune fille, et mon père vous en est aussi reconnaissant que moi.

— A propos de votre père, reprit le guide, dont la modestie souffrait des éloges et des remerciements pourtant si bien mérités de Mabel, comment avez-vous trouvé ce bon et brave vieux soldat? Vous attendiez-vous à le trouver tourné de cette façon?

— J'ai trouvé un excellent père et un accueil fait pour réjouir le cœur d'une fille dévouée. Y a-t-il longtemps que vous vous connaissez?

— J'avais douze ans quand le sergent m'emmena pour la première fois suivre une piste dans les bois, et il y a plus de vingt-deux ans de cela. Depuis nous avons livré bien des combats côte à côte; vous n'étiez pas encore née, Mabel, et vous n'auriez jamais vu le jour si je n'avais pas su manier une carabine. Mais la carabine est dans ma nature.

— Que voulez-vous dire?

— Tout simplement que votre père, étant tombé dans une embuscade tendue par les Indiens, déjà grièvement blessé, aurait perdu sa chevelure si je n'avais été à portée, avec mon arme, de le dégager.

— Vous avez sauvé la vie de mon père! s'écria la jeune fille, vivement impressionnée. Que Dieu vous récompense! »

Et en même temps, pour lui exprimer toute sa reconnaissance, elle lui serrait les deux mains avec force.

« Oh! je n'ai pas rappelé ce souvenir, disait l'honnête homme, pour m'attirer vos remerciements; je l'ai dit parce que la chose est vraie, et non pour m'en vanter. D'ailleurs Jasper pourrait en dire autant en parlant de vous, car sans son bras et son coup d'œil vous n'auriez pas traversé en sûreté le rift dans une nuit aussi obscure, comme vous l'avez fait hier soir. Je suis chasseur, Mabel, je sais suivre une piste; mais Jasper est né pour l'eau, c'est son élément. L'apercevez-vous, là-bas, regardant les canots et ne perdant pas de vue son joli petit navire? Ah! je suis bien sûr qu'il n'y a point dans tout le pays d'aussi bon et d'aussi beau garçon que Jasper Western. »

Mabel, saisie par le spectacle grandiose qui s'était offert à elle en débouchant au sommet du bastion, n'avait point encore regardé à ses pieds. Un petit port avec quelques cabanes et magasins alentour était situé au bas du fort, à l'embouchure même de l'Oswego, entre les deux pointes basses, décrivant une sorte d'arc qui s'arrondissait assez loin dans le lac.

Le petit bâtiment de Jasper était seul dans la crique; les canots avaient été tous tirés sur le sable. Il était gréé en cutter; son port pouvait être de quarante tonneaux à peu près; il avait été construit avec un très grand soin, et, sauf qu'il n'avait point de gaillards, il ressemblait à un vrai navire; il était peint d'une couleur foncée qui lui donnait l'apparence belliqueuse; l'ordre et la propreté régnaient à son bord, et l'œil même inexpérimenté de Mabel ne pouvait pas ne point s'en apercevoir. Ce petit bâtiment se nommait *le Scud*, c'est-à-dire le coureur.

« C'est là le navire de Jasper? dit Mabel; s'en trouve-t-il d'autres sur ce lac?

— Les Français en ont trois: un qu'ils disent être un grand vaisseau comme ceux qui voguent sur l'Océan; le second est un brick; le troisième est un cutter, qu'ils nomment *l'Écureuil* et qui paraît avoir pour le *Scud* une bien vive antipathie, car Jasper va rarement sur le lac sans l'avoir à ses trousses.

— Jasper n'ose donc pas le combattre?

— Les Français ne sortent point de Frontenac sans avoir des canons et un équipage d'une vingtaine d'hommes; certes Jasper est brave et reconnu comme tel; mais que voulez-vous qu'il fasse avec son petit obusier et son équipage composé d'un matelot et d'un mousse, le major ne voulant pas, au grand chagrin de notre ami, qu'il embarque des soldats ni des armes ?

— Ah ! s'écria tout à coup Mabel, voici mon oncle qui vient rendre visite à cette mer intérieure. »

Cap s'avança majestueusement sur la plate-forme du bastion, fit un léger signe de tête à sa nièce et se mit à examiner la nappe d'eau qu'il avait sous les yeux. Pour mieux voir, il monta sur l'affût d'un vieux canon, se croisa les bras sur la poitrine, en se balançant le corps comme s'il eût suivi le roulis d'un bâtiment et envoyant à droite et à gauche de superbes bouffées de la fumée de sa pipe à long tuyau.

« C'est là, dit-il enfin, ce que vous appelez votre lac ? Bien réellement, dites-moi, c'est là votre lac ?

— Certainement, et un bel et bon lac, répondit Pathfinder.

— Je ne me suis point trompé ; je m'attendais à un étang dans ces dimensions. Vous avez bien une vingtaine de lieues d'un rivage à l'autre. Mais cette languette d'eau n'est qu'une rivière, après tout ; l'Amazone, l'Orénoque et la Plata sont plus larges à leur embouchure.

— C'est le lac Ontario, maître Cap ; et il y a une rivière, et une noble rivière à chacune de ses extrémités. Il n'est pas dans ma nature sans doute de vivre sur l'eau, mais je puis vous assurer que nous sommes en face d'un beau lac.

— Un lac! reprit avec un air de mépris profond le vieux marin ; mais vous n'avez même pas de rives ! Les bords de l'Océan ne se conçoivent pas sans villas, sans fermes, sans maisons de campagne, sans phares surtout. Ma parole! vous n'avez pas de phares. A-t-on jamais entendu parler d'une mer qui n'a point de phares sur ses rives ? Pas même un fanal ! »

La discussion se prolongea sur ce ton pendant assez longtemps. Pathfinder, tout en déclarant que l'eau n'était pas son élément, défendait le lac Ontario pied à pied; mais cet esprit simple et droit restait dérouté par les rodomontades de son interlocuteur. Que répondre, de bonne foi, à un homme qui a vu l'Océan, qui l'a pratiqué et qui vous dit :

« Nous sommes en face d'une mare; je parie que vous n'avez pas une baleine, ni un cachalot, ni un marsouin, ni même un requin. Je parie que vous n'avez pas de requins. Vous n'avez pas de harengs, pas d'albatros, pas même de poissons volants.

— Des poissons volants! » dit Pathfinder de l'air d'un homme qui découvre enfin qu'on se moque de lui et qui ne se résigne pas à avaler une dernière et trop forte plaisanterie.

Mais l'attention de maître Cap était attirée d'un autre côté.

« Qu'est-ce que je vois là-bas à l'ancre, au bas de la montagne?

— Mon oncle, s'écria vivement Mabel, c'est le cutter de Jasper, un très joli petit bâtiment; on le nomme *le Scud*.

— Oui, il ne parait pas mal pour un lac. Mais il a un beaupré fixe. A-t-on jamais vu mettre à un pareil cutter un beaupré à demeure? Enfin il n'importe; Jasper, dites-vous, fait voile sur ce bâtiment? Je serai bien aise, avant mon retour, de faire une petite croisière avec lui; on ne dira pas que je suis venu sur les bords de cet étang sans y faire une petite excursion.

— L'occasion ne tardera guère à se présenter, dit Pathfinder: le sergent est sur le point de s'embarquer avec un détachement pour aller relever un poste aux Mille-Iles; je lui ai entendu dire qu'il comptait emmener Mabel; rien ne vous sera plus aisé que de l'accompagner.

— Est-ce vrai, Magnet? »

Une imperceptible rougeur monta au front de la jeune fille; elle répondit, un peu embarrassée:

« Je ne sais trop; mon père m'en a dit quelques mots, mais j'ai eu si peu le temps de causer avec lui, que je n'en suis pas encore absolument certaine. Mais le voici qui vient lui-même de ce côté, vous pourrez le lui demander. »

Dunham n'était que sergent, — le plus ancien sergent du corps, à la vérité, — néanmoins son extérieur grave commandait le respect; sa taille était haute, un peu raide, son abord froid, légèrement compassé; il mettait autant d'exactitude dans ses actes que de rectitude dans ses jugements. Cap, hautain, dogmatique et dédaigneux, modifiait sa façon avec son beau-frère, qui lui imposait plus qu'il ne voulait l'avouer. Le vieux lord écossais Duncan de Lundie, qui commandait la garnison, avait plus d'égards pour lui que pour la plupart de ses officiers eux-mêmes.

Dunham n'avait point l'espérance de parvenir à un grade plus élevé que le sien, mais il se respectait assez pour attirer le respect de tous; ses inférieurs, avec lesquels il était si directement en rapport, ne pouvaient se soustraire à son autorité, et les officiers traitaient presque d'égal à égal avec lui.

Son arrivée coupa court à la conversation, bien que Pathfinder fût le seul homme d'une condition inférieure sur toute la frontière qui traitât le sergent en ami.

Dunham s'avança gravement sur le bastion, fit le salut militaire et dit:

« Bonjour, frère Cap; les fonctions de ma charge que j'ai dû remplir ce matin sont cause que j'ai paru vous oublier, ainsi que Mabel. J'ai une heure devant moi, j'en profite pour faire plus ample connaissance avec ma fille. Ne trouvez-vous pas, frère, qu'elle ressemble à celle que nous avons perdue?

— Oui, elle est l'image de sa mère. »

Mabel jetait un regard timide sur les traits austères du sergent; elle avait toujours pensé à lui avec ce sentiment tendre des enfants qui ont le cœur bien placé pour leurs parents séparés d'eux. Voyant en ce moment le visage de son père agité par l'émotion, malgré sa raideur habituelle, elle eut envie de se jeter dans ses bras, mais elle ne l'osa point faire.

« Vous avez fait pour moi, frère, disait le sergent, déjà maître de sa passagère émotion, un voyage bien pénible; je voudrais qu'au moins rien ne vous manquât pendant votre séjour ici.

— Ne m'a-t-on pas dit que vous alliez partir incessamment pour aller suspendre votre tente dans une région où l'on compte mille îles ?

— Pathfinder, dit le sergent d'un ton grave, vous êtes-vous donc oublié à ce point ?

— Je ne me suis point oublié; mais je n'ai pas cru devoir cacher vos projets à votre frère.

— Vous savez pourtant, Pathfinder, dit le sergent avec un accent qui n'était pas exempt de reproche, que nos mouvements militaires doivent s'exécuter avec le moins de bruit possible. Nul mieux que vous ne connaît le prix du silence en face de l'ennemi. A la vérité, il est trop tard pour cacher nos projets; nous allons partir incessamment pour relever un poste du lac; nos instructions nous apprendront en route quel est ce poste. J'emmène avec moi Mabel pour me faire la soupe, et si vous ne méprisez pas trop l'ordinaire d'un soldat, vous nous accompagnerez, frère Cap.

— Comment s'effectuera votre expédition? Je ne veux pas retourner dans vos bois ni à travers vos marécages.

— Nous nous embarquerons sur le *Scud*. Voilà une expédition faite pour flatter tous vos goûts !

« Bonjour, frère Cap, » dit le sergent en faisant le salut militaire.

— Je ne refuse pas de vous accompagner si vous n'avez personne pour gouverner votre cutter; j'avoue pourtant qu'une course sur cet étang ne ressemble guère à de la navigation.

— Mon frère, nous serons charmés de jouir de votre société pendant notre voyage, mais nous n'avons besoin de personne pour nous conduire; Jasper est très en état de gouverner le *Scud*. Pathfinder, dit-il en se tournant vers son ami et lui montrant une troupe armée sur les bords de l'Oswego, apercevez-vous nos soldats se mettant en campagne? Voilà, je crois, la première fois qu'on donne la chasse aux Mingos sans que vous soyez de la partie. »

Le guide parut embarrassé par cette simple remarque; ses joues, devenues couleur de brique par l'action incessante de l'air et du soleil, parurent rougir encore. Il répondit en hésitant un peu :

« Oh! j'ai l'idée que les Iroquois ne nous ont pas attendus; le détachement peut se mettre à leur poursuite, il ne les atteindra point. Le Grand-Serpent n'est point avec eux; mon compagnon habituel n'y allant point, j'ai cru pouvoir rester; et puis, ami sergent, nous avons fait depuis quelque temps d'assez rudes campagnes pour avoir le droit de nous reposer un peu.

— Personne n'y a plus de droits que vous! N'allez pas vous imaginer, Mabel, que Pathfinder soit dans l'habitude de laisser les Iroquois rôder en paix autour de nos établissements; non, ils n'ont point d'ennemi plus acharné, plus brave, plus habile; mais vous lui pardonnerez de préférer votre compagnie à la poursuite de ces sauvages.

— Je suis bien loin, Pathfinder, répondit Mabel, d'avoir l'idée de vous accuser de quoi que ce soit; mon père et moi nous vous devons la vie, et je n'ai qu'une pensée, qu'un désir, de vous en témoigner toute ma reconnaissance. »

Le chasseur parut profondément touché.

« Je ne crois pas, Mabel, répondit-il, que vous nous deviez la vie, à Jasper et à moi; car ces Mingos ne songeaient nullement à vous tuer. Ils vous auraient engagée ou contrainte à devenir la femme d'un des leurs, mais ils n'auraient pas touché un cheveu de votre tête.

— Je vous dois donc plus que la vie, répondit Mabel en serrant la main de son loyal défenseur; je ne l'oublierai jamais.

— Et vous aurez raison, ma fille, dit gravement et d'un ton significatif le sergent Dunham. — Mais je crois qu'il est temps d'aller déjeuner; frère Cap, vous allez voir ce qu'est l'ordinaire d'un soldat sur nos frontières. »

VII

Il ne suffirait pas de dire, pour donner une idée de la façon dont se nourrissaient les troupes dans les postes des frontières à cette époque, que la table du sergent était abondamment et délicatement servie; en effet, ce qui serait considéré comme une recherche et un luxe exagérés composait journellement leur ordinaire : l'Oswego était peuplé des meilleurs poissons, ses rives regorgeaient d'animaux aquatiques, et la forêt fournissait la plus abondante et la meilleure venaison.

Un saumon grillé, en tout point comparable à ceux que l'on trouve dans tout le nord de l'Europe, fumait sur un grand plat de bois au milieu de la table rustique, mais dressée avec goût. Un cuissot de daim rôti et une oie sauvage flanquaient le saumon; ces pièces importantes étaient défendues avec un soin qui rappelait la stratégie militaire : il y avait, en guise de circonvallation et comme pour protéger les approches, des plats de venaison froide sous toutes les formes. Par exemple, pas de gâteaux de maïs ni de navets cordés; on eût vainement cherché les plats de choux à demi cuits qui composaient le plus souvent l'ordinaire du soldat.

« Vous n'êtes point à la demi-ration, dit maître Cap en s'asseyant. Voilà un saumon qui aurait suffi à satisfaire même un Écossais. Et ces truites! Décidément l'eau douce a du bon. Et ces tranches de gibier!

— Et pourtant nos hommes, sauf une demi-douzaine peut-être, plus justes et plus raisonnables, se plaignent journellement de la nourriture du fort.

— Ah! dit Pathfinder, c'est dans la nature des chrétiens, et cela n'est pas fait pour leur faire honneur. Les Peaux-Rouges, au contraire, ne montrent jamais aucun dégoût pour quoi que ce soit; ils s'inquiètent peu de ce qu'ils mangent, pourvu qu'ils trouvent à se rassasier. A notre grande honte, nous autres hommes blancs, nous ne montrons aucune reconnaissance pour les plus grands bienfaits de la Providence, et nous attachons la plus grande importance à de vraies bagatelles.

— C'est au moins comme cela qu'agissent nos soldats du 55ᵉ. Le major Duncan de Lundie jure lui-même quelquefois qu'un gâteau de farine d'orge vaut mieux qu'une perche de l'Oswego ou un cuissot d'élan.

— Le major Duncan est-il marié? A-t-il des enfants? s'écria Mabel, avide de se renseigner sur des sujets qui l'intéressaient davantage.

— Non, ma fille; on dit qu'il a une fiancée dans son pays; elle l'attend, mais elle ne veut pas s'exposer aux privations et aux inconvénients du service dans ce pays sauvage. Je me fais une tout autre idée des devoirs d'une femme, et, si Dieu en avait décidé autrement, votre sœur, frère Cap, serait assise ici en face de moi.

— J'ose croire que vous ne pensez pas à marier Mabel à un soldat? Elle trouverait, je pense, un meilleur parti dans la marine.

— Je ne songe à choisir un mari pour ma fille ni dans

le 55e, ni dans aucun autre régiment; je crois pourtant qu'il est temps de songer à son établissement.

— Mon père! dit Mabel confuse.

— Il n'est point dans la nature des jeunes filles, dit simplement Pathfinder, de parler si ouvertement de ces choses; épargnons cet ennui à Mabel. »

Cap fit l'éloge du cochon de lait dont il venait de manger une tranche; le chasseur s'amusa un peu de lui en lui faisant remarquer que, sans s'en douter, il venait de se régaler d'un morceau de porc-épic. Mais le sergent n'était pas homme à abandonner facilement ses idées.

« Pathfinder, dit-il, je pense que dans votre course d'hier vous n'avez pas trouvé Mabel trop récalcitrante?

— Oh! non, fit le brave et excellent homme; si votre fille est aussi à moitié satisfaite de Jasper et de moi que nous le sommes d'elle, nous resterons bons amis jusqu'à la fin de nos jours. »

Mabel eut pour le chasseur un bon et franc sourire, puis elle dit en s'adressant à maître Cap :

« Si votre repas est achevé, retournons, s'il vous plaît, sur les remparts; je n'ai pas encore vu le lac assez à mon gré, et je ne saurais courir seule ainsi de tous les côtés dès le jour de mon arrivée. »

Cap, qui aimait véritablement sa nièce, se leva et la suivit. Restés seuls, Dunham et le chasseur gardèrent un moment le silence; au bout de quelques instants le sergent se tourna vers son ami, et le regardant bien en face, il lui demanda :

« Comment trouvez-vous ma fille, Pathfinder?

— Je dis, sergent, que vous avez lieu d'être fier d'elle; c'est une jeune fille remplie des meilleures qualités et aussi belle, à mon jugement, qu'elle est bonne.

— Vous avez une excellente opinion d'elle, mon ami;

son jugement sur votre compte est tout aussi favorable; ainsi, dès hier soir, à peine arrivée ici, elle n'a fait que me vanter votre sang-froid, votre courage et surtout votre bonté. Ah! c'est là ce qui l'a touchée; vous êtes bon, Pathfinder, et dès le premier jour ma fille vous a deviné; et vous, de votre côté, vous lui rendez pleinement justice; tout va donc pour le mieux, et nos projets devront réussir. Mais je vous prie, Pathfinder, soignez un peu votre extérieur, brossez votre habit, faites attention à votre tenue.

— Je n'ai rien négligé de tout cela. J'ai fourbi et nettoyé ma carabine ce matin dès l'aurore, et jamais elle n'a été plus brillante.

— Mais avez-vous au moins causé quelque peu avec Mabel, durant la route, hier dans votre pirogue?

— Les occasions n'ont pas été nombreuses; il est vrai que, lorsqu'il s'en est présenté, je n'ai pas osé en user : je tremblais que mes pensées ne fussent trop au-dessous des siennes; et puis vous savez, sergent, je ne parle librement que des choses qui appartiennent à ma nature.

— Je vous comprends; néanmoins vous avez peut-être eu tort d'être si discret et si réservé. Sans doute, plus notre conversation est sage et suivie, plus elle doit plaire; mais il est bon de savoir condescendre à la faiblesse de l'esprit de la femme, et au besoin donner à sa conversation une tournure plus légère. Je n'ai jamais dérogé à ma dignité; mais moi, qui n'aime ni le bavardage ni la frivolité, j'ai agi ainsi plus d'une fois avec la mère de Mabel, et j'ai reconnu que c'était la vraie méthode.

— Sergent, je crains bien de ne pouvoir jamais faire de même, dit Pathfinder d'un air piteux.

— Je croyais pourtant que nous étions d'accord sur ce point, et que vous vous contraindriez dans la mesure du

« C'est vrai, disait le guide; mais ce n'est point avec cela qu'on gagne le cœur d'une jeune fille. »

possible pour assurer le succès de nos vues. Vous vous découragez trop vite.

— Sans doute; mais, depuis que j'ai vu Mabel, j'ai de fâcheux pressentiments.

— Qu'est-ce à dire? je ne vous comprends plus. Je croyais que vous m'aviez dit qu'elle vous plaisait. L'obstacle, je le sais, ne saurait venir de son côté. Pensez-vous que ma fille puisse tromper mon attente?

— Oh! je ne dis rien contre votre fille, sergent, tout au contraire; mais, maintenant que je la connais, je me dis que je ne suis qu'un pauvre et ignorant homme des bois, et sans doute nous nous sommes trompés tous les deux sur mon compte : je ne vaux pas autant que nous pensions.

— Ce n'est pas mon avis, dit le sergent; soyez modeste pour votre compte, mais n'infirmez pas mon jugement, je vous prie. Ne suis-je pas accoutumé à juger les hommes? Demandez d'ailleurs au major Duncan, et vous verrez s'il ne partage pas absolument mon sentiment?

— Nous sommes de vieux amis, sergent, nous nous sommes mutuellement rendu bien des services; en pareil cas on se fait aisément illusion. Vous me jugez trop favorablement, et rien ne me prouve que votre fille me voie d'un œil aussi favorable.

— Pathfinder, vous ne vous connaissez pas; rapportez-vous-en à mon jugement. Vous avez de l'expérience; qu'y a-t-il de meilleur? Une fille aussi jeune ne peut rien tant souhaiter, si elle est prudente et sage, que de rencontrer cette qualité dans un mari. Vous êtes simple dans vos manières; Mabel n'irait pas sans doute, vous ne lui ferez pas l'insulte de le penser, s'éprendre d'un jeune fat qui se donne des airs et fait le fanfaron. Vous avez du service enfin; vous en portez les marques; vous vous êtes exposé au feu plus de trente et quarante fois! Ainsi vous avez de l'expérience, des états de service superbes, un extérieur grave et digne, bien que vous n'ayez pas assez de soin de votre équipement; mais vous n'êtes pas tenu à vous astiquer comme un soldat; or, dans ces conditions, je vous le demande encore, quelle jeune fille ne serait ravie de vous épouser?

— C'est vrai, c'est vrai, répondait le pauvre guide, considérant ses rudes vêtements de cuir, ses mains calleuses, vous avez raison; mais ce n'est point avec cela qu'on gagne le cœur d'une jeune fille.

— Comment! reprenait le sergent, ce n'est pas l'expérience qui assure notre succès! ce ne sont pas nos travaux qui nous conquièrent l'estime! ce n'est pas notre tenue digne qui frappe l'imagination et le cœur! J'ai pourtant la pratique des choses de la vie.

— Cela ne m'empêche point de penser, sergent, que je suis trop brusque, trop sauvage, trop âgé pour plaire à votre fille, nullement faite aux habitudes de nos forêts, et dont tous les goûts sont conformes à la vie de nos établissements.

— Je suis fâché que vous pensiez ainsi, reprit le sergent; que n'avez-vous songé à cela plus tôt!

— Sans doute parce que je ne connaissais pas encore Mabel; jamais ces idées-là ne m'étaient venues. J'ai souvent conduit à travers le désert, protégé de mon mieux et défendu au péril de ma vie des dames jeunes, belles, distinguées; je n'ai jamais songé auprès d'elles que j'étais mal tourné, gauche, et dans une situation si inférieure. Mais plus je pense à votre fille, plus je me trouve incapable et indigne de remplir mon rôle de prétendant; je me sens trop vieux, trop peu avenant.

— Si ce n'est que cela, fiez-vous à moi. Quinze jours passés ensemble dans notre excursion aux Mille-Iles suffiront à vous faire faire ample connaissance, et vous gagnerez toujours, Pathfinder, à être connu. Votre extérieur est, à la vérité, un peu négligé, cela vous fait tort; mais en vous pratiquant on revient vite sur cette impression défavorable. Je sais d'ailleurs ce que ma fille pense de vous.

— Vrai, sergent, vrai ! s'écria le guide. Mais non, Mabel est plutôt faite pour être la femme d'un officier que celle d'un pauvre et misérable chasseur. Non, non, elle a les habitudes de la ville, elle regretterait plus tard de s'être engagée dans des liens trop lourds en compagnie d'un misérable guide, d'un chasseur toujours relégué sur les frontières.

— Il y a une certaine apparence de raison dans ce que vous dites, mon ami; mais pouvez-vous mettre en comparaison les usages et les distractions des établissements, même les plus anciens, avec la liberté dont on jouit dans ces forêts? Non, non, ne vous préoccupez pas de toutes ces choses; j'ai réfléchi longuement à ce mariage, j'en ai tracé le plan avec soin. J'avais d'abord songé à vous faire entrer dans notre compagnie; j'y ai renoncé : vous êtes soldat, plus soldat qu'aucun de ceux que je connais, et pourtant vous ne l'êtes pas dans tout le sens du mot. La discipline régulière, méthodique, ne serait point votre affaire; il vous faut votre liberté d'allure. Gardez vos habitudes, restez le meilleur et le plus fidèle de tous les guides; Mabel demeurera auprès de moi, et vous trouverez ainsi toujours un gîte au retour de vos expéditions.

— Soit, sergent; mais je ne puis m'empêcher de vous dire que si j'étais jeune, bien tourné, comme Jasper Western, par exemple, j'aurais plus de chance. »

Le sergent fit claquer ses doigts d'un air méprisant et s'écria :

« Voilà pour Jasper et les autres jeunes gens du régiment! Ils sont plus jeunes positivement; mais savez-vous, Pathfinder, vous avez encore l'air plus jeune qu'eux; vous avez meilleure mine que le capitaine du *Scud*. C'est la vérité, car vous êtes plus formé, plus endurci, plus solide, et c'est là la vraie jeunesse, avec une bonne conscience qui fait qu'on ne vieillit pas.

— A ce compte, reprit l'honnête chasseur, Jasper ne vieillira point non plus; car je ne crois pas que personne ait une conscience meilleure que la sienne. »

Cette réflexion n'était point faite pour déranger l'ordre des idées du sergent; il continua sans répondre à l'interruption :

« Vous êtes, et cela tranche la question, mon ami, mon ami juré, constant et éprouvé.

— Oui, sergent, nous sommes amis depuis plus de vingt ans, avant même que Mabel fût née.

— C'est vrai, dit le sergent en se redressant et de façon à accentuer son triomphe, car il avait voulu amener son ami à dire cette parole; c'est vrai, nous étions déjà des amis avant la naissance de ma fille! Dites-moi maintenant comment ma fille pourrait refuser d'épouser l'homme qui a été l'ami de son père avant même qu'elle fût née? »

Pathfinder fut-il convaincu? Le brave sergent eût été désolé d'avoir manqué son but : la vérité lui apparaissait, à lui, si claire, si lumineuse! Il se tut, examinant attentivement son ami, qui gardait sa pose méditative et un peu embarrassée. Au bout d'un instant, Dunham reprit sur un ton moins grave :

« Mon ami, vous êtes le meilleur tireur qui se soit jamais servi d'une arme à feu dans ce pays.

— Oui, reprit le guide, oui, je crois bien que je suis le meilleur tireur...; néanmoins je m'imagine parfois que j'en suis redevable à Tue-Daim. Avec cette merveilleuse carabine, un chasseur ordinaire réussirait sans doute aussi bien que moi.

— Je ne suis point de votre avis. Mais nous devons avoir un tir ces jours-ci, prenez-y part; je serai bien aise que Mabel puisse se rendre compte elle-même de votre adresse.

— Sergent, le puis-je avec Tue-Daim? Chacun sait qu'il ne manque jamais le but. Je craindrais que ce ne fût pas jouer franc jeu. »

Le sergent leva les épaules, serra la main de Pathfinder, et, ne jugeant pas qu'il fût utile de répondre, sortit pour s'en aller remplir les devoirs de sa charge.

Les motifs qui avaient décidé Dunham à faire venir sa fille sur la frontière ressortent aisément de cette conversation. Il connaissait à peine son enfant; il souhaitait vivement de pouvoir l'avoir auprès de lui. Froid, réservé, méthodique, il n'était point fait pour les épanchements bruyants; mais sa tendresse n'en était pas moins vive pour être concentrée. Il fallait donc marier sa fille dans le cercle étroit qui l'environnait; il n'avait certes pas l'intention de la contraindre; mais il se persuadait trop aisément ce qu'il souhaitait, à savoir que son ami devait lui convenir merveilleusement à cause des qualités extraordinaires dont il était doué. Pathfinder, en effet, avait une simplicité, une droiture d'esprit remarquables; il personnifiait la fidélité; sa prudence égalait son courage; il était toujours prêt à faire partie de toutes les expéditions, même les plus difficiles; jamais on ne parvenait à l'entraîner dans celles qui eussent pu lui mériter le moindre blâme; il était inaccessible à l'intérêt personnel; on ne pouvait pas vivre avec cet homme sans ressentir pour lui un respect et une admiration qui lui donnaient tout de suite une place bien supérieure à sa situation dans le monde. Ses supérieurs, les officiers de la garnison, le traitaient tous avec les plus grands égards. Il n'attachait d'importance aux distinctions sociales qu'autant qu'elles reposaient sur le mérite personnel; il manquait d'instruction, mais non d'élévation dans les idées; il manquait d'éducation, mais non de délicatesse; ses sentiments avaient la fraîcheur de la forêt, sa demeure habituelle; le juste et l'injuste, le vrai et le faux, se présentaient à lui clairement, et le respect de l'un comme le mépris de l'autre était le caractère distinctif de cet être extraordinaire, mystérieux, simple à la fois et tout à fait sympathique.

Il exerçait une influence heureuse sur les soldats; ils revenaient meilleurs, mieux disposés, d'une expédition dont il avait fait partie; son honnêteté s'imposait, sans phrase à la vérité, bien qu'il aimât à disserter et qu'il eût plus d'un préjugé; mais ses préjugés eux-mêmes, dus à sa situation et à son genre de vie tout exceptionnels, avaient néanmoins quelque chose de juste et de naturel; d'ailleurs, il aimait à s'instruire, interrogeait et apprenait volontiers.

Jamais il n'avait reculé devant l'ennemi; jamais non plus il n'avait abandonné un ami dans le danger. Naturellement il n'avait d'amis que parmi les hommes un peu de sa trempe et de son caractère; il avait un instinct de discernement qui, à ce point de vue, ne l'avait jamais trompé.

Son esprit était juste et droit; il n'obéissait jamais à ses désirs ou désordonnés ou ambitieux; ses sentiments étaient innocents et purs, sa conduite modeste et sage; il avait en horreur tous les abus d'une civilisation exagérée; la pensée de Dieu était toujours présente à son esprit; il semblait voir de ses yeux son seigneur et son maître dans toutes les manifestations de sa puissance et de sa bonté, rencontrées à chaque pas dans les profondeurs de la forêt; il avait pour lui un culte et une vénération qui ne se démentaient jamais.

Tel était l'homme que le sergent Dunham avait choisi

pour être l'époux de sa fille. Il le connaissait depuis de longues années, il avait la certitude de son mérite. Il ne s'imaginait pas que sa fille pût faire jamais la moindre objection à ce mariage. Il semblait, en effet, à Dunham que cette question devait être résolue comme celles qui se présentaient chaque jour et qu'il tranchait avec tant d'équité, c'est-à-dire militairement. Il y voyait de très grands avantages pour lui; il vieillissait, la solitude commençait à lui peser. Sa fille mariée à son ami, vivant auprès de lui, chez lui-même, n'y avait-il pas là de quoi le tenter? Il en avait fait lui-même la proposition à son ami, peu disposé d'abord à partager ses idées, mais peu à peu amené à changer de dispositions, et aujourd'hui, sauf les craintes que lui inspirait l'idée de son indignité personnelle, entré assez résolument dans ses vues.

VIII

Une semaine s'était écoulée depuis l'arrivée de Mabel et de son oncle au fort de l'Oswego; l'étrangeté de cette vie de garnison avait tout d'abord éveillé sa curiosité; l'existence de cette petite colonie, jetée sur les limites extrêmes de la civilisation en face des Français, avec lesquels on était alors en guerre et qui occupaient l'autre extrémité de l'Ontario, était bien faite pour intéresser Mabel. Les premières surprises passées, il lui parut que ce genre d'existence deviendrait vite ennuyeux pour elle; puis, l'habitude venant vite, il lui sembla, au contraire, qu'elle s'accoutumerait dans sa situation nouvelle en compagnie de son père et de ses amis.

Les officiers et les soldats, dont les attentions dans les premiers jours de son arrivée avaient été un peu fatigantes, commençaient à se faire à la présence de cette jeune fille dont la mise simple et digne, la modestie et la réserve relevaient les grâces et les charmes d'une jeunesse formée à bonne école, ses manières se ressentant du séjour qu'elle avait fait dans l'honnête famille à laquelle son père avait confié le soin de son éducation. Elle avait eu dès le premier jour le don de conquérir tous les cœurs ; ces hommages, exprimés d'une façon peut-être un peu vive venant d'étrangers, s'expliquaient par le fait de la vie commune prolongée dans une garnison. Mabel, du reste, s'imaginait devoir cet empressement aimable et un peu gênant à la déférence et au respect dus à son père.

La fille du sergent avait d'ailleurs un jugement très sain, et qui lui permit de distinguer bien vite quelles étaient les personnes auxquelles elle pouvait se fier sans danger, et celles, au contraire, dont elle devait se défier. Sa situation était au fond assez délicate et embarrassante ; son père occupait au fort de l'Oswego une situation neutre : il n'était point officier ; les soldats néanmoins devaient le considérer comme leur chef et se soumettre à sa volonté ; c'était même le représentant de l'autorité auquel ils avaient le plus affaire. Cela écartait donc d'elle deux grandes classes de militaires : les officiers et les simples soldats. Elle reconnut néanmoins bien vite, même parmi ceux qui occupaient un rang plus élevé, que plusieurs de ces personnages étaient assez disposés à oublier le rang inférieur du sergent dans la hiérarchie militaire en faveur des attraits de la jeune fille. Il y en avait un, entre autres, qui avait le droit de s'asseoir à la table même du major, qui se montra en cette circonstance plus empressé que tout autre à augmenter encore son intimité et ses relations avec le sergent Dunham, bien que leurs fonctions les rapprochassent déjà journellement ; c'était le quartier-maître, homme d'un âge mûr, veuf, quoique s'étant remarié déjà trois ou quatre fois. Les jeunes officiers du régiment remarquèrent bientôt que le quartier-maître, qui était un officier d'origine écossaise nommé Muir, rendait de plus fréquentes visites à son subordonné ; ils en plaisantèrent, mais cela ne fit pas grand bruit et se borna à deux ou trois allusions et à autant de toasts portés en l'honneur de la jeune fille.

Vers la fin de cette première semaine, un soir après la retraite, le commandant de la garnison, le major Duncan de Lundie, envoya chercher le sergent Dunham pour une entrevue toute personnelle. Le major, assez misérablement installé, occupait une hutte roulante qui pouvait aisément être transportée d'un point à un autre; pour le moment, elle occupait à peu près le centre du camp. Le sergent fut aussitôt admis en présence de son chef.

« Entrez, sergent, entrez, mon bon ami, » dit Lundie d'un ton accueillant et joyeux dès qu'il aperçut le vieux et brave militaire.

Dunham s'était arrêté sur le seuil de la petite pièce dans laquelle se tenait son chef, dans une attitude respectueuse, prêt à exécuter les ordres qui lui seraient donnés.

« Entrez, Dunham, reprit le commandant, et asseyez-vous sur cette escabelle. Il ne s'agit point de service, mon ami; je n'ai à vous parler ce soir ni de revues ni de feuilles de paye. Écoutez-moi : nous sommes de vieilles connaissances, de vieux amis, et nos relations doivent compter même entre un commandant et un sergent d'ordonnance, entre un Écossais de vieille roche et un Yankee. N'est-ce pas votre avis, Dunham ? Asseyez-vous, je vous prie. »

Il fut obligé de répéter cette invitation, le subalterne ne pouvant se résoudre à prendre cette liberté en présence de son chef; le major continua :

« La journée a été belle, sergent. »

L'art de parler de la pluie et du beau temps est une ressource élevée à la hauteur d'une institution, et dont font et feront toujours usage les gens qui ne savent comment s'y prendre pour commencer un entretien qui les embarrasse, et dont la conclusion qu'ils souhaiteraient leur paraît incertaine.

« Oui, major Duncan, répondit le sergent après s'être assis, mais sans se départir de cette tenue respectueuse et attentive qui sauvegarde, même en l'absence d'une étiquette plus rigoureuse, les distinctions à établir entre un chef et son inférieur; oui, la journée a été belle, et nous pouvons compter en avoir encore plus d'une semblable dans cette saison.

— Cela est fort à désirer; pour mon compte, je le désire beaucoup. Je serais bien aise que nos récoltes fussent bonnes. Vous verrez, sergent, que nos soldats du 55e sont aussi bons fermiers qu'ils sont braves militaires. Je n'ai jamais vu, même en Écosse, des pommes de terre s'annonçant mieux que celles que nous avons plantées. »

La conversation garda cette allure pendant un temps assez long; toutes les conséquences d'une abondante récolte de pommes de terre furent tour à tour envisagées à leurs points de vue les plus élevés : rien sur ce pauvre sujet ne fut omis. A cette occasion on parla du progrès incessant de toutes choses en ce monde; on en vint aussi à parler de décadence, de retraite.

« Je sens que mes jours d'activité touchent à leur fin, dit le major Duncan par manière de conclusion.

— Sa Majesté, reprit respectueusement l'inférieur, Sa Majesté, que Dieu protège! a encore de longs services à attendre de vous. Et le grade de lieutenant-colonel...

— Ah! voilà longtemps que je l'attends... Sergent, j'ai entrevu votre fille; je vous en fais compliment, elle serait digne de recevoir les vœux d'un lieutenant-colonel... J'ai presque envie de me mettre sur les rangs... Je dis sur les rangs, car tous les officiers, — non mariés, s'entend, — de ma garnison rêvent une pareille conquête.

— Nous savons trop bien où est le cœur de notre commandant. Il a laissé en Écosse une fiancée qui l'attend et à laquelle il est demeuré fidèle.

— Ah! l'espérance! toujours l'espérance! reprit avec une nuance de mélancolie le commandant du fort; cela commence à me peser beaucoup d'attendre aussi longtemps. Je ne puis pourtant prendre ma retraite qu'avec le grade de lieutenant-colonel! Oh! que ma bonne Écosse me semble loin d'ici! »

La conversation ramena encore une ou deux fois le nom de Mabel sur les lèvres du vieux major; il en faisait à chaque fois l'éloge, mais ne parvenait pas à placer avantageusement, paraît-il, une idée qui visiblement le préoccupait très fort. Il prit son courage à deux mains, et sans autres précautions oratoires il dit:

« Sergent, Davy Muir, le quartier-maître, est disposé à prendre votre fille pour femme; je lui ai promis, pour sauvegarder sa dignité, de vous présenter moi-même sa requête.

— On nous fait trop d'honneur, Monsieur, répondit le sergent d'un ton assez raide; je pense voir ma fille mariée avant quelques semaines, elle est promise à un autre.

— Ah! vraiment! cela fera causer dans le fort. Muir sera fort désappointé. Au fait, je n'en suis pas fâché, car je n'aime guère les mariages disproportionnés. Puis-je vous demander, Dunham, quel est l'heureux mortel qui deviendra votre gendre?

— Il ne me coûte pas de le dire à Votre Honneur : c'est Pathfinder!

— Pathfinder?

— Vous le connaissez, major, et certes vous n'aurez pas d'objections à élever sur le compte de mon honnête, brave et excellent ami.

— J'en conviens, il est honnête, brave, fidèle et dévoué... Mais a-t-il bien ce qu'il faut pour rendre votre fille heureuse, sergent?

— A coup sûr; que faut-il de plus, Votre Honneur? Il est à la tête des hommes de sa profession. Connaissez-vous un guide, un éclaireur attaché à l'armée, qui ait moitié de la réputation de Pathfinder?

— Sans doute, sans doute! Mais est-ce donc la réputation d'un éclaireur ou d'un tireur qui gagnera le cœur d'une jeune fille? Pense-t-elle comme vous à cet égard? Elle est promise, me dites-vous; vous l'avez sans doute consultée sur ce point délicat?

— Non, pas encore, répondit le sergent, au moins directement; mais j'ai fait mes observations, j'ai recueilli des indices qui ne sauraient me tromper. Pour moi, c'est comme si elle avait formellement consenti.

— Ah! vraiment! Y aurait-il de l'indiscrétion, sergent, à vous demander quels sont ces indices?

— Nullement. Ainsi, lorsque je lui parle du guide, mon ami, Mabel me regarde toujours bien en face, sans sourciller; si je fais son éloge, elle ne manque pas de renchérir encore sur tout le bien que je puis en dire, et cela franchement, comme s'il était déjà son mari.

— Et cela vous semble des preuves certaines des sentiments de votre fille?

— Assurément, major; je n'en demande pas davantage. Quand le soldat regarde son chef en face, n'est-ce pas une preuve de sa docilité? Quand il en fait l'éloge, ne montre-t-il pas qu'il lui est attaché, qu'il l'aime?

— Vous n'avez pas songé, Dunham, à la différence d'âge?

— J'y ai pensé, pardon, Votre Honneur. Je trouve que l'expérience ne s'acquiert qu'avec l'âge, et je veux pour ma

« Quel âge avez-vous, lieutenant Muir, si je puis vous poser cette question délicate ? »

fille un homme expérimenté. J'avais d'ailleurs plus de quarante ans quand j'épousai sa mère.

— Oui, mais vous portiez l'élégant uniforme du 55e régiment. La jaquette verte et le bonnet de peau de renard du guide plaisent-ils autant à votre fille ?

— Non, sans doute, major ; mais comptez-vous pour rien le mérite de sacrifier son goût ? Cela rend toujours une jeune femme plus sage et plus prudente.

— Mais la vie de Pathfinder l'expose à de grands dangers. Les bêtes sauvages, les Mingos, plus sauvages encore, peuvent un jour ou l'autre rendre votre fille veuve.

— L'heure de chacun de nous est marquée. Un soldat du régiment peut-il se croire à l'abri d'une mort soudaine ? Ma femme gardait la maison, je suis souvent allé au feu : elle est morte depuis longtemps, et je vis encore. Mabel pourrait en épouser un autre qui mourrait au lendemain de son mariage. Et puis je suis convaincu, major Lundie, que Pathfinder ne sera pas atteint par une balle, ni ne sera frappé dans sa vie aventureuse des forêts.

— Pourquoi ? » Et le commandant jeta un regard empreint de cette hésitation et de ce respect que tout Écossais éprouve en présence d'un homme affirmant quelque mystérieuse influence. « N'est-il pas exposé comme un autre, et plus même ?

— Je le sais ; mais il ne mourra pas d'une balle, il ne périra pas par accident au fond des bois. Je l'ai vu trop souvent manier sa carabine comme la houlette d'un berger quand les balles pleuvaient autour de nous. Non, non, la forêt lui est trop familière, elle le défendra ! La Providence ne permettra pas qu'il finisse de cette manière... Et pourtant quel homme, je vous le demande, major, mérite mieux que lui une mort glorieuse ?

— Silence ! répondit Lundie grave et pensif ; n'appelons point la mort! Moins on en parle, mieux cela vaut! Que répondrai-je au quartier-maître, M. Muir, de votre part?

— Vous lui direz, s'il vous plaît, que j'en suis fâché, mais que ma fille est décidée et qu'elle a un billet de logement à vie. C'est une affaire sur laquelle on ne peut revenir.

— Fort bien, voilà une première question vidée. Sergent Dunham!

— Major! répondit le père de Mabel en se levant et en faisant le salut militaire selon toutes les règles.

— Vous savez que je vous détache aux Mille-Iles pour un mois. C'est votre tour de commander ce poste; tous les sous-officiers, — ceux au moins qui sont capables et en qui j'ai confiance, — l'ont fait à tour de rôle, je ne saurais vous en exempter. A la vérité, M. Muir demande à conduire cette petite campagne, il est quartier-maître; mais je n'aime pas à changer l'ordre établi; malgré cela, vous en resterez chargé. A-t-on fait le tirage des hommes?

— Tout est prêt, major. Un canot arrivé hier soir nous apporte la nouvelle que le détachement campé aux Mille-Iles attend qu'on le relève de sa faction.

— Vous partirez après-demain matin, ou demain soir même si cela paraît plus convenable.

— Jasper, qui s'y connaît mieux que personne, pense qu'il serait plus prudent de partir pendant l'obscurité.

— Jasper partira donc avec vous? dit le major avec hésitation.

— Votre Honneur sait bien que le *Scud* ne sort jamais du havre sans lui.

— Oui, mais toute règle a ses exceptions. N'ai-je pas entendu dire que nous avions un vrai marin ici depuis quelques jours?

— Oui, major; c'est mon beau-frère Cap, qui a accompagné ma fille. Je comptais vous demander la permission de l'emmener, mais comme volontaire; Jasper est trop brave garçon pour qu'on le prive de son commandement.

— Soit, je laisse cela à votre discrétion. Oui, cela vaut mieux de conserver à Eau-Douce son commandement. Vous emmènerez également Pathfinder?

— Oui, je compte prendre avec moi les deux guides; il y aura de la besogne pour le Peau-Rouge et pour l'homme blanc.

— Tout cela est fort sage. Je souhaite, sergent, que vous réussissiez dans cette entreprise; ne perdez pas de vue qu'à la fin de votre commandement le poste devra être abandonné et détruit. Nous n'aurons plus rien à attendre de son occupation, fort dangereuse. Voilà qui est entendu; vous pouvez vous retirer, sergent. »

Comme Dunham sortait, le major le rappela :

« Nos jeunes officiers, lui dit-il, me demandent d'organiser demain un tir. Voici les prix que je mets au concours : une poudrière en corne garnie d'argent, une bouteille de cuir bouilli, une ombrelle en soie que le vainqueur pourra offrir à une dame, à son choix.

— Votre Honneur peut être tranquille, je ferai tout disposer pour ce divertissement. Pathfinder sera-t-il admis à y prendre part?

— Pourquoi non? S'il le désire, je ne vois pas comment on pourrait le lui refuser. Mais il paraît dédaigner ce genre d'exercice; c'est peut-être qu'il sent trop sa supériorité.

— C'est cela. Il ne veut pas nuire au plaisir des autres; je crois qu'en toutes choses, major, on peut se fier à sa délicatesse. Enfin on le laissera faire à son gré.

— D'ailleurs il n'est pas dit qu'il réussisse en toute occasion. Bonsoir, Dunham. »

Le major demeura seul; il n'avait pas dit toute sa pensée au sergent; mais il trouvait son choix bien étrange; néanmoins il semblait se dire de temps à autre: Mon candidat n'a pas grand avantage non plus sur celui du sergent. Mais pourquoi avait-il eu l'idée de ne pas laisser Jasper prendre part à cette expédition?

Une demi-heure plus tard on frappa de nouveau à la porte du commandant, et un homme entre deux âges, en costume militaire, entra, et le major le salua du nom de M. Muir.

Le quartier-maître, avec un accent écossais fort prononcé, demanda aussitôt à son chef quel était le résultat de la mission qu'il lui avait confiée.

« J'ai été repoussé avec perte : la jeune fille est promise.

— J'aurais dû m'en douter, j'ai parlé trop tard. Je connais le sexe; j'aurais dû agir dès le jour de son arrivée. Major Duncan, rien ne pouvait m'être plus désagréable qu'un échec de ce genre.

— Allons, allons, Davy, vous vous consolerez; vous en avez vu de plus rudes, j'imagine, car, ayant été marié quatre fois, vous avez...

— Vous vous trompez, major Duncan, reprit avec assez de vivacité le quartier-maître, je n'ai été marié que trois fois; ma première union, ayant été cassée comme entachée de nullité, ne saurait être comptée... Mais là n'est pas la question, major, je ne puis supporter l'idée d'un échec. Puis-je savoir quel est l'heureux rival?

— Oh! parfaitement, c'est Pathfinder, et j'ajouterai même, si vous le voulez, que l'idée de ce mariage, née dans le cerveau du père, ne serait probablement jamais venue à la jeune fille. Dunham a arrangé cela tout seul; le guide lui-même n'y aurait probablement jamais songé.

— C'est tout à fait mon avis, et, d'après mon expérience de la nature humaine, j'ai lieu de penser que rien n'est désespéré. Une jeune fille comme Mabel Dunham ne saurait s'accommoder d'un guide aussi mal tourné; il est trop au-dessous d'elle. Enfin nous verrons. »

Le commandant regarda son ami en face, et d'un air moitié sérieux, moitié comique, il lui demanda :

« Parlez-moi franchement, Davy, une jeune fille peut-elle réellement concevoir un penchant sérieux pour un homme de votre âge, de votre extérieur? et vous trouvez-vous beaucoup supérieur à Pathfinder?

— Allons, allons, Lundie, répondit le quartier-maître, ami d'enfance du commandant, et autorisé par leurs relations intimes à le traiter aussi familièrement, il y a longtemps que vous êtes garçon, ces matières vous sont étrangères; laissez-moi user de mon expérience.

— Votre expérience doit être grande, en effet, après vos quatre mariages...

— Trois, s'il vous plaît, mon commandant.

— Soit! mais cela ne fait rien à l'affaire. Quel âge avez-vous, lieutenant Muir, si je puis vous poser cette question délicate?

— Je n'ai point envie de cacher mon âge; j'ai certes assez bien utilisé mes années jusqu'à présent. J'ai quarante-sept ans, je ne songe nullement à le nier. Mais qui eût pensé que le sergent fût un homme assez simple pour donner sa fille à Pathfinder?

— C'est pourtant une chose décidée, et Dunham, vous le savez, tient à ses résolutions.

— Rien n'est encore fait, et je ne crois pas que je puisse être vaincu dans une pareille entreprise. Mon expérience...

— C'est une grande recommandation auprès d'une jeune fille de dix-huit ans.

— Vous ne pouvez vous retenir de plaisanter, Lundie, n'importe si vous déchirez le cœur d'un ami malheureux ! Je ne vous en garderai point rancune ; accordez-moi seulement la faveur d'avoir à exercer un petit emploi dans l'expédition qui va partir pour les Mille-Iles.

— Je vous ferai connaître ma volonté sur ce point demain seulement. Mais, à propos, vous allez avoir une magnifique occasion de vous signaler, vous qui êtes un bon tireur : j'ai autorisé un tir pour demain.

— Tous nos jeunes gens vont se mettre sur les rangs.

— Les vieux officiers peuvent leur disputer les prix. Je vous engage, Muir, à déployer votre adresse, et peut-être, pour que vous ne soyez pas seul, Davy, tirerai-je un coup ou deux ; j'ai remporté plus d'un succès à ce genre d'exercice.

— Je suivrai votre conseil, Lundie. Je vous souhaite le bonsoir, major Duncan, absence de goutte et sommeil paisible.

— Je vous en souhaite autant, Davy ; n'oubliez pas la passe d'armes de demain. »

IX

Le lendemain, comme s'il eût voulu se mettre de la partie, le soleil était radieux. La chaleur n'était pourtant point étouffante ; la fraîcheur qu'entretenait dans la région le voisinage de la forêt et les brises du lac donnaient à cette belle journée de septembre une douceur et un charme inconnus dans d'autres climats.

La garnison se réunit au pied des remparts, sur un terrain qui avait été depuis longtemps soigneusement aménagé pour ces sortes de solennités, que favorisait beaucoup le major Duncan de Lundie. On n'oublia pas néanmoins qu'on était, pour ainsi dire, en face de l'ennemi : les bois pouvaient recéler des milliers de sauvages, et le lac ouvrait ses routes faciles aux Français établis sur les rives à l'autre extrémité. Une sentinelle fut placée sur le point le plus élevé des fortifications ; une compagnie entière fut consignée sous les armes, prête à tout événement ; grâce à ces mesures, les soldats purent se livrer en toute sécurité à leur amusement favori.

Les armes régulières du régiment étaient le mousquet ; mais on vit paraître un grand nombre de fusils de chasse, plus propres à ce genre d'exercice. Tous les officiers en avaient un; bon nombre de soldats avaient pu s'en procurer, et il y avait là en outre cinq ou six individus connus sur toute la frontière comme tireurs émérites; une douzaine d'autres, obligés de s'effacer au second plan, auraient partout passé pour des hommes supérieurs et avec lesquels il n'y a point à lutter.

Le distance établie pour le tir était de cinquante toises; il n'était pas permis de se servir de la fourchette. Une cible ordinaire devait d'abord servir de but. Les exercices préludèrent par des luttes et des défis particuliers entre soldats; il n'y avait point encore là d'officiers ni de champions bien sérieux. La plupart des soldats du régiment étaient Écossais; il s'y trouvait pourtant un certain nombre d'Américains, comme le sergent Dunham, incorporés depuis longtemps et qui naturellement étaient les meilleurs tireurs.

Comme ces premières luttes s'achevaient, le plus ancien des capitaines entra dans l'esplanade suivi des dames du fort. Celles qui avaient le droit de prendre ce titre, — réservé aux femmes d'officiers, — étaient au nombre de trois. Une quinzaine d'autres, femmes de condition plus modeste, les suivaient; la fille du sergent s'était naturellement rangée parmi ces dernières. C'était d'ailleurs la seule jeune fille en âge d'attirer l'attention des jeunes gens pensant à se marier. Il n'y avait là, outre les dames, que des femmes de soldats et des jeunes filles à peine sorties de la première enfance.

On avait fait des préparatifs pour recevoir le beau sexe. Quatre ou cinq bancs faits de planches clouées sur des pieux étaient établis au bord de lac, et non loin de ce qu'on pourrait appeler l'estrade d'honneur était le poteau auquel les prix étaient suspendus. Cette partie importante des spectateurs ayant ainsi pris ses places, les trois dames sur le premier banc avec leurs filles, et les autres derrière elles, le major Duncan donna le signal, et le programme, minutieusement dressé par lui, commença aussitôt à être exécuté. Huit ou dix des meilleurs tireurs formèrent un groupe au centre de l'esplanade et se placèrent en face du but. Il n'y avait entre eux nulle distinction tirée de leur rang; l'officier y coudoyait le simple soldat ainsi que le guide vivant sur la frontière. Comme on avait lieu de s'y attendre, tous ces concurrents touchèrent également le but; ils n'étaient point faits pour être arrêtés par une si petite difficulté. D'autres moins connus leur succédèrent; ils logèrent tous leurs balles dans les cercles plus ou moins étroits de la cible, mais ils ne touchèrent pas le point central.

C'était pourtant là la chose décisive; car, d'après les règles de ce divertissement, il n'était pas permis de passer à la seconde épreuve quand on n'avait point réussi à la première.

Tout aussitôt l'adjudant de la place, qui jouait le rôle de maître des cérémonies ou de maréchal de « la passe d'armes », comme se plaisait à dire le vieux Duncan de Lundie, amateur des vieilles traditions de chevalerie, appela les noms de ceux qui avaient réussi dans ce premier exercice, et qui par conséquent étaient seuls admis à tenter la seconde épreuve. Le major, le lieutenant Muir et Jasper Western étaient arrivés un peu tard sur la lice, mais à temps néanmoins pour prendre rang. On avait beaucoup remarqué jusqu'alors que Pathfinder, qui d'ordinaire se mêlait volontiers aux soldats sans disputer les prix ni la gloire, mais aimait à leur donner des leçons et des conseils, se promenait en dehors du groupe. Il n'avait point à la main sa chère carabine, chose extraordinaire et qui parut à tous la preuve qu'il n'avait nulle intention de prendre part au concours.

On s'écarta pour faire place au major Duncan; il coucha

son fusil nonchalamment et fit feu sans presque viser. Sa balle se logea à quelques centimètres au-dessous du but.

L'adjudant, placé près de la cible, s'écria aussitôt avec emphase :

« Le major Duncan est exclu des épreuves suivantes ! »

Les officiers et autres personnes plus intelligentes comprirent bien que le commandant n'avait point voulu sérieusement disputer les prix aux autres concurrents; mais les soldats virent dans cette exclusion une preuve de l'impartialité du juge. Nous aimons à croire que la justice s'exerce librement; et plus elle est entravée, plus on éprouve le besoin de proclamer qu'elle est indépendante.

« A votre tour, Jasper Western, dit Davy Muir; si vous ne faites pas mieux que le major, je dirai que votre main est faite pour la rame et non pour le fusil. »

Jasper rougit comme un homme vivement impressionné; il se mit en place, jeta un coup d'œil rapide du côté où était Mabel et vit avec plaisir qu'elle avait la tête penchée en avant, comme pour connaître plus vite le résultat; il appuya soigneusement son arme sur la paume de sa main gauche et fit feu. Sa balle s'enfonça exactement au centre du cercle central; c'était incontestablement le meilleur coup qui eût été tiré jusqu'alors.

« Bravo! Jasper, s'écria Muir quand le résultat fut proclamé. Vous avez eu du bonheur, jeune homme; car il me semble que vous n'avez pas ajusté avec grand soin. Il y a de la vivacité dans votre manière ; mais vous n'avez point la science ni la philosophie du maniement des armes. — Sergent Dunham, veuillez bien prier ces dames de m'accorder toute leur attention: je veux faire de ce fusil ce qu'on pourrait nommer un usage intellectuel, rationnel. »

Tout en parlant, il préparait méthodiquement son épreuve scientifique.

« Vous nous faites bien attendre, lui dit le major; vous allez lasser la patience de ces dames. Voilà Pathfinder qui s'approche, je crois qu'il veut profiter de vos leçons.

— Venez, Pathfinder, dit le quartier-maître avec emphase, venez voir, si vous voulez vous faire l'idée de la philosophie d'un coup de feu. Je ne souhaite rien tant que de communiquer aux autres mes lumières, ma science, le résultat de mes études approfondies. Vous en ferez l'expérience ensuite, si vous voulez tirer un coup de feu avec nous.

— A quoi bon, quartier-maître? Les prix ne me tentent point; j'ai ma corne à poudre, ma bouteille dont je ne fais guère usage; je ne suis pas une femme, pour porter une ombrelle! Serait-ce pour l'honneur? En est-ce un de tirer mieux que vous? En tout cas, tout le monde sait que j'ai l'œil plus sûr et la main plus ferme que vous!

— Allons! Davy, dit le major, finissez-en, l'adjudant s'ennuie de monter la garde près du poteau en vous attendant; tirez ou battez en retraite.

— Me voici prêt. Pathfinder, écartez-vous un peu, il faut que ces dames puissent jouir du coup d'œil. »

Muir se plaça dans une attitude dont l'élégance étudiée devait frapper tous les spectateurs; il leva lentement son arme, la baissa, la releva de nouveau, répétant toujours méthodiquement la même manœuvre; enfin il se décida à lâcher son coup.

« La balle n'a pas même atteint la cible, s'écria l'adjudant placé près du poteau.

— C'est impossible! s'écria Muir, le visage rouge de colère. J'en appelle...

— Que voulez-vous! Muir, c'est un mauvais coup; il faut en prendre votre parti et vous résigner tranquillement.

— Non, dit Pathfinder ; le quartier-maître y met le temps, mais il est bon tireur quand il n'est pas à trop longue distance... Sa balle a couvert celle de Jasper. »

On avait une si haute idée de la vivacité du coup d'œil du guide, qu'une douzaine d'hommes se détachèrent du groupe en courant pour aller vérifier le fait. La balle du quartier-maître avait exactement passé par le trou fait par la balle de Jasper ; elle l'avait rejointe dans la souche à laquelle s'appuyait la cible.

« J'en étais bien sûr, dit Muir en se rapprochant du groupe des dames. Je ne puis pas persuader au major, ajouta-t-il en faisant force gestes et démonstrations, que la science et la philosophie sont tout dans le tir. Il faut raisonner, que diable ! sinon on tire comme des brutes.

— Voilà Pathfinder, s'écria l'une de ces dames, qui va essayer si la philosophie du coup de feu est nécessaire pour le succès.

— Je proteste ! s'écria le quartier-maître en courant de ce côté ; Pathfinder n'a pas le droit de se mettre sur les rangs ; il ne peut se servir de Tue-Daim dans cette passe d'armes. Cela lui donnerait un avantage trop marqué.

— Quartier-maître, dit le guide, Tue-Daim se repose. Je veux pourtant brûler une amorce aujourd'hui ; le sergent Dunham vient de me dire que je manquerais d'égards à sa fille si je ne prenais pas part à la lutte. Je vais me servir du fusil de Jasper ; il n'est pas supérieur au vôtre. »

Muir n'avait plus d'objections à faire. Tous les yeux se fixèrent sur Pathfinder ; et, bien qu'il n'eût point réclamé l'attention, tant était grande la réputation de cet homme, le silence le plus profond se fit dans l'assemblée. Il n'y eut pas sur les bancs de l'estrade une seule personne qui restât assise, et jusqu'au bout de l'esplanade il n'y eut pas un soldat qui ne devînt attentif.

Il faut le dire, l'air et l'attitude du célèbre guide étaient tout à fait remarquables quand il se redressa dans sa haute taille et coucha son fusil pour mettre en joue. Il était parfaitement maître de lui, en pleine possession de sa force, maître de son corps comme de l'arme dont il se servait. Il était grand, souple, musculeux; sa charpente semblait osseuse, parce qu'il n'avait, pour ainsi dire, point de chair; ses bras et ses jambes étaient comme des cordes tendues; à la vérité, des parties où les angles s'accusaient trop nuisaient à l'harmonie de ses proportions. Ses mouvements, calmes et réguliers, étaient pourtant gracieux, parce qu'ils étaient naturels; il était toujours digne. Ses traits brûlés par le soleil, ses mains musculeuses et sèches ne portaient point les stigmates des lourds et pénibles travaux; il n'y avait rien de dévié ni de déformé en lui.

Il convient d'ajouter qu'il ne montrait jamais avec plus d'avantages qu'au moment où il allait tirer son air mâle et la liberté de ses mouvements. Il ajustait avec une rapidité qui tenait du prodige.

Cette promptitude de coup d'œil et de main ne parut jamais plus étonnante que ce jour-là. Quand la fumée légère et blanche du bassinet monta à la hauteur de son front, il appuyait déjà la crosse de son fusil par terre, sa main en entourait le canon, et son visage s'animait dans ce rire silencieux qui lui était habituel en ces occasions.

« Avez-vous touché, Pathfinder? demanda le major; je ne vois nulle part la trace de votre balle.

— Je garantis, répondit tranquillement le brave chasseur, que j'ai couvert la balle de Jasper et celle du lieutenant; j'ajoute que ma balle n'a pas touché les bords de l'ouverture; le quartier-maître, lui, avait entamé le bois sur la gauche. »

Muir, à cette assertion, se retourna vers les dames et s'écria avec de grands gestes :

« C'est vrai, j'ai élargi le trou, et voilà comment votre balle a pu y passer.

— Soit! dit le guide, je le veux bien; mais voilà qu'on plante le clou, nous allons voir qui de vous ou de moi l'enfoncera plus avant dans la planche. Quartier-maître, si l'épreuve du clou ne vous arrête pas, vous échouerez à celle de la pomme de terre. Je ne songeais pas à me mettre sur les rangs aujourd'hui; mais, puisque vous me provoquez, je ne vous tournerai pas le dos.

— Vous êtes un fanfaron ce matin, maître Pathfinder; mais vous n'avez pas affaire à un blanc-bec.

— Je sais, repartit le guide, que vous savez tirer; je ne nie pas qu'il n'y ait beau temps déjà que vous vous exercez sur la frontière. Oui, vous avez l'expérience; mais vous y avez mis le temps pour l'acquérir, presque une vie d'homme.

— Que dites-vous! reprit Muir en se redressant, je n'ai point l'âge que vous voudriez m'attribuer.

— Je maintiens, reprit le guide, que votre talent tient plus de l'exercice que du don de nature. Vous vous êtes exercé pendant une longue vie sans atteindre la perfection. Je ne suis point fanfaron en disant que j'ai été mieux doué que vous à ce point de vue : le tir est dans ma nature. »

On appelait les compétiteurs pour la seconde épreuve. Un clou dont la tête était peinte en blanc avait été fixé dans une planche; le tireur devait l'enfoncer avec sa balle comme avec un marteau. S'il n'atteignait pas le clou, le compétiteur ne pouvait plus prendre part aux épreuves suivantes.

Sept concurrents restaient en présence; l'un d'eux se retira, se contentant de la gloire acquise dans le premier

« Mabel, cette ombrelle est pour vous, si toutefois... »

exercice de tir. Trois autres tirèrent successivement sans toucher la tête du clou. Le quartier-maître fut le quatrième candidat; il fit encore toutes ses façons et prit toutes ses attitudes, néanmoins il emporta une toute petite partie de la tête du clou et planta sa balle juste à côté.

— Ce n'est pas mal, dit Pathfinder; il faudrait du temps néanmoins pour enfoncer le clou avec votre méthode. Mais voilà Jasper qui va nous montrer comment on se sert du marteau. Sa bonne vue et sa fermeté de main valent mieux que toutes vos cérémonies; il ne songera pas, lui, à prendre une attitude militaire; il sait bien que tirer est un don naturel et qu'il faut s'en servir naturellement. »

En effet, la balle de Jasper frappa droit sur la tête du clou et l'enfonça dans la planche à plus d'un pouce de profondeur.

« Tenez-vous prêt à river le clou, disait déjà Pathfinder, tenant son fusil à la main; non, ne mettez pas un autre clou, celui-là suffit, je le vois fort bien. Tenez-vous seulement prêt à le river. »

Le coup partit, le clou s'enfonça plus profondément encore dans le bois, et sa tête resta toute couverte de plomb aplati.

Pathfinder ne parut même pas faire attention à ce résultat; il s'était déjà retourné vers Jasper, et il lui disait de son ton amical et bon enfant :

« Je suis content, Jasper, vous vous perfectionnez tous les jours. Lorsque nous aurons fait encore deux ou trois excursions dans la forêt, si vous suivez mes conseils, il n'y aura personne pour lutter avec vous sur la frontière. Le quartier-maître tire bien, je ne le nie pas, mais il n'ira jamais plus loin; vous, au contraire, avec les dons que vous devez à la Providence, vous pourrez défier quiconque tient un fusil. »

Le lieutenant Muir crut de son devoir de protester. Pathfinder lui répondit tranquillement que le meilleur moyen de trancher la question était de passer à la troisième épreuve. Le major d'ailleurs témoignait une certaine impatience de voir la fin de ce débat; il n'avait pu refuser à Muir de faire une démarche auprès du sergent, mais il n'eût pas été fâché que le quartier-maître reçût un échec en présence de sa fille. En sa qualité de vieux lord Écossais, il n'aimait pas les mésalliances parmi les officiers de son régiment. Muir se prépara à tirer; il n'était pas sans inquiétude, mais il affectait une grande sécurité.

L'adjudant se plaça à quinze pas du lieutenant, et lança en l'air une pomme de terre qu'il s'agissait de traverser avant qu'elle retombât sur le sol.

Muir s'était souvent exercé à ce genre de tir, mais sans succès à peu près; un espoir aveugle l'avait soutenu dans une lutte qu'il aurait dû abandonner plus tôt. Il tira, mais la pomme de terre retomba sans avoir été touchée.

« Demi-tour à droite, dit le major, et hors des rangs! l'ombrelle de soie restera à Jasper ou à Pathfinder. Nous verrons comment cela se terminera; il faudra peut-être encore l'épreuve du centre et de la peau, et nous irons, s'il le faut, jusqu'à celle des deux pommes de terres trouées du même coup. »

Pendant ce temps, Pathfinder et Jasper s'étaient mis à causer tout bas à l'écart. Eau-Douce avait dit à son ami :

« Voilà un moment terrible pour moi; je n'y puis songer sans trembler.

— Comment! reprit le guide en le regardant en face, vous voilà tout troublé par le désir de l'emporter sur moi! Est-ce possible?

— J'avoue, murmura le jeune homme, que je n'ai de ma vie autant désiré de réussir.

— Tenez-vous donc autant à me vaincre? Vous voudriez battre votre ami, un ami éprouvé, sur son propre terrain! car tirer est ma nature, et nulle main ordinaire ne peut espérer rivaliser avec la mienne.

— Oui, c'est vrai, et pourtant je voudrais l'emporter sur vous. » Puis, se décidant à parler plus ouvertement, il dit en rougissant et en serrant la main de son ami :

« Je voudrais pouvoir offrir cette ombrelle à Mabel Dunham ! »

Le chasseur regarda la terre un instant, fit quelques pas comme au hasard, puis revenant vers Eau-Douce :

« Croyez-vous pouvoir réussir à l'épreuve des deux pommes de terre? lui dit-il rapidement.

— Hélas! non, et c'est la cause de mon inquiétude.

— Quelle singulière créature que l'homme! disait Pathfinder en se parlant à lui-même; comment peut-il souhaiter des choses qui ne sont pas dans sa nature et oublier les dons de la Providence? Mais il ne faut pas désoler ce jeune homme. Jasper, dit-il tout à coup, prenez votre place, car le major vous attend. » Puis, se penchant à son oreille : « Je toucherai au moins la peau; je ne puis vous sacrifier ma réputation, je n'oserais plus me montrer dans la garnison... »

La pomme de terre fut lancée; la balle de Jasper la traversa de part en part et juste au milieu.

« Allons, allons, dit le major, voilà qui va bien; nous allons sûrement voir l'épreuve des deux pommes de terre. »

Pathfinder paraissait oublier ce qui se passait autour de lui; immobile, appuyé sur son fusil, il répétait tout bas :

« Quelle pauvre chose que l'homme! il oublie les talents qu'il a reçus, et il envie ceux des autres!

— Allons! Pathfinder, cria Duncan de Lundie.

— Jetez, » dit le guide.

On put remarquer que le chasseur ajusta la pomme de terre au moment où, arrivée au sommet de sa course, elle s'était arrêtée une seconde avant de retomber. Mais la surprise se peignit sur tous les visages.

« Les deux balles sont-elles passées par le même trou ? Non, Pathfinder n'a fait qu'effleurer la peau. C'est Jasper Eau-Douce qui a tous les honneurs de la journée! cria l'adjudant.

— Le prix lui revient de droit. Qu'il dispose de l'ombrelle! » Et il s'en alla murmurant entre ses dents : « Quelle singulière créature que l'homme ! il n'est jamais satisfait des dons de la Providence; il passe sa vie à souhaiter ceux qu'elle ne lui a pas accordés. »

Le quartier-maître, voyant l'ombrelle entre les mains de Jasper, lui demanda ce qu'il allait en faire et lui proposa de la lui acheter.

Le jeune homme ne lui répondit pas; il s'en alla droit vers les bancs où les dames étaient encore assises, et, passant devant elles, il salua la fille du sergent et lui dit :

« Mabel, cette ombrelle est pour vous, si toutefois...

— Si toutefois...? dit Mabel en rougissant.

— Si toutefois vous daignez l'accepter en souvenir des dangers que nous avons courus en votre compagnie.

— Je l'accepte avec grand plaisir, Jasper, et je vous suis très reconnaissante de ce que vous avez fait pour moi, vous et votre ami Pathfinder. »

Le chasseur, qui s'était rapproché, entendit.

« Ne parlez point de moi, s'écria-t-il. Mabel, mon tour pourra venir de chercher à vous être agréable. »

Les divertissements reprirent leur cours, et l'ombrelle passa de main en main.

La femme d'un officier, trouvant sans doute que cette

jolie ombrelle n'était point à sa place en la possession de la fille d'un sous-officier, dit à Mabel :

« Vendriez-vous cette ombrelle ? car vous ne pourrez jamais vous en servir, elle a trop de prix.

— Non, Madame, je n'ai pas dessein de la vendre. Je la garderai, au moins comme souvenir d'un ami. »

Dans la soirée, comme Mabel retournait seule le long des rochers de la côte à la cabane de son père, tenant à la main sa jolie ombrelle, elle se trouva tout à coup en face de Pathfinder. Il avait encore sous le bras l'arme dont il s'était servi au tir ; il salua la jeune fille, mais elle remarqua qu'il n'avait point son air d'aisance et de franchise habituel ; son œil errait de côté et d'autre comme s'il eût éprouvé quelque embarras.

« Jasper, lui dit-il à la fin, a gagné ce prix, bien que le maniement du fusil ne soit pas précisément dans sa nature.

— Il me semble qu'il l'a gagné bien légitimement, Pathfinder.

— Je ne dis pas le contraire. Sa balle a traversé la pomme de terre, il ne pouvait faire plus ; mais ce n'est pas à dire que personne n'eût pu en faire autant.

— Personne néanmoins n'en a fait autant, » reprit Mabel avec une vivacité qu'elle regretta aussitôt, car le guide parut mortifié de sa remarque.

Il demeura un instant silencieux ; puis montrant au bord de l'eau, parmi les rochers, des mouettes qui volaient incessamment en tourbillonnant, il dit :

« Voyez-vous ces oiseaux ? ils se croisent dans leur vol ; je vais en abattre deux à la fois avec une seule balle. »

Il lâcha son coup, et Mabel vit tomber deux mouettes atteintes du même coup. Pathfinder avait déjà appuyé sur le sol la crosse de son fusil, et il riait silencieusement.

« Jasper a réussi, dit-il au bout d'un instant, et pourtant il n'est pas doué sur terre comme il l'est sur l'eau. Je ne vous aurais pas fait franchir le rift de l'Oswego ; mais il n'aurait pas tué les deux mouettes. Il en conviendra lui-même, car c'est le cœur le plus franc que je connaisse ; il vous le dira lui-même. Il n'importe, après tout, l'ombrelle a pris le bon chemin. »

Mabel comprit l'extrême délicatesse de cet homme simple et bon ; elle voulut l'en remercier ; elle lui tendit une petite épingle d'argent et lui dit :

« Je vous dois la vie et la liberté, acceptez ce petit souvenir comme preuve de ma reconnaissance.

— Que ferais-je de cela, Mabel ? Je ne me sers que de courroies de cuir faites de bonne peau de daim. Gardez ce bijou, il vous convient mieux qu'à moi.

— Vous la mettrez à votre chemise de chasse, ce sera un gage de notre bonne amitié. »

Elle le salua en disant ces mots et reprit sa course en toute hâte ; elle ne tarda pas à disparaître derrière les fortifications, dont elle contournait l'enceinte.

X

Sur le déclin du jour, Mabel revint s'asseoir sur le bastion qui dominait au loin le lac et la forêt; elle semblait plongée dans une profonde méditation. La soirée était si douce, si calme; la nature était comme endormie; on se demandait si le détachement envoyé au poste des Mille-Iles pourrait partir, s'il serait possible de mettre à la voile. On avait déjà transporté sur le *Scud* les provisions, les armes et les munitions des soldats; le bagage de Mabel était à bord. Les hommes étaient demeurés à terre dans l'attente de ce qui arriverait.

Jasper avait toué son petit navire hors de la crique, et l'avait fait remonter assez haut dans la rivière pour pouvoir lui faire traverser l'embouchure de l'Oswego quand la brise s'élèverait au large; mais pour l'instant il était immobile sur ses ancres. Les hommes du détachement désignés pour l'expédition se promenaient sur le rivage, en attendant qu'on leur fît connaître la résolution prise.

Mabel avait sous les yeux la vaste esplanade où avaient eu lieu, le matin même, les exercices du tir. Mais la plage était maintenant déserte et ne se ressentait plus de l'animation dont elle avait été alors le théâtre ; la tranquillité régnait de tous côtés ; les abords du fort présentaient l'image la plus complète du repos et de la sécurité. L'esprit le plus agité se serait senti calmé et comme bercé doucement par la tranquille majesté de l'immense forêt, par la grandeur solennelle et recueillie du lac, immobile au milieu de ses rives silencieuses et désertes. Mabel était envahie par cette paix; elle n'aurait pu raisonner ses sensations, mais une influence douce montait de tous côtés qui envahissait son cœur, et elle commença à s'imaginer, quoique si peu éloignée des souvenirs de la vie civilisée, que l'existence pouvait s'écouler heureuse et douce au milieu de cette belle nature, de ces grands aspects, de cette solitude, à l'heure présente si attrayante, qu'elle captivait son âme tout entière. Une dizaine de jours passés au milieu de la garnison, au bord de l'Ontario, avaient-ils bien suffi à développer en elle de pareilles sensations, et s'était-elle si vite accoutumée à des habitudes nouvelles, à des mœurs hier inconnues, à un genre de vie si différent de tout ce qu'elle avait vu jusqu'alors depuis sa plus tendre enfance?

« Un coucher de soleil superbe, Mabel, dit tout à coup derrière elle son oncle, maître Cap, arrivé près d'elle sans bruit; pour un rivage d'eau douce s'entend, car sur l'Océan il serait à peine passable.

— Je ne vous comprends pas, mon oncle; le soleil n'est-il pas aussi brillant sur le rivage de l'Ontario que dans notre île de Manhattan? La nature est partout, grâce à Dieu, fort belle; elle est partout la même.

— Rêves poétiques dignes d'une jeune fille. La nature est partout la même, dites-vous; la nature d'un soldat peut-elle être la même que celle d'un marin? Y a-t-il rien qui se ressemble dans les deux professions? Ainsi, Mabel, vous avez assisté ce matin à un exercice qu'ils appellent un tir... Je vous le demande, est-ce autre chose qu'une pétarade? Moi, vous avez dû le remarquer, je me suis tenu à l'écart; je veux conserver ma dignité. Je n'ai rien dit à cause de votre père; mais je me suis tenu à l'écart. On ne m'aura pas vu prendre part à cette ridicule comédie. Un tir! ils nomment cela un tir! Ah! si nous avions été sur l'Océan, on aurait tiré des bordées chargées à boulet, on aurait choisi un but à un demi-mille de distance... Il n'aurait pas été question de pommes de terre : les pommes de terre sont bonnes dans la marmite du cuisinier! »

Il continua longtemps sur ce ton, se grisant de ses propres paroles, ne se faisant point faute de se contredire; il reprit toutes ses tirades contre l'Ontario : cette mince nappe d'eau n'avait rien, disait-il, de l'eau véritable, de la bonne eau salée, la seule vraie; elle n'avait point d'orages, elle n'avait point de calmes non plus comme ceux de l'Océan. C'était une mare, et rien de plus.

Mabel le laissait aller, tournant ses regards tantôt du côté de la forêt, tantôt sur le lac, auquel l'acerbe critique de son oncle ne faisait perdre aucun charme à ses yeux. Elle entendit pourtant cette phrase qui servait de conclusion à sa tirade; car tout prend fin, même la plus longue et la plus violente diatribe, si surtout aucun contradicteur ne l'alimente.

« Je ne prétends néanmoins pas dire de mal de Jasper; s'il avait un peu d'instruction, je le crois en état de devenir un homme.

— S'il avait de l'instruction! Vous trouvez donc que Jasper est un ignorant? » Et en posant d'une voix un peu vive cette question, Mabel éprouva le besoin de se retourner pour regarder plus attentivement les horizons lointains à l'extrémité du lac.

« On est toujours ignorant quand on navigue sur une eau comme celle-ci ; mais je ne suis pas injuste envers lui ni envers Pathfinder. Jugez-en plutôt, ma nièce : nous leur avons quelques obligations à tous les deux...

— De très grandes, mon oncle.

— Aussi j'ai pensé, car il faut être juste, à leur montrer qu'un vrai marin n'est jamais ingrat. Je n'ai pas parlé de cela à votre père ; il a certaines idées qui sont en désaccord avec les miennes. J'obtiendrai d'abord le consentement des intéressés ; je veux leur proposer de les emmener sur l'Océan. Je ferai un homme de Jasper, j'en suis sûr. Pathfinder sera moins facile à former ; mais je pourrai toujours l'utiliser comme vigie, il a d'excellents yeux.

— Croyez-vous, mon oncle, dit Mabel en souriant, qu'ils acceptent votre offre ? et qu'a-t-elle pour les tenter ?

— Vous ne savez ce que vous dites, Magnet ; laissez-moi arranger cette affaire. Je m'en tirerai à mon honneur ; mais silence, voici Pathfinder qui se dirige de ce côté. »

Le guide vint à eux lentement, avec des hésitations, visiblement embarrassé, n'ayant point cet air de franchise et d'aisance qui lui était habituel.

« L'oncle et la nièce, dit-il en les abordant, cela constitue une assemblée de famille ; l'arrivée d'un étranger n'est-elle pas faite pour être désagréable ?

— Vous n'êtes pas un étranger pour nous, Pathfinder, et nous ne saurions voir personne avec plus de plaisir. »

Mabel ajouta que précisément ils s'entretenaient de lui et du désir de lui être agréables quand il était survenu. Le chasseur insista pour être mis au courant ; lorsque Cap lui eut fait sa proposition de l'emmener avec lui dans les établissements, il répondit en souriant :

« Que pourrais-je bien faire dans vos villes ? Pourrai-je y chasser, y suivre une piste ? Faudra-il me résoudre à tendre des embuscades aux chiens errants, et me mettre à l'affût pour tuer des volailles dans les basses-cours? Non, non, maître Cap, vous n'êtes pas mon ami si vous cherchez à m'enlever à l'ombre des forêts pour me jeter au grand soleil des défrichements sur vos côtes.

— Mon intention n'était point de vous laisser dans les établissements, mais bien de vous embarquer sur l'Océan et de faire de vous un marin.

— Moi, devenir un marin! Un homme change-t-il sa nature? Je suis un chasseur, un éclaireur, un guide, et rien autre chose, Eau-Salée, — car Pathfinder prenait l'habitude de donner ce nom à maître Cap; — la Providence m'a donné des dons pour remplir ces fonctions, je dois me conformer à la volonté de Dieu, mon souverain maître, et plus tard mon juge. N'est-ce pas votre avis, Mabel, et croyez-vous que je doive changer ma condition?

— Non, non, je ne désire aucun changement en vous, s'écria la jeune fille avec une vivacité qui toucha Pathfinder; restez ce que vous êtes; je ne m'imagine pas un noble et intrépide chasseur des bois comme vous transformé en amiral. Restez ce que vous êtes, mon brave ami, et ne redoutez rien, si ce n'est la colère de Dieu.

— L'entendez-vous, Eau-Salée? s'écria le guide; c'est la sincérité et la droiture qui parlent par sa bouche; elle est contente de moi tel que je suis. J'ai mon rôle, j'ai ma mission à remplir. Ici dans ce fort il peut vous sembler que je n'aie qu'à mener la vie d'un fainéant; mais vous verrez aux Mille-Iles: je puis trouver là l'occasion de vous prouver ce que vaut une carabine comme la mienne.

— Ah! vous êtes de l'expédition? dit Mabel; j'en suis bien aise. Sauf la femme d'un soldat, je serai la seule personne de mon sexe; mais je me trouverai plus en sûreté si vous venez.

— Tout le monde vous protégera, Mabel ; sur ces frontières, en présence de tant d'ennemis, on apprend vite à aimer son devoir, à devenir fidèle et dévoué ; n'ayez donc nulle inquiétude. Votre oncle sera aussi de la partie ; il voudra visiter notre mer intérieure.

— Votre mer intérieure n'a pas grand'chose qui me tente. Je voudrais avant tout connaître le but de l'expédition ; je n'aime pas à rester inutile dans une croisière, mais je veux savoir ce que j'ai à y faire : le sergent est sur ce sujet muet comme un poisson.

— Oh ! mon Dieu ! dit Pathfinder, je puis bien vous le dire à vous deux ; je ne suis pas soldat comme le sergent, et je puis me servir de ma langue ; d'ailleurs vous devez être du voyage, et nous allons partir dans un instant. »

Le guide leur fit alors connaître le terme du voyage et le but de l'expédition. L'entretien secret du sergent avec le commandant du fort a mis le lecteur au courant de toutes ces choses, qui d'ailleurs ne semblaient être un mystère pour personne, au moins dans le milieu où s'agitent nos personnages. Il expliqua au vieux marin la situation précise du poste des Mille-Iles et son importance au point de vue stratégique, les raisons pour lesquelles le major Duncan faisait renouveler la petite garnison en vue d'un dernier coup de main, pour empêcher les Français de ravitailler leurs postes avancés et les mettre dans l'impossibilité de fournir leurs auxiliaires, les Mingos, d'armes et de munitions pour une prochaine campagne. Il s'agissait de capturer une ou deux barques parties du port de Frontenac, et qui devaient nécessairement passer à portée du poste. Ce poste, comme on l'a déjà dit, après cette dernière expédition devait être complètement ruiné et tout à fait abondonné.

« Un messager, ajouta-t-il, vient de nous apporter la nouvelle que l'heure d'agir est venue si nous voulons surprendre nos ennemis. Jasper va nous conduire; il connaît la route, et personne n'est mieux que lui en état de dresser une embuscade.

— C'est là tout? reprit Cap d'un ton méprisant. A voir vos préparatifs, je m'imaginais que vous prépariez une croisière contre les contrebandiers, et qu'en vous accompagnant je pourrais y avoir une part de prise; car, si je m'occupe, je tiens à gagner de l'argent.

— Je n'entends pas grand'chose à tout cela, reprit Pathfinder; je prends toujours ma part du plomb et de la poudre qui tombe en notre pouvoir. Pour le reste, je m'en préoccupe bien peu, et pourtant, ajouta-t-il, je devrais bien songer à monter une maison et à acheter quelques meubles. »

Il eût voulu savoir ce que pensait Mabel de cette allusion directe à un établissement; mais il n'osa la regarder pour savoir si elle l'écoutait et si elle donnerait son approbation à cette dernière idée. Mais la jeune fille ne pouvait deviner le sens caché de cette phrase; elle était à cent lieues de se douter qu'il pût y avoir là une allusion.

On entendit tout à coup monter du lac un bruit sourd; c'était quelque objet pesant tombé sur le pont du *Scud*. Pathfinder se retourna et dit:

« Ah! ah! Jasper va conduire son cutter au large; il a sans doute reconnu que le vent allait s'élever, et il veut profiter de l'occasion.

— Nous allons prendre une leçon de navigation, dit Cap en ricanant. Il y a tant de façons de mettre un navire sous voile, que cette simple manœuvre suffit pour faire reconnaître un vrai marin.

— Je ne sais pas, dit Pathfinder, qui, n'étant accessible à aucun sentiment de jalousie, ne pouvait comprendre que les autres en eussent, si Jasper est de force à lutter avec vos navires de l'Océan; mais ce que j'affirme, c'est qu'il est un luron. Il manie son bâtiment avec une adresse merveilleuse. Personne ne peut rivaliser avec lui, au moins sur ce lac. »

Et comme Cap hochait la tête et levait les épaules d'une façon impertinente, le chasseur lui dit :

« L'avez-vous trouvé si maladroit à la cataracte de l'Oswego ? »

Maître Cap éprouva le besoin de tousser; le silence régna dès lors sur le bastion, chacun de nos personnages suivant des yeux les évolutions du cutter avec un intérêt très vif, mais inspiré par des sentiments bien divers, et justifié d'ailleurs par ce fait qu'ils allaient tout à l'heure et tous les trois prendre passage à bord.

Le soleil jetait encore sur la surface brillante du lac des flots de lumière; le calme plat régnait toujours, bien que le marin eût paru flairer l'annonce du vent. Jasper avait fait touer le *Scud* jusqu'à une ancre de jet placée à cinquante toises au delà des pointes de l'embouchure; il aurait eu assez d'espace pour manœuvrer dans le havre même du port d'Oswego; mais pour cela il eût fallu de la brise, et le manque total d'air allait le contraindre à franchir le passage à l'aide de ses avirons. Il ne déploya pas une voile; mais, dès que l'ancre fut dérapée, les rames tombèrent dans l'eau, et le cutter gagna le centre de la rivière. Le petit navire, bientôt engagé dans le courant, dériva sans effort vers la passe étroite; il avançait rapidement, avec beaucoup de grâce, et en moins de cinq minutes il se trouva au delà des deux pointes sablonneuses qui fermaient presque l'entrée du lac. Le *Scud* continua sa marche aussi longtemps que l'action du courant de la rivière se fit sentir, c'est-à-dire jusqu'à environ un bon quart de mille du promontoire où étaient réunis en ce moment Cap, Pathfinder et Mabel Dunham.

« Je trouve ce bâtiment très beau, dit la fille du sergent;

« L'avez-vous trouvé si maladroit à la cataracte de l'Oswego ? »
dit le chasseur.

je ne suis qu'une ignorante, mais je ne saurais lui trouver de défauts ni manquer d'admirer la façon dont il manœuvre.

— Il suit assez bien le courant; un copeau de bois en ferait facilement autant. Vous le trouvez parfait, je n'y trouve rien à redire; mais un vieux marin comme moi lui trouverait aisément bien des défauts.

— Je ne suis point marin, dit Pathfinder; j'ai du respect pour votre opinion, car je pense que l'eau salée est dans votre nature; mais je veux pourtant vous dire que j'ai vu plus d'un marin comme vous, et marin de l'Océan, déclarer que Jasper et son bâtiment étaient parfaits l'un et l'autre dans leur genre. Et l'Ontario roulera encore longtemps ses flots avant qu'on parvienne à me persuader que mon jeune ami Eau-Douce ne tire pas du *Scud* tout le parti qu'on en puisse tirer.

— Je ne dis point, reprit Cap, ému de la chaleur que mettait le guide à défendre son ami, je ne dis point que ce cutter soit sans qualités ou tout à fait mal construit; mais il a des défauts, Pathfinder, et de très grands défauts.

— Quels sont ces défauts, mon oncle? demanda Mabel. Si Jasper les connaissait, il saurait bien les faire disparaître; il suffirait de le lui dire.

— Quels sont ces défauts, Mabel? il y en a cinquante, il y en a cent...; l'énumération en serait trop longue.

— Mais encore, reprit avec une grande vivacité la jeune fille, dites-les. Pathfinder fera part de vos observations à Jasper, qui saura les mettre à profit. »

L'oncle, poussé à bout, se lança dans une énumération aussi savante qu'incompréhensible. Mabel demeura interloquée; mais Pathfinder, que ce verbiage n'avait point le pouvoir de troubler, se contenta de conclure en ces termes :

« Laissons à Eau-Douce le soin de son bâtiment. Il est de force à éviter les pièges des Français de Frontenac, aussi bien que ceux des Mingos, leurs alliés. Je ne sais pas comment cela se passe sur l'Océan ; mais ici je parierais en faveur de Jasper contre tous les marins de la côte, ensemble ou séparément. »

En ce moment même le foc du *Scud* fut largué et hissé ; la voile se tendit, bien que la surface du lac fût encore sous l'influence du calme. Le léger bâtiment céda à l'impulsion presque mystérieuse d'une brise naissante ; il traversa le courant d'un mouvement si facile et si doux, qu'il était à peine sensible. Il franchit la passe, entra dans le remous, s'avança vers la terre, et vint jeter l'ancre sous l'éminence sur laquelle le fort était bâti.

« Pas mal, pas mal du tout, murmura Cap se parlant à lui-même ; il aurait pu mettre sa barre à tribord au lieu de la placer à bâbord, car un navire doit toujours venir au vent bord au large..., cela a l'air plus soigneux... ; néanmoins ce n'est pas mal.

— Oui, maître Jasper est un garçon fort adroit, dit tout à coup le sergent Dunham, arrivé sans bruit sur le bastion. Mais descendons, je vous prie, nous n'avons plus qu'une demi-heure pour préparer notre embarquement ; les canots sont déjà en bas et nous attendent, tout prêts à nous conduire à bord. »

Chacun de nos personnages courut en toute hâte se disposer au départ, car déjà le tambour se faisait entendre pour réunir les hommes prenant part à l'expédition.

X

La petite troupe emmenée par le sergent Dunham était trop peu nombreuse pour que l'embarquement ne fût pas des plus aisés et des plus prompts. Elle comprenait dix soldats et deux caporaux auxquels s'adjoignait le quartier-maître, détaché pour certains détails d'un service particulier, et dont les fonctions précises avaient été réglées, dans le cas présent, par le major lui-même en dehors du commandement confié au sergent Dunham. Il faut aussi ajouter Pathfinder, Cap, Jasper et son équipage, composé de deux marins; encore l'un d'eux, le mousse, n'était-il qu'un enfant de quatorze ans : en tout, en comptant Mabel et la femme d'un soldat, une vingtaine de personnes tout au plus.

Le sergent conduisit d'abord ses hommes à bord; puis il revint à terre pour prendre sa fille et son beau-frère; mais, au lieu de s'embarquer avec eux, il les fit conduire au *Scud* et rentra dans le fort pour avoir un dernier entretien avec son chef. Il le trouva se promenant sur le bastion dont nous avons déjà parlé plusieurs fois.

Lorsque Mabel monta à bord, la nuit était venue; mais il avait suffi de prendre le courant de la rivière pour arriver au bâtiment de Jasper; les marins avaient à peine donné une douzaine de coups de rame, que le canot se rangeait le long des flancs du *Scud*.

Jasper accueillit avec empressement les voyageurs et conduisit Mabel à l'arrière, dans une chambre préparée pour la recevoir et qu'elle devait partager avec la femme du soldat. Elle était grande et spacieuse, aérée et bien éclairée. La jeune fille fut ravie de la trouver munie de tout ce qui pourrait lui être non seulement utile, mais agréable. Elle fut reconnaissante de devoir ce bien-être à la délicatesse et aux bons soins de Jasper, et elle l'en remercia cordialement.

Le navire était aménagé pour le transport des officiers et des soldats accompagnés de leurs femmes et de leurs enfants. La pièce occupée par Mabel était toujours destinée aux femmes. La grande chambre, éclairée seulement par le haut, offrit une installation commode au quartier-maître; il devait la partager avec le sergent, maître Cap et Jasper. Quant à Pathfinder, il trouvait toujours un coin à sa convenance, et personne ne s'en occupait à bord.

Les soldats avaient un carré assez vaste sous la grande écoutille, et l'équipage prenait place, comme toujours, à l'avant. Le *Scud* semblait petit, mais il avait été fort bien aménagé, de sorte qu'il eût pu aisément contenir le double de passagers; c'est-à-dire que, pour l'heure, tous ceux qui le montaient s'y trouvaient parfaitement à l'aise. Il y eut d'abord quelques mouvements assez confus, des allées et des venues, tous les détails d'une installation; puis l'ordre et le calme se rétablirent promptement. La douceur de la soirée semblait s'imposer à tous ces hommes, qui ne songeaient point sans une pointe de mélancolie aux hasards et aussi aux dangers très réels de l'expédition qu'ils entreprenaient.

La nuit devint complète; la terre ne parut plus qu'une

masse sombre, opposée à la surface encore lumineuse de l'Ontario. Mabel était assise sur le pont ; elle se laissait doucement aller à ses pensées et regardait les étoiles ; silencieuse et charmée, elle semblait nombrer au fur et à mesure qu'ils apparaissaient dans les profondeurs du firmament les astres de la nuit. Tout à coup elle aperçut à une faible distance, comme une sentinelle chargée de veiller à sa sûreté, Pathfinder, debout, appuyé sur sa carabine, et levant, lui aussi, les yeux vers le ciel. Il parut à la jeune fille, malgré l'obscurité, que les méditations sérieuses du guide creusaient plus profondément que de coutume ses traits déjà fortement accusés.

« Pathfinder, lui dit-elle, m'expliquerez-vous comment il se fait que nos soldats soient silencieux à ce point de paraître impressionnés par ce départ ?

— L'habitude de faire la guerre aux Mingos apprend vite aux troupes la nécessité de garder le silence.

— Je comprendrais cela dans les bois ; mais ici, à bord du *Scud,* qu'avons-nous à craindre des Indiens ?

— Demandez cela à Jasper, il en sait quelque chose ; demandez-lui comment il est devenu capitaine du *Scud.*

— Contez-moi cela, » dit Mabel avec empressement et de façon à toucher le cœur si droit et si simple du guide, jamais si heureux que lorsqu'il rencontrait l'occasion de dire du bien de son jeune ami.

« C'est une histoire longue à conter, Mabel ; il faudra demander cela à votre père, il était présent, tandis que moi j'étais à suivre bien loin de là une piste dans les bois. Le *Scud* était, paraît-il, tombé entre les mains des Français et des Mingos, et Jasper le sauva d'une façon que personne n'aurait osé tenter, avec une promptitude et un courage au-dessus de tout éloge. Mais votre père vous contera cela. Par exemple, n'essayez pas de faire parler Jasper, il ne vous apprendrait rien; il ne sait pas conter une histoire. Cela n'est pas dans sa nature, surtout quand il s'agit de lui. »

Mabel se promit tout bas d'interroger le sergent le soir même.

Un silence assez long interrompit cet entretien; Mabel, après avoir hésité, le releva par cette question :

« Le *Scud* restera-t-il avec nous au poste des Mille-Iles?

— Je ne sais, Jasper n'a guère l'habitude de rester longtemps en place. J'ai confiance en lui, et je sais qu'il saura se rendre utile; il trouverait une piste sur l'Ontario avec l'habileté d'un Delaware en pleine forêt.

— A propos de Delaware, pourquoi votre ami n'est-il pas avec nous?

— Vous feriez mieux de demander, Mabel, pourquoi Pathfinder n'est pas avec lui. Le Grand-Serpent est à sa place, et je ne suis pas à la mienne. Il est à fureter avec deux ou trois guides le long du lac pour s'assurer que nous ne laissons pas d'ennemis derrière nous; il nous rejoindra aux Mille-Iles.

— Nous y trouverons donc des ennemis? Croyez-vous que nous ayons à redouter un engagement?

— S'il y en a un, Mabel, vous aurez sûrement plus d'un défenseur.

— Oh! je ne crains rien avec vous tous; et puis, savez-vous, je commence à m'aguerrir au milieu de vos bois.

— Votre mère a fait de même autrefois. Pathfinder, m'a souvent dit votre père, ma fille a hérité de la bravoure de sa mère, elle n'est pas femme à se troubler pour rien; au contraire, je crois que, par sa présence d'esprit, elle serait en état de soutenir un homme dans un moment difficile. Ainsi, Mabel, je vous connaissais avant de vous avoir vue.

— Mais pourquoi donc mon père vous parlait-il ainsi de

moi ? » dit naïvement mais curieusement la nièce de maître Cap.

Le chasseur fut embarrassé, et sans l'obscurité Mabel s'en fût aperçue. Cette âme simple et droite ne pouvait songer à tromper la jeune fille ; il ne pouvait pourtant pas lui dire la vérité : sa délicatesse lui faisait un devoir de ne pas aborder ainsi de front la question. Il prit un moyen terme.

« Le sergent et moi, dit-il, nous sommes d'anciens amis ; nous avons combattu côte à côte dans plus d'une bataille sanglante. Or, nous autres vieux soldats, nous avons pour habitude, quand nous n'entendons plus retentir les mousquets à nos oreilles, d'oublier le combat et de parler longuement de ce que nous aimons. Il était donc naturel que le sergent parlât de sa fille, qu'il aime de toute son âme, et moi, je n'avais qu'à répondre *amen* à tout ce qu'il disait de vous, puisque je n'ai ni fille, ni sœur, ni mère à aimer ; je n'ai rien à aimer que le Delaware. Si bien que, sans vous avoir vue, je vous aimais déjà, rien que pour avoir entendu votre père me parler de vous.

— Et maintenant que vous me connaissez, dit Mabel avec une audace où éclataient la simplicité et la droiture de la jeune fille, en même temps que cette question posée d'un ton si aisé, si naturel, démontrait bien qu'elle ne soupçonnait point les projets de son père, et maintenant avez-vous encore de l'amitié pour moi ?

— Oh ! dit le guide, qui ne pouvait décidément pas tromper ni avouer ses prétentions, j'ai de l'amitié pour le Delaware ; mais ce n'est pas là le sentiment que votre père m'a enseigné à avoir pour vous... »

Le guide parut ressaisi par ses rêveries ; au bout d'un instant il continua, comme se parlant à lui-même :

« J'ai connu le Delaware et le sergent dès ma plus tendre enfance ; ce sont là des amis..., des amis comme il convient à un chasseur, à un guide d'en avoir. Je songe parfois qu'il serait moins bon pour moi d'avoir de l'amitié pour une femme, même sage, courageuse et bonne...; cela n'est point conforme à mes fonctions de guide, d'éclaireur et de soldat; il semble que cela doive détourner des entreprises difficiles et éloigner des idées hardies. Avant de vous connaître autant, Mabel, je rêvais de mes battues dans les bois, aux pistes à suivre, aux embûches à dresser, à mes combats avec les Mingos; maintenant mon esprit se tourne plus volontiers d'un autre côté; je songe à des séjours prolongés à la caserne, à des soirées passées en conversation; j'ai des idées de repos et d'établissement définitif. Je dis parfois au sergent que sa fille et lui finiront par gâter un des meilleurs guides, un des éclaireurs les plus expérimentés de la frontière.

— Oh! détrompez-vous, dit en riant la jeune fille, mon père et moi nous vous aimons trop comme vous êtes pour souhaiter que vous changiez. Restez ce que vous êtes, répéta Mabel en proie à un véritable accès d'enthousiasme, touchée par la droiture, l'intégrité et la haute raison de cet homme, restez ce que vous êtes, un guide consciencieux, intrépide, intelligent, un ami fidèle et le plus honnête homme du monde! »

Elle lui parlait franchement, sincèrement; elle avait de l'estime, de l'affection pour lui, de la reconnaissance pour les services qu'il lui avait rendus, une confiance sans borne dans son dévouement; mais aucun autre sentiment n'était né dans son cœur.

Pathfinder était-il homme à faire de pareilles distinctions? Sa nature honnête, mais à peine cultivée, pouvait-elle lui révéler le secret de cette situation? Eut-il conscience de ce qui se passait dans l'âme de Mabel? Il s'éloigna sans répondre, s'arrêta de nouveau sur le pont, appuya ses deux mains sur sa carabine et resta là à regarder les étoiles.

Pendant ce temps, le sergent Dunham était demeuré sur le bastion en présence du major Duncan, qui lui donnait ses derniers ordres. Le commandant du fort ne négligeait aucun détail et se renseignait de la façon la plus minutieuse.

« Vous avez bien choisi vos hommes, sergent? Vous savez quelle importance j'attache à cette affaire; déjà trois enseignes m'avaient promis d'en finir, et rien n'est terminé; je veux réussir, sergent, et néanmoins c'est la dernière tentative que vous allez faire; songez-y.

— Toutes mes mesures sont prises. Pathfinder pense, comme moi, que nous devons réussir cette fois.

— Tant mieux, j'ai grande confiance en son jugement.

— J'en suis bien aise, major, et j'espère que vous en viendrez à approuver pleinement l'idée que j'ai de lui donner ma fille en mariage.

— Ah! c'est autre chose! nous verrons; et à ce propos, sergent, j'ai autorisé le quartier-maître, qui, lui aussi, voudrait devenir votre gendre, à s'adjoindre à l'expédition; j'espère que vous lui laisserez le champ libre.

— Si mon respect pour son grade ne m'y obligeait, je le ferais pour répondre à vos désirs, major.

— Je ne plaide pourtant pas sa cause, vous entendez? Je demande que vous le laissiez essayer d'obtenir les bonnes grâces de votre fille; je ne puis pas faire moins pour un vieux camarade. Vous n'avez aucun doute sur l'habileté de Jasper Eau-Douce?

— Il a fait bien souvent déjà ses preuves, major.

— Oui, il est habile; mais est-il aussi sûr, aussi fidèle? Eau-Douce est un nom français. Il a passé sa jeunesse dans les colonies françaises; il parle le français. N'aurait-il pas un peu de sang français dans les veines?

— C'est le fils d'un de mes anciens camarades, et sa mère

appartenait à une honnête et loyale famille de cette province même. Orphelin de bonne heure, il a été élevé par un marinier ; et, comme nous n'avons point de port, à proprement parler, de ce côté de l'Ontario, il a appris son métier sur l'autre rive ; vivant au milieu des Français et de leurs alliés, il a appris leur langue ; et les sauvages du Canada, selon leur coutume, lui ont donné un nom pris de sa profession même, ils l'ont appelé Eau-Douce. C'est un marin anglais qui l'a formé. Je vois avec peine, Monsieur, que vous avez des doutes sur sa fidélité.

— Nous sommes en présence d'ennemis sérieux ; un chef de corps ne doit rien négliger, et j'ai quelques motifs de tenir mes yeux soigneusement ouverts.

— Votre Honneur me juge-t-il indigne de connaître les motifs qu'il a de douter de la fidélité de Jasper ? Il m'a jugé digne de commander l'expédition...

— Je ne manque pas de confiance en vous, sergent ; mais j'hésite à révéler des bruits fâcheux qui courent sur le compte de votre jeune ami, que j'ai d'ailleurs jugé très favorablement jusqu'ici. Je viens, en effet, de recevoir une lettre anonyme où l'on me prévient de me défier de Jasper Eau-Douce ; on m'insinue qu'il est vendu aux Français. On me promet de m'envoyer plus tard des détails et preuves à l'appui.

— On ne doit faire aucun cas d'une lettre anonyme en temps de guerre, répondit le sergent avec vivacité.

— Ni en temps de paix, répondit le commandant ; la lettre anonyme cache toujours une lâcheté et souvent une calomnie ; mais quand il s'agit d'opérations militaires, quand on vous fait connaître des circonstances suspectes, c'est un devoir pour un chef de prendre ses précautions...

— Peut-on connaître ces circonstances ? demanda le sergent.

« On ne doit faire aucun cas d'une lettre anonyme, »
répondit le sergent avec vivacité.

— Vous avez toute ma confiance, Dunham; jugez vous-même de la nature de cette accusation : on m'affirme que les Iroquois ont laissé échapper votre fille et son escorte uniquement pour augmenter ma confiance en Jasper, l'ennemi tenant beaucoup plus à la prise du *Scud* et du détachement commandé par le sergent Dunham comme à la ruine de notre expédition, qu'à la capture d'une jeune fille et de maître Cap.

— Alors Jasper serait un traître?

— C'est au moins l'accusation portée contre lui; je me persuaderais bien plus aisément de sa fidélité s'il ne parlait pas français. Je suis inquiet, je voudrais pouvoir confier à un autre le soin de conduire le *Scud;* votre beau-frère, Dunham, qui est marin, ne pourrait-il pas s'en charger?

— Il a trop de préjugés contre l'eau douce; je suis absolument certain aussi qu'il ne saurait nous conduire au poste des Mille-Iles.

— Sergent, soyez vigilant; je vous donne plein pouvoir, et si vous découvrez la moindre trahison, faites prompte justice.

— Je me conformerai à vos ordres, major; mais je répondrais sur ma propre vie de la fidélité de Jasper.

— Je ne suis pas éloigné de penser comme vous, sergent; pourtant cette misérable lettre me trouble, les accusations qu'elle contient m'obsèdent. J'estime Jasper comme vous le faites; mais j'ai vu, dans une vie déjà longue, des événements si étranges et tant d'hommes plus étranges encore, que je garde mes inquiétudes et mes perplexités... Allez pourtant, sergent, soyez sur vos gardes; si vous réussissez, comme je l'espère, j'emploierai toute mon influence à vous faire obtenir le grade d'officier, si bien dû à vos anciens services. »

Dunham savait que penser de cette dernière phrase; il avait depuis longtemps pris le parti de ne plus attendre la réalisation de cette promesse; il remercia le major et allait se retirer quand celui-ci le rappela.

« Soyez prudent, encore une fois; si vous avez un embarras, confiez-vous à Pathfinder; sa simplicité d'esprit et sa finesse d'observation peuvent vous être d'un grand secours. Concertez-vous avec Muir, s'il est nécessaire... Adieu, Dunham, et heureuse chance! »

Le major Lundie rentra dans sa cabane roulante, et le sergent courut au port pour se jeter au plus vite dans son canot.

La défiance une fois éveillée est la plus pénible des sensations; elle envahit l'esprit, elle se glisse de la façon la plus perfide jusqu'au fond du cœur; ses attaques sont sourdes, insidieuses; mais sa marche est sûre dans sa lenteur, et le caractère le plus généreux ne laisse pas que d'être entamé par elle. L'opposition qu'on lui fait active encore son action; tous nos défauts, nos faiblesses la servent; elle profite de tout, même de nos meilleures qualités. Elle s'aggrave des soins que nous prenons pour nous en démontrer à nous-mêmes la fausseté; elle s'irrite des preuves faites pour l'atténuer quand même nous les recherchons avec la plus entière bonne foi; elle se complique de toutes les craintes que nous donne cette responsabilité personnelle de l'homme qui a une autorité à exercer. Le sergent Dunham l'éprouva sur l'heure; il avait la meilleure opinion de Jasper, et cependant en se rendant à bord, en montant sur le *Scud* il se disait, — et là reparaissaient toutes les impressions de son éducation première, de son caractère et de ses préjugés; — il se disait: Je suis chargé de cette expédition, me laisserai-je surprendre? Je suis prévenu, ne serais-je pas doublement coupable? Un homme expérimenté sera-t-il trompé par un jeune homme? Un vieux militaire blanchi sous le harnais sera-t-il induit en erreur par un marin encore imberbe? Certainement je répondrais de la fidélité de Jasper; mais le commandant d'une expédition aussi scabreuse que celle-ci peut-il jamais être tranquille? a-t-il jamais assez fait pour la sécurité des soldats confiés à ses soins?

Aussitôt que le sergent était monté dans son canot, le *Scud* avait levé l'ancre, et lorsque Dunham eut embarqué, le cap du petit bâtiment fut tourné vers l'est à l'aide des avirons. Entré dans le courant de la rivière, le cutter dériva de lui-même jusqu'en pleine eau; là il dut s'arrêter encore pour attendre la brise, qui ne devait pas tarder à s'élever si les prévisions de son capitaine n'étaient pas en faute.

Pendant toute la durée de cette manœuvre, le silence le plus complet avait régné à bord du *Scud*. Ces hommes, partant à la tombée de la nuit pour une campagne aventureuse, étaient-ils impressionnés par la pensée des dangers auxquels ils allaient être exposés, ou la discipline toute seule et l'habitude des précautions contractées forcément dans leurs guerres de surprises et d'embuscades enchaînait-elle seule leur langue? Toujours est-il qu'aucun bruit de conversation ne troublait le repos du lac; la manœuvre à bord se faisait également sans bruit. Le sergent, s'étant assuré que sa fille avait pris possession, avec sa compagne, de l'arrière-pont, emmena Pathfinder dans la chambre de l'arrière, ferma la porte avec soin, s'assura qu'on ne pouvait les entendre, et après ces précautions inaccoutumées lui dit:

« Cher ami, voilà bien des années déjà que nous supportons la fatigue et les dangers de semblables expéditions.

— Oui, sergent, il y a longtemps, si longtemps que j'en suis à penser que Mabel me trouvera trop vieux: nous avions commencé nos campagnes avant qu'elle fût seulement au monde.

— J'étais plus âgé que vous quand j'épousai sa mère, dit Dunham sentencieusement. C'est une fille réfléchie, il lui faut un homme d'un caractère mûr. Ainsi un jeune homme comme Eau-Douce ne saurait lui convenir.

— Est-ce que Jasper songe à se marier? demanda le guide avec intérêt.

— J'espère que non ; il lui faudrait d'abord donner la preuve qu'il est en mesure de devenir chef de famille.

— C'est un brave garçon ; il possède à fond sa profession, pourquoi ne serait-il pas digne d'aspirer au mariage? »

Le sergent découvrit tout à coup ses batteries et raconta à son ami son entretien avec le major. Pathfinder ne put que difficilement comprendre l'accusation portée contre Eau-Douce; il refusa énergiquement de s'associer aux soupçons déjà éveillés du sergent, qui affirmait de bonne foi que, tout en croyant à l'honnêteté parfaite du capitaine du *Scud*, il avait néanmoins, depuis son entretien avec son chef, des pressentiments dont il n'était pas maître.

Le guide n'entendait rien aux pressentiments; il défendit son ami, et finalement dit à Dunham :

« Croyez-moi, consultez votre beau-frère, qui doit se connaître aux choses de la marine; il vous donnera sûrement un conseil, il vous rassurera; car il ne faut pas se coucher sur un soupçon, dût-on veiller quinze nuits.

Cap, mis au courant, commença par faire montre d'importance et de grande impartialité. Quand un homme le prend ainsi de haut et qu'il invoque si fort les grands principes, il y a beaucoup à parier qu'il a quelques rancunes secrètes contre l'inculpé et que, sous prétexte de lui rendre justice et de le défendre, il va le faire condamner.

Maître Cap n'avait rien trouvé de suspect dans la façon

d'agir de Jasper; mais il avait mauvaise opinion de lui. Quand il apprit qu'il parlait français, cela lui parut une circonstance grave, et pour lui les circonstances avaient, comme les pressentiments pour Dunham, une valeur énorme. Il promit de surveiller Eau-Douce et de ne rien laisser passer de suspect; d'ailleurs, il se mettait à la disposition de son frère pour la conduite du bâtiment, qui, pour la première fois sans doute, pourrait entre ses mains montrer ce dont il était capable.

« Quant à moi, s'écria Pathfinder, en proie à un véritable chagrin, je suis convaincu de l'innocence de Jasper, et je vous engage à vous en assurer en allant ouvertement lui demander s'il est vrai qu'il trahisse les intérêts du roi. »

Les deux interlocuteurs se récrièrent bien fort, et l'entretien se termina sans conclusion. Chacun des trois amis s'en alla, décidé à envisager la conduite de Jasper d'après ses impressions personnelles et son caractère propre.

XII

Durant ces débats, tout se passait sur le pont du *Scud* de la façon accoutumée. Le capitaine et son petit navire attendaient avec calme que la brise s'élevât; les soldats, d'ordinaire levés de très bonne heure, s'étaient promptement retirés dans leur poste sous les grandes écoutilles.

Seul l'équipage était demeuré sur le pont, afin d'être prêt à agir au premier souffle de la brise de terre; le quartier-maître, Mabel et la femme du soldat profitaient aussi du calme de la soirée, qui était fort belle; ils avaient voulu sans doute, avant de se retirer, respirer un peu l'air frais et pur de l'Ontario.

Le lieutenant Muir n'avait point perdu l'occasion de travailler à faire quelque chemin dans le cœur de la jeune fille; il déployait toutes les grâces de son esprit et toute sa science dans l'art de plaire, perfectionnée, comme il le disait, par une expérience déjà mûre et acquise dans ses trois unions précédentes. Mabel paraissait s'en inquiéter fort peu; elle attribuait l'empressement du quartier-maître à la galanterie habituelle des militaires, qui ont sur ce point une réputation faite et qui semble les obliger. Elle était seule de femme, ou à peu près, sur le cutter; il s'y trouvait un officier du régiment de son père : il était donc naturel qu'il s'efforçât de lui être agréable en se montrant poli, empressé, galant; elle ne voyait rien au delà et fût tombée de son haut si elle avait connu les projets ambitieux du vieux soldat, veuf trois fois déjà.

Jasper se tenait immobile à l'arrière; son bâtiment attendant la brise, comme s'il eût été affourché, était ravissant, il faut le dire, malgré l'avis de maître Cap, par l'ordre parfait et la symétrie élégante qui régnaient à son bord. Le jeune marin, de la place qu'il occupait, pouvait suivre la conversation de Mabel et du quartier-maître; mais il était trop modeste et trop timide, trop attentif d'ailleurs à ses devoirs, pour oser y prendre part. Mabel non plus ne lui adressait point la parole, bien qu'elle suivît des yeux tous les mouvements du jeune homme; elle était impatiente sans doute de le voir donner le signal du départ; elle apportait même tant d'attention, soit aux ordres que Jasper donnait à son petit équipage, soit aux mesures qu'il prenait lui-même pour aider la manœuvre, qu'elle paraissait tout à fait indifférente aux propos aimables de son interlocuteur. Celui-ci dut plus d'une fois répéter ses compliments, ne voulant pas que son éloquence fût perdue; c'était d'ailleurs un homme attentif et soigneux, qui ne voulait point faire de frais inutiles. A la fin pourtant, vexé sans doute de ne pouvoir conquérir absolument l'attention de Mabel, jaloux peut-être des égards qu'elle témoignait à Jasper Eau-Douce, le quartier-maître finit par garder le silence.

D'une façon aussi nette qui si la chose fût arrivée sur le pont du cutter, on entendit tout à coup tomber une rame dans un canot au fond du petit port, au pied du bastion : c'était la brise de terre se levant qui l'apportait; un murmure léger, pareil à un soupir étouffé, monta de la rive prochaine, et le foc commença à battre, puis successivement toutes les voiles se gonflèrent.

« La brise se lève, Anderson, cria Jasper à son matelot, car l'autre était un mousse d'une dizaine d'années; prenez la barre. »

Anderson ne se le fit pas dire deux fois; la barre fut aussitôt mise au vent. Bientôt l'avant du navire commença à plonger; on entendit l'eau murmurer sur ses flancs, et il se mit à glisser légèrement sur le lac avec une vitesse de cinq à six milles à l'heure. Tout cela s'était fait dans le plus grand silence, et au bout d'un instant Jasper ordonna de filer un peu l'écoute et de longer la côte.

Le capitaine du petit navire venait précisément de commander cette manœuvre quand le sergent, son beau-frère et le guide, quittant la chambre de l'arrière, reparurent sur le pont, et ils entendirent Muir crier à Jasper d'un air narquois:

« Je n'imagine pas que vous ayez dessein de vous rapprocher trop des Français; soyez prudent, jeune homme, s'il vous plaît.

— Lieutenant, reprit Eau-Douce, je serre la côte pour profiter de la brise de terre, toujours plus fraîche près du rivage.

— Votre bateau obéit-il bien au gouvernail, monsieur Jasper? demanda maître Cap s'avançant de leur côté.

— Il gouverne assez bien, Monsieur.

— Avez-vous le moyen de prendre des ris? Sur ces petits bâtiments peut-être n'avez-vous jamais occasion de vous en servir. »

Malgré l'obscurité, Mabel crut surprendre sur le visage de Jasper un sourire où il y avait autant de mépris que de surprise; mais Eau-Douce réprima vite ce mouvement d'humeur et répondit:

« Oui, oui, nous avons des ris et souvent l'occasion d'en prendre, et nous pourrions être obligés de vous montrer bientôt comment nous nous en servons, car il se brasse quelque chose du côté de l'est qui ne me dit rien de bon. Le vent ne peut sauter plus vite sur l'Océan que sur l'Ontario; ici la tempête vient tout à coup. J'espère pourtant pouvoir arriver avec cette brise jusqu'aux premières îles, et alors nous aurons moins à craindre d'être vus et poursuivis par les croiseurs de Frontenac.

— Pensez-vous, dit Pathfinder à son ami, que les Français aient des espions sur le lac?

— Ils en ont sûrement. Dans la nuit de lundi dernier une pirogue est venue à la hauteur de l'Oswego; elle a touché à la pointe orientale et débarqué un Indien et un officier, et nous aurions probablement mis la main sur eux si, contrairement à votre habitude, vous n'étiez pas resté à passer la nuit dans le fort. »

L'obscurité était trop profonde pour laisser voir la confusion qui monta au front du chasseur et le chagrin qui se peignit sur ses traits. Ce soir-là il était resté dans la cabane du sergent, occupé à écouter les ballades chantées par Mabel; quand il avait voulu rejoindre son gîte habituel, qui lui laissait toute sa liberté d'action, les portes de la petite citadelle étaient fermées, et il avait dû coucher dans l'enceinte des fortifications. Il ressentit véritablement de la honte et une peine fort vive de n'avoir pu faire alors ce qu'il regardait comme un devoir positif; mais l'idée ne lui vint pas de chercher à s'excuser.

« J'en conviens, Jasper, dit-il humblement; si j'avais été à mon poste, la chose serait sans doute arrivée comme vous le dites; et pourtant je n'avais pas de raison suffisante de rester dans l'enceinte du fort.

— Pathfinder, reprit Mabel, vous avez passé cette soirée

« Vous conviendrez pourtant qu'il existe des traîtres dans le monde. »

avec nous; après vos incessantes et périlleuses excursions vous avez bien le droit de vous reposer quelques heures avec un vieil ami et sa fille.

— Non, non, reprit avec un accent douloureusement affecté le pauvre guide, depuis mon retour dans la garnison je ne fais que fainéanter; je mérite les reproches de Jasper.

— Je ne vous fais point de reproches, Pathfinder; je n'ai jamais songé à vous en faire. Ce n'est pas votre faute si cet espion et cet Indien nous ont échappé. Votre absence me paraît tout à fait justifiée.

— Je ne vous en veux point, reprit cet honnête homme; vous m'avez rappelé que j'avais manqué à mon devoir, et vous avez bien fait.

— Vous êtes bien dur pour moi, reprit Jasper, désolé; je ne mérite pas que vous donniez ce sens à un mot jeté en passant et sans mauvaise intention.

— Donnez-moi la main, mon garçon; ce n'est pas vous qui m'avez donné une leçon, c'est ma conscience.

— Voilà qui va bien, dit maître Cap d'un ton important; mais pourriez-vous nous dire, monsieur Jasper, comment on a pu savoir que des espions étaient venus si récemment dans notre voisinage? Cette circonstance... »

En prononçant ce mot, il fit un signe au sergent et toucha légèrement le chasseur du coude; mais celui-ci disait déjà à son ami:

« La piste conduisait au fort?

— Nous ne l'avons pas pensé; elle menait seulement à la pointe orientale, à l'embouchure de la rivière, et de là, vous savez, on voit tout ce qui se passe dans le port.

— Que n'avez-vous mis à la voile et donné aussitôt la chasse à la pirogue! s'écria Cap; précisément vous aviez une très bonne brise mardi matin. Ah! si vous m'aviez appelé, nous n'aurions pas été longtemps avant d'atteindre ces drôles.

— Je suis plein de respect pour l'opinion d'un vieux marin comme vous, maître Cap, répondit Jasper; mais c'est une longue chasse, une chasse sans espoir, que celle d'une pirogue d'écorce sur l'Ontario.

— Il ne fallait pas longtemps pour la jeter à la côte.

— A la côte! une pirogue d'écorce! s'écria le jeune marin; vous n'avez guère idée, je pense, de la navigation dans ce pays; une pirogue menacée a bientôt réussi, en faisant force de rames, à vous distancer d'un à deux milles avant que vous ayez eu le temps d'y songer.

— Vous voulez me faire croire, maître Jasper, qu'on peut naviguer sur le lac dans ces coquilles d'œuf quand il fait du vent!

— J'ai souvent traversé l'Ontario sur une pirogue même par un très gros temps. Ces embarcations, bien conduites, offrent plus de ressources que vous ne pensez. »

Maître Cap ne répondit pas; il avait pris son air le plus important. Il emmena doucement à l'écart son beau-frère et Pathfinder, et leur affirma que ses soupçons grandissaient à chaque instant; que cette histoire d'espion lui paraissait « une circonstance, et une forte circonstance ». Le sergent fut loin de suivre son beau-frère dans tous ses raisonnements pour arriver à cette conclusion; mais il trouvait étrange que deux espions, dont on paraissait si bien connaître les allées et venues sur la côte, fussent descendus si près du fort sans qu'il en eût rien appris. Jasper avait-il été seul à découvrir leurs traces, ou lui-même, le premier sergent de la garnison, avait-il été seul à ignorer ces détails, seul à n'en point entendre parler? Il déclara que ses pressentiments devenaient de minute en minute plus accablants et plus pénibles pour lui.

Pathfinder ne pouvait comprendre comment ses deux interlocuteurs arrivaient, par des raisonnements dont la profondeur lui échappait, à conclure déjà contre Jasper comme s'ils avaient eu l'un et l'autre la preuve de sa culpabilité. Il protesta très énergiquement en faveur de son ami, et s'attira cette réponse triomphante de maître Cap :

« Vous conviendrez pourtant qu'il existe des traîtres dans le monde.

— Comment! reprit le chasseur; mais je n'ai jamais rencontré un Mingo qui ne fût prêt à trahir et à tromper.

— Dès lors pourquoi ne pas admettre que Jasper puisse avoir la même faiblesse? »

Le pauvre guide demeurait confondu; il se désolait surtout de voir, sans se l'expliquer, l'influence que le marin exerçait dans la circonstance sur le sergent. Cap parla encore longtemps, et chacun de ces trois hommes resta, comme d'ordinaire, sur la pente où l'entraînaient ses propres pensées et la tournure particulière de son esprit : l'un voyant partout des circonstances, l'autre se laissant envahir par ses pressentiments, le troisième franchement inaccessible à l'idée de la culpabilité de son jeune ami.

Ce grave conciliabule s'était tenu près de la lisse du couronnement. Durant ce temps, Mabel demeurait assise silencieusement près du capot d'échelle; M. Muir l'avait quittée et était descendu sous le pont. Jasper se tenait debout à quelque distance de la jeune fille; il avait les bras croisés, et ses yeux se portaient alternativement des voiles aux nuages, des nuages aux sinuosités profondes de la côte, tout enveloppée d'ombre, à l'immense surface du lac toujours tranquille, pour venir enfin se poser sur ses voiles. Si la nuit n'eût pas été si profonde, Mabel eût pu voir dans ses regards plus que de la vigilance : il y avait comme une nuance d'inquiétude, quelque chose comme l'indice d'un danger plutôt soupçonné qu'entrevu; mais le jeune marin eût été bien désolé que cette crainte, toute légère qu'elle fût, pût être partagée par la fille du sergent.

La brise poussait en avant le *Scud;* une manœuvre habile la secondait; le temps était beau, la soirée d'une étonnante douceur. Jasper et Mabel étaient jeunes; la situation nouvelle que leur avaient faite à tous les deux des relations fréquentes depuis une quinzaine de jours; la confiance qu'accordait la fille du sergent, avec tant de raison, au marin qui, au dire de tous, l'avait sauvée du plus grand danger lors de son arrivée; le dévouement de celui-ci à la fille de son ami, de celui qu'il aimait et respectait comme son père; des souvenirs déjà éveillés entre eux, des espérances encore incertaines, inavouées, mais que plus d'une circonstance avait trahies, tout était bien fait pour écarter l'inquiétude, le doute, l'idée même d'un danger quelconque. Quand les esprits et les cœurs en sont là, rien ne tient contre l'espérance, qui de sa baguette magique touche toute chose, et comme avec un pinceau et une palette variée leur donne la teinte qui nous plaît le mieux : le temps sera beau, la traversée heureuse, l'ennemi facilement vaincu, la victoire triomphante. Tout doit bien finir, qui commence sous d'aussi heureux auspices.

« Si nous continuons à voguer ainsi, Eau-Douce, dit doucement Mabel, nous ne tarderons guère à arriver.

— Savez-vous donc où nous allons, Mabel?

— Mon père ne me l'a point dit; la discipline militaire est sacrée pour lui, et il ne me parle jamais de ce qui concerne son service. Est-il défendu néanmoins de dire quel sera le terme de cette expédition?

— Elle ne saurait être bien longue sur ce lac. Il est si petit, n'est-ce pas? Votre oncle n'en fait pas grand cas.

— Mon oncle, c'est possible; mais moi, j'ai été sur l'Océan, et l'Ontario me semble absolument pareil.

— Vous êtes allée sur l'Océan, Mabel? Hélas! je prétends être marin, et je n'ai jamais vu l'eau salée! Mabel Dunham, vous devez avoir un grand mépris pour moi.

— Du mépris pour vous! s'écria Mabel; vous voudriez que je pusse vous mépriser, Jasper, moi, pauvre fille ignorante, arrivée ici d'hier, quand je sais que le major a la plus grande confiance en vous, quand on vous confie le commandement d'un navire comme celui-ci!

— Votre oncle dit tant de mal des marins d'eau douce, que je craignais...

— N'en ayez nul souci; mon oncle passe sa vie à New-York à déblatérer contre les gens qui vivent à terre; pour lui, il n'y a rien en dehors des marins, et s'il voulait être tout à fait franc, il vous dirait qu'il estime encore un marin d'eau douce plus que tous les soldats du monde; pour lui vous avez un tort, c'est de n'avoir pas vu l'Océan; mais il vous place encore bien volontiers au-dessus de son propre frère, le sergent Dunham, mon père.

— Votre père, reprit Eau-Douce, lui, ne voit rien au-dessus d'un soldat; aussi compte-t-il bien que vous deviendrez la femme d'un soldat.

— Jasper, s'écria Mabel, Jasper, moi la femme d'un soldat! Vous dites que mon père le désire! Quel soldat mon père peut-il souhaiter que j'épouse ici? Je ne me crois point faite pour être la femme d'un officier; mais ne vous semble-t-il pas, Jasper, que je ne suis point faite non plus pour me marier à un simple soldat? »

Elle parlait avec une telle vivacité, que le jeune marin, heureux au fond de ces dénégations dont il ne pouvait suspecter la franchise, regrettait pourtant d'avoir ainsi troublé la jeune fille. Il se hâta de protester, craignant de l'avoir blessée, contre l'idée qu'elle aurait pu épouser un simple soldat.

Elle lui répondit en riant, ayant vite retrouvé son calme et sa bonne humeur :

« Je n'épouserai pas davantage un officier, par cette raison qu'un officier ne voudrait point de la fille du sergent Dunham.

— Vous vous trompez, Mabel; car votre père songe, dit-on, à vous déterminer à donner votre main au lieutenant Muir.

— Jasper, reprit la jeune fille, la confiance que j'ai en vous et le dévouement que vous avez montré à la fille de votre ami me donne le droit de vous demander comment vous avez appris que mon père songeait à un pareil projet.

— Votre père, Mabel, m'a dit lui-même, pendant que nous transportions les approvisionnements à bord du *Scud,* qu'il avait fait choix de votre mari; et, d'autre part, le quartier-maître ne fait point de mystère de ses prétentions; il avoue ne s'être embarqué que pour travailler à gagner vos bonnes grâces. Il s'y emploie d'ailleurs suffisamment, vous pouvez lui rendre cette justice. »

Mabel ne répondit point; sa réserve naturelle, sa délicatesse, lui firent comprendre que les convenances ne permettaient point de continuer cet entretien avec un jeune homme comme Jasper. Toutefois, comme le silence devenait embarrassant, elle dit en manière de conclusion :

« Quoi qu'il en soit, Jasper, tenez pour certain que le lieutenant Muir, fût-il colonel, ne sera jamais le mari de Mabel Dunham...; mais parlons, s'il vous plaît, de notre expédition. Quand finira-t-elle?

— Navire! » cria tout à coup maître Cap, et il ajouta aussitôt : « Il aurait mieux valu dire : Canot! »

Jasper courut aussitôt à l'avant et aperçut, à environ cent cinquante toises, un point à peine visible en avant du cutter, presque par son bossoir d'avant; le jeune marin reconnut vite une pirogue.

« Cela ne paraît pas être un ennemi, dit-il; il serait peut-être à propos de l'attendre.

— Ce canot rame de toutes ses forces, dit Pathfinder, et il a l'air de vouloir traverser la ligne du *Scud* et suivre le vent. S'il y réussit, nous essayerons vainement de lui donner la chasse.

— Lofez! dit Jasper à l'homme qui était à la barre; lofez tout! »

Quelques minutes plus tard le *Scud,* qui fendait l'onde, plaça l'embarcation si bien sous le vent, que la fuite lui devint dès lors impossible. Jasper se mit lui-même au gouvernail et dirigea si habilement son petit navire, qu'il s'approcha assez près de la pirogue pour y jeter le grappin. Le canot d'écorce contenait deux personnes; sur l'injonction qui leur en fut faite, ils grimpèrent à bord, et l'on reconnut Arrowhead et sa femme.

XIII

La rencontre d'Arrowhead et de sa femme n'était pas faite pour surprendre les soldats ni les hommes de l'équipage ; mais elle parut aussi mystérieuse que suspecte à ceux qui avaient fait partie de l'escorte de Mabel. Ils conçurent immédiatement les soupçons les plus graves, et Pathfinder, les ayant emmenés à l'écart, se mit à interroger les prisonniers ; car il était permis, vu la gravité des circonstances, de les regarder comme tels.

Le Tuscarora ne parut point étonné de ces précautions prises contre lui ; il n'en fut point non plus davantage troublé, et subit son interrogatoire avec tout le stoïcisme d'un Indien.

Il s'excusa d'une façon simple et plausible d'avoir faussé compagnie à maître Cap, qu'il s'était pourtant engagé à conduire, ainsi que sa nièce, au fort de l'Oswego, parce que, dit-il, voyant leur cachette découverte par les Iroquois, il avait dû pourvoir à sa sûreté en s'enfonçant dans les bois ; il pensait, affirma-t-il, que tous ses compagnons avaient été massacrés ; en un mot, croyant tout perdu, il s'était enfui pour sauver sa vie.

Lorsque le guide, feignant de le croire, lui demanda comment, dans une fuite aussi précipitée, sa femme avait pu le suivre, il se contenta de répondre qu'une femme doit suivre son mari, et qu'un mari qui aime sa femme peut, dans la retraite la plus précipitée, tourner la tête pour s'assurer que sa femme le suit. Pathfinder n'avait rien à répondre; il s'étonna pourtant qu'Arrowhead fût resté si longtemps sans revenir au fort.

Le sauvage fit entendre que Rosée-de-Juin, son épouse, était tombée, pendant leur fuite, aux mains des Iroquois; il avait réussi à la délivrer depuis, mais il lui avait fallu suivre bien des pistes et passer de longs jours dans les bois. Il ne l'avait retrouvée que depuis deux jours.

« Soit, reprit le guide, tout cela paraît juste et raisonnable; mais d'où vient cette barque, et pourquoi vous dirigiez-vous vers le Saint-Laurent, au lieu de vous rendre au fort de l'Oswego?

— J'ai reconnu ma pirogue sur la grève, près du fort: j'ai pris ce qui m'appartenait. »

Cela était vrai. Arrowhead n'avait fait que rentrer en possession de son bien; mais le chasseur ne pouvait comprendre qu'on n'eût aperçu au fort ni Arrowhead ni Rosée-de-Juin; ils avaient pourtant dû quitter le petit havre peu avant le *Scud*.

Le Tuscarora sut répondre à cette objection :

« Pathfinder sait, dit-il, que le guerrier indien est sensible à la honte : je n'ai point voulu reparaître au fort; j'ai craint que le père ne me redemandât sa fille; j'imaginais qu'elle était prisonnière des Mingos ou tombée sous leurs coups. J'ai envoyé Rosée-de-Juin chercher la barque, et elle n'a parlé à personne dans le fort. Pourquoi d'ailleurs serais-je retourné dans le fort? J'avais reçu du père la moitié du prix convenu pour lui ramener sa fille ; la croyant morte ou captive, je ne voulais pas réclamer l'autre moitié. Arrowhead est juste. »

Pathfinder secoua la tête en murmurant :

« Cela est naturel. Encore une question, et il n'y aura plus de nuage entre nous si le Tuscarora sait y répondre. Pourquoi votre pirogue était-elle tournée vers le Saint-Laurent ? »

Le Tuscarora se redressa, et répondit avec emphase :

« Pourquoi votre grande pirogue elle-même est-elle tournée de ce côté ? Je fais cause commune avec vous. »

Pathfinder alla rejoindre ses amis et leur fit part des réponses de l'Indien ; il croyait qu'Arrowhead lui avait parlé franchement ; mais, sauf Jasper, qui partageait ce sentiment, les autres n'acceptèrent point les explications du prisonnier.

Cap voulait le faire mettre aux fers ; le sergent se contenta de le garder à bord, résolu à attendre au lendemain pour décider cette affaire. Il fit connaître cette décision à Arrowhead, qui ne parut point autrement surpris. Avec une dignité grave et pleine de réserve, il resta debout à l'écart, observant avec attention ce qui se passait autour de lui. Mais Jasper avait déjà fait orienter la voile, et le *Scud* avait repris sa course.

Le quart de nuit allait commencer, et c'est le moment d'ordinaire où chacun rentre prendre du repos ; il ne resta bientôt sur le pont que le sergent, Cap et Jasper, avec ses hommes d'équipage. Le Tuscarora n'avait point changé de place ni d'attitude ; Rosée-de-Juin, dans la pose la plus humble, se tenait affaissée à peu de distance de son mari.

« Arrowhead, dit le sergent, il y a place pour votre femme dans la chambre de ma fille, et voilà une voile sur laquelle vous pouvez vous coucher vous-même.

— Je remercie mon frère, reprit le Tuscorara, nous ne sommes pas si misérables ; ma femme prendra, si vous le voulez, des couvertures dans la barque. »

— Soit, reprit le sergent ; que votre squaw aille prendre les couvertures dans la barque. »

Sur un signe de son mari, demeuré immobile à sa place, Rosée-de-Juin descendit aussitôt dans la pirogue, amarrée à l'arrière du *Scud*.

« Jasper, dit le sergent à l'oreille du jeune marin, il y aura peut-être cette nuit des yeux qui se fermeront, deux précautions valent mieux qu'une. »

Et il dit tout haut à l'Indien :

« Tuscarora, descends dans ta barque, et donne-moi tes rames ; je veux les mettre en sûreté. »

Arrowhead obéit, sans empressement à la vérité, et en homme que le soupçon est bien près d'offenser. Néanmoins, arrivé dans sa barque, il se mit à quereller vivement sa femme ; elle parut s'empresser de réparer une erreur ou une faute commise. Du pont le sergent les regardait agir, mais n'entendait point leur conversation.

« Allons, Arrowhead, dit-il, dépêchons-nous ; il faut songer à l'heure du réveil, qui ne tardera pas beaucoup à venir : qui veut se lever de bon matin doit se coucher tôt.

— Arrowhead remonte, » dit le Tuscarora en se plaçant sur l'avant de la pirogue comme pour atteindre le plat-bord du *Scud* ; mais, se penchant tout à coup, il trancha de sa lame effilée la corde qui l'amarrait au petit navire de Jasper. La pirogue ne perdit pas immédiatement son aire et suivit un instant l'impulsion donnée, ce qui aida à l'illusion du sergent, qui n'avait point vu le coup de couteau, porté avec une remarquable dextérité. Quand il s'aperçut que le léger esquif s'éloignait, il était déjà par la hanche du vent.

Jasper, demeuré près de l'écoutille, vit la pirogue se détacher aussitôt que Dunham.

« La barre dessous ! » s'écria-t-il ; et il se mit aussitôt à filer l'écoute. Le cutter vint au vent, ses voiles fouettèrent ; il s'élança dans le lit du vent, et bientôt il fut à plus de cent toises de sa première position. Mais le Tuscarora n'était point homme à se laisser reprendre ; prisonnier volontaire, il était monté sur le pont du *Scud* et avait fait ses observations ; il saurait bien s'arranger de façon à ne pas retomber entre les mains de ses ennemis.

« Il nous échappera, s'écria Jasper ; il rame de toutes ses forces au vent, il va rejoindre la côte ; le *Scud* ne pourra plus l'arrêter.

— Ne pourrait-on lancer un canot après lui ? s'écria le sergent.

— C'est inutile, dit Jasper. Ah ! si Pathfinder avait été sur le pont, lui seul eût pu l'arrêter. Maintenant il est trop tard. »

Cap et le sergent durent se rendre à l'évidence. La pirogue atteignait déjà les parties basses de la rive ; Arrowhead eût abandonné sa pirogue et se fût sauvé dans les bois ; et, s'il servait les Français, il eût trouvé mille chemins, sur terre comme sur le lac, pour courir jusqu'au Saint-Laurent donner des nouvelles de l'expédition. Quoique à contre-cœur, on remit le cap au vent ; le cutter vira vent arrière sur place et reprit immédiatement sa route sur l'autre bord. Toutes ces manœuvres s'exécutèrent en silence, et Jasper mit plus d'une fois la main aux cordages comme un simple matelot.

Cap tira son frère à l'écart et lui dit :

« Voilà une étrange aventure, et bien faite pour nous faire réfléchir. Cette capture d'Arrowhead me paraît une circonstance grave ; son évasion, vous en conviendrez, sergent, est encore plus grave. Il me semble que Jasper ferait bien d'y songer.

— Ce sont, en effet, deux circonstances graves; mais je ne vois pas comment elles prouveraient contre Jasper. Il a capturé Arrowhead; est-ce sa faute s'il s'est échappé? »

Le sergent n'osa pas dire : « C'est la mienne. »

« Il n'importe, frère, vous n'avez pas un moment à perdre; vous devez immédiatement prendre toutes les mesures nécessaires pour la sûreté du bâtiment et de ceux qui sont à son bord. Réfléchissez un peu : ce cutter fend l'onde; il fait bien six nœuds à l'heure; c'est du chemin sur cette mare, où toutes les distances sont courtes. Il en serait autrement sur l'Océan. Mais nous pouvons cette nuit même nous trouver dans un port français, et demain matin dans une prison française.

— Vous avez raison, mon frère; cela me paraît juste. Mais que concluez-vous, je vous prie?

— Il n'y a qu'une chose à faire : faites mettre immédiatement Jasper aux arrêts; envoyez-le sous le pont sous la garde d'une sentinelle, et donnez-moi le commandement du cutter. Vous avez le droit d'agir ainsi : le cutter appartient au roi, et vous êtes à bord le seul officier commandant et responsable; ne l'oubliez pas. »

Le sergent demeura fort perplexe; il fut plus d'une heure entière avant de se résoudre à prendre un parti; sa nature honnête et franche répugnait à l'idée de regarder Jasper comme un traître; il connaissait son caractère à fond, il avait toujours eu bonne opinion de lui. Mais il vivait depuis fort longtemps avec les Écossais, il était devenu quelque peu superstitieux; il se sentait oppressé par un pressentiment; le poison subtil du doute et de la défiance se glissait en lui, encouragé par les sollicitations pressantes

Dunham déclara à Jasper qu'il lui retirait la direction du *Scud*.

de maître Cap, et aussi par le souvenir de ce que lui avait dit le major Duncan à l'heure du départ.

Il prit enfin la résolution de consulter M. Muir. Celui-ci n'était guère favorable à Jasper ; il avait peut-être deviné en lui un rival. En tout cas, il avait l'histoire de l'ombrelle sur le cœur ; d'ailleurs, il voulait à tout prix se concilier la faveur du père de Mabel. Il saisit le sentiment de Dunham, ses propres désirs, et il lui conseilla, par mesure de précaution, de confier la direction du bâtiment à maître Cap.

Sans autre explication, le sergent Dunham déclara sur l'heure à Jasper qu'il était de son devoir de lui retirer temporairement la direction du *Scud* pour la confier à son beau-frère. Le jeune homme eut un mouvement de vive surprise ; mais, sans soupçonner le motif de cette déchéance imméritée, il crut que le père de Mabel cédait à la pression de Cap, qui voulait se donner le plaisir de commander le petit navire. Mortifié seulement, mais au fond nullement inquiet, il annonça à son équipage qu'il fallait regarder maître Cap comme le maître à bord jusqu'à nouvel ordre. Mais une commotion violente l'atteignit au point d'altérer visiblement ses traits quand le sergent ajouta que son aide principal, qu'on nommait à bord le pilote, serait consigné sous bonne garde avec lui sous le pont du cutter. Cap fut saisi de l'expression de la physionomie d'Eau-Douce à ce moment, et, comme nous savons tourner chaque chose dans le sens qui nous convient, il y trouva une preuve de plus de sa culpabilité et une circonstance nouvelle pour lui d'un très grand poids.

Jasper et le pilote descendirent sous le pont, et un factionnaire reçut l'ordre de les surveiller de très près : précaution inutile, car tous les deux se jetèrent sur leur lit, qu'ils ne quittèrent point durant tout le reste de la nuit.

Cap était enfin maître de la manœuvre.

« Frère, dit-il alors au sergent, veuillez m'informer d'une

façon précise du but de notre voyage et de la distance que nous avons à parcourir pour y arriver. Il faut bien que je sache de quel côté tourner le cap du cutter.

— Je n'en sais rien, répondit Dunham, fort embarrassé et confus ; nous allons au poste des Mille-Iles ; nous devons y débarquer, relever un détachement qui s'y trouve depuis un mois ; puis là nous recevrons des ordres et agirons en conséquence. Voilà, mot pour mot, les instructions qui m'ont été données par écrit.

— Cela me suffit, frère ; j'ai vogué assez longtemps sur l'Océan pour avoir le droit de n'être embarrassé par aucune difficulté. Faites-moi donner la carte de l'Ontario, j'ai besoin de relever les gisements et les distances pour reconnaître la route à suivre.

— Nous n'avons point de carte. Je ne pense pas que Jasper s'en soit jamais servi : nos marins connaissent leur lac et vont devant eux.

— Comment voulez-vous, sergent, que je trouve une île, au milieu de mille autres surtout, si je n'en connais même pas le nom, si je ne sais rien ni de la distance, ni du lieu où elle est située ?

— Le nom ne doit pas vous inquiéter : toutes ces îles ne portent point de nom. Quant à sa position, je n'en saurais rien dire, je n'y suis jamais allé ; je crois qu'elle est très petite et d'un accès fort difficile.

— Autant dire qu'elle est introuvable. Et vous voulez que je la trouve ?

— Mais Jasper savait bien la trouver, lui, et pourtant ce n'est qu'un marin d'eau douce. Peut-être un des hommes de l'équipage pourra-t-il vous indiquer la route à tenir.

— Que je m'adresse à un subalterne ! Si je vous ai bien entendu, sergent, c'est ce que vous me conseillez. Ma dignité s'y oppose; j'aimerais mieux couler à fond que me compromettre.

— Je ne désire pas, frère, que vous nous couliez à fond, je désire seulement que vous nous conduisiez au poste des Mille-Iles. Tout ce que je puis dire, c'est que nous sommes dans la bonne route ; mais dans quelques heures je ne pourrai plus vous en dire autant. Je sais que nous devrons arriver près d'un cap, et que ce sera surtout le moment d'avancer avec précaution. »

Maître Cap expliqua alors au sergent qu'il allait se renseigner adroitement; « car, ajouta-t-il, je ne dois point laisser soupçonner mon embarras. Le premier devoir d'un chef, c'est d'avoir les connaissances nécessaires à l'exercice de sa profession; le second, qui peut suffire parfois, est de paraître les avoir. Je vais interroger l'homme qui est à la barre. »

Avec sa méthode, que le lecteur apprécie déjà, il voulut tirer les choses de loin, ce qu'il croyait fort habile. Sa conversation dura longtemps, mais ne lui apprit pas grand'-chose. Cet homme à moitié marin qui s'était proposé pour tenir la barre avait déjà fait plusieurs fois le voyage sous la conduite de Jasper. Il donna au capitaine de précieux renseignements, obtenus au prix de la plus habile diplomatie : à savoir que ces îles n'avaient point de nom; qu'il n'y avait point d'ancrage devant le poste, point de phare, point de fort, au moins visible du large; qu'on arrivait au poste par une multitude de canaux parfaitement inconnus de lui comme de tous ceux qui étaient à bord, sauf Jasper et son second. Il lui certifia que, dans le précédent voyage, Jasper avait toujours fait descendre tout le monde sous le pont quand le cutter était arrivé dans le voisinage du fort et entrait dans le dédale de canaux où sont situées les Mille-Iles.

« Ah ! » dit tout à coup maître Cap ; et, tirant son beau-frère à l'écart, il lui fit remarquer qu'il n'avait point encore trouvé de circonstance aussi grave que celle-là. Personne ne pouvait le renseigner ni lui venir en aide, puisque personne ne savait rien. « Je vous le demande, sergent, puis-je trouver la route que nous devons suivre ?

— Je pensais, reprit Dunham, je croyais que votre supériorité comme marin d'eau salée vous mettrait à même de résoudre ces difficultés. J'ai pourtant lu des relations de marins découvrant des îles...

— Oui, sans doute ; mais qui est-ce qui découvrira une ile entre mille iles, un poste si bien caché, que l'ennemi n'en doit point soupçonner l'existence, et cela sans carte, sans connaître la route, la distance, la longitude ni la latitude ?

— Les marins du lac ont cependant une méthode pour trouver les points où ils veulent aller. »

Cap haussa les épaules, et dit gravement :

« Sergent, je vais continuer à courir cette bordée encore une couple d'heures ; je mettrai ensuite en panne ; le jour arrivera, je consulterai la sonde, et je gouvernerai selon les circonstances. Allez vous reposer. »

Le sergent, ne voyant aucune difficulté pour le moment présent, suivit ce bon conseil ; il se coucha sur une voile et s'endormit du sommeil du soldat. Cap continua à se promener sur le pont, toujours sûr de lui, entêté dans son idée, mais au fond naviguant selon toutes les règles sans savoir où il allait.

Lorsque le sergent s'éveilla, il faisait grand jour. Le temps avait complètement changé ; de lourdes vapeurs enfermaient l'horizon dans un cercle étroit. L'eau du lac en fureur était couverte d'écume, et le *Scud* avait mis à la cape. Il apprit de Cap que vers minuit, au moment où quelques îles commençaient à se montrer, le vent s'était mis à souffler du nord-est, que la bruine était devenue très forte, et que, pour éviter la côte du Canada, on avait gouverné vers le nord-ouest. A une heure et demie, la tempête augmentant, il avait fallu serrer le clin foc, prendre un ris dans la brigantine et faire de même dans le grand foc. A deux heures, nécessité de prendre un second ris dans la brigantine, et à deux heures et demie nécessité plus pressante encore de prendre le ris de cape à la brigantine; puis finalement il avait fallu mettre à la cape. Le petit cutter d'ailleurs s'était merveilleusement bien comporté, et cependant, au dire de maître Cap, le vent avait la force d'un coup de canon de quarante-deux. Le vieux marin expliqua ensuite la position du navire relativement aux îles; il s'était mis sous leur vent, et avait voulu prendre du large.

Dunham objecta qu'il lui semblait impossible, dans ces conditions, d'atteindre le poste, but de son voyage, et il proposa de faire venir Jasper et de lui demander de reconduire son navire à Oswego.

Cap s'indigna : un aveu d'ignorance est la ruine de toute discipline; il aimerait mieux jeter son navire à la côte que d'avoir recours à qui que ce soit.

Le sergent protesta qu'il aimerait mieux replacer le commandement entre les mains de Jasper que de s'exposer à laisser tomber ses soldats entre les mains des Français.

« Faites, dit Cap avec dignité, et il vous conduira dans le port de Frontenac. »

Il expliqua ensuite qu'ayant du large devant lui, il ne pouvait s'approcher des côtes par un temps pareil; il se contenterait de virer de bord à chaque quart, et ainsi il serait à l'abri de tout danger, sauf la dérive, peu à craindre avec un bâtiment si léger et si plat, et nullement chargé par le haut. Sur sa propre réputation, Charles Cap répondait de tout.

Le sergent Dunham, redoutant toujours la trahison et songeant à sa responsabilité, avec un triste pressentiment que tout cela finirait mal, consentit à attendre encore.

XIV

Le lendemain, la tempête ne se calma point ; les lames courtes et dures continuèrent à battre les flancs du *Scud* ; l'horizon resta sombre et resserré dans un cercle étroit de nuages. Tout le monde monta sur le pont ; mais les soldats se lassèrent vite de ce spectacle ; ils redescendirent les uns après les autres, et il n'y eut bientôt plus en haut que les hommes nécessaires à la manœuvre sous la conduite de maître Cap, le sergent, le lieutenant Muir, Pathfinder et Mabel. La jeune fille était triste ; elle venait à peine d'apprendre les événements de la dernière nuit. Pathfinder n'avait point changé d'idée ; malgré le coup d'État de Dunham, il tenait pour Jasper et lui gardait la confiance la plus entière.

Les heures passèrent au milieu du silence des passagers ; d'ailleurs, le vent toujours croissant ne souffrait guère qu'on s'entretînt longuement sur le pont. Le *Scud* vira de bord deux ou trois fois ; mais la situation restait toujours la même : on allait à l'aventure, peut-être à la dérive, et le gros temps tournait à l'ouragan.

Il faut rendre justice à Cap : la tempête lui avait fait

perdre sa jactance, ses mesquines et ridicules prétentions ; il s'était réveillé en face du danger. Il convenait maintenant que le vent soufflait sur l'Ontario en véritable vent, mais il n'en avait pas peur ; il avouait que le *Scud* était un brave petit navire, bien construit et capable de tenir la mer, et, en marin expérimenté, il le dirigeait avec une grande habileté. Malheureusement il ne connaissait pas le lac, il ne savait pas où il allait. Jasper ou son pilote seuls auraient pu le renseigner ; mais le soin de sa dignité ne lui permettait pas de les consulter ; en tout cas, il voulait attendre la fin de la tempête.

« Terre ! » s'écria tout à coup un homme en vigie sur l'avant.

Cap voulut aussitôt virer de bord ; le sergent l'arrêta ; en approchant un peu davantage, on pourrait peut-être reconnaître la côte et savoir où l'on était.

Tout à coup Dunham lui-même aperçut devant lui un horizon familier : ils étaient en face de l'embouchure de l'Oswego, au pied du fort.

Tout le monde fut bientôt sur le pont, et, comme on avançait toujours, les objets devenaient plus distincts d'instant en instant.

« Ils nous voient, s'écria bientôt le sergent. Voilà le major Duncan au milieu des officiers de la garnison. Pourquoi faut-il que nous ne puissions aborder ! mais il n'y a point d'ancrage possible dans cette baie par un temps pareil.

— Je le regrette pour vous, dit Cap simplement, pour Mabel surtout ; mais moi je ne suis jamais si heureux qu'à l'heure où, sur un bon navire, je lutte contre le vent. »

Le voisinage de la côte devenant dangereux, il fallut s'éloigner et mettre la barre au vent ; il devint bientôt impossible, tant la rafale devenait terrible, de demeurer sur le pont, sauf pour ceux qui en avaient l'habitude. Tout l'équipage déclara n'avoir jamais essuyé une pareille tempête, et rien n'était plus vrai. Jasper, qui connaissait bien sa côte, n'aurait pas laissé ainsi son navire dehors, et depuis longtemps déjà il l'eût abrité en lieu sûr. Mais Jasper et son pilote étaient toujours sous le pont, et Cap, dont le visage s'épanouissait de plaisir, ne songeait nullement à l'appeler à son aide. La nuit était revenue ; elle allait s'achever sans apporter aucun changement. Tout à coup on cria :

« Une voile ! »

Effectivement, chose singulière sur un lac aussi peu fréquenté, un bâtiment se montrait à environ deux encablures du *Scud*, en avant ; d'après sa direction, il était évident que les deux bâtiments passeraient seulement à quelques toises l'un de l'autre.

« Le bâtiment, dit Cap, doit connaître sa situation, car il court hardiment vers le sud ; il doit être sûr d'y trouver un bon mouillage, autrement il ne ferait pas voile de ce côté.

— C'est le *Montcalm*, répondit un soldat ; il se dirige vers le Niagara, il y a un bon port et une garnison.

— Voilà bien le Français ! aussitôt qu'il aperçoit une voile anglaise, il se sauve vers le port.

— Il serait avantageux pour nous de pouvoir en faire autant, reprit l'interlocuteur de Cap ; mais le *Montcalm* n'a pas trop l'air de nous fuir ; il me semble plutôt qu'il court sur nous.

— Attention à la barre ! cria Cap en voyant le bâtiment français s'avancer en droite ligne sur le *Scud*, et de façon à faire craindre une collision. Bâbord la barre ! et passons à l'arrière, timonier ! »

A bord du *Montcalm* on craignait aussi une rencontre ; l'équipage était sur le pont, et, voyant le *Scud* s'approcher, plusieurs hommes braquèrent leurs mousquets pour l'inviter à changer de route. La lame avait, en effet, poussé le *Scud* si près du *Montcalm,* que Cap, placé à l'avant, recula instinctivement comme si son beaupré allait s'enfoncer dans le bordage de l'autre bâtiment; les vergues des deux navires faillirent se toucher. Mais la manœuvre périlleuse avait été commandée avec tant de précision et de coup d'œil, qu'on en fut quitte pour la peur.

Le jeune officier français, pour rendre justice à l'habileté de son ennemi, ôta son chapeau et salua fort aimablement pendant que le *Scud* passait à son arrière. Cap, fidèle à son instinct, lui montra le poing; mais le sergent, plus juste, lui rendit sa politesse en lui faisant le salut militaire.

La situation restait toujours la même; il est inutile d'en décrire tous les incidents, puisque aucun d'eux ne vint modifier l'état dans lequel se trouvent tous nos personnages. Seulement, vers la fin de cette seconde nuit, Cap, qui ne s'était pas reposé un seul instant, dut prendre quelques heures de repos. Quand le jour reparut, il se sentit touché à l'épaule; il ouvrit avec peine ses yeux encore lourds de sommeil, et reconnut Pathfinder. Depuis deux jours, le guide ne s'était guère montré sur le pont; la navigation, si ce n'est en pirogue, n'était pas dans sa nature, disait-il; aussi avait-il laissé aux autres le soin de conduire le bâtiment et de lutter contre la tempête; il attendait d'être dans les bois pour y prendre sa revanche. Néanmoins, ayant vu l'inquiétude de Mabel, plus contristée des soupçons dont Jasper était l'objet qu'inquiète des suites de l'ouragan, il s'était décidé à venir trouver Cap, et, au nom de sa nièce, le prier de faire lever les arrêts qui retenaient Eau-Douce sous le pont quand sa présence semblait si nécessaire à la barre ou à son banc de commandement. Naturellement Cap, de méchante humeur parce qu'il n'avait pas assez

« Monsieur, dit Jasper, avant deux heures le cutter devra jeter l'ancre. »

dormi, repoussa avec indignation une proposition semblable. Il se mit debout, frotta énergiquement ses yeux, et consulta l'état du ciel.

« Cet ouragan est fort opiniâtre ! » s'écria-t-il. Puis, ayant considéré un instant l'horizon, il ajouta : « Qu'est-ce qu'il y a là devant nous, sous le vent ? Pathfinder, vous avez bien fait de m'éveiller ; c'est une côte, et une côte élevée. Ah ! malheur ! mais nous sommes en face d'une ligne de brisants ! »

Le sergent Dunham arrivait précisément.

« Frère Cap, dit-il, j'entends dire que notre situation devient très sérieuse ; que le cutter ne peut plus porter ses voiles ; que la dérive nous entraîne, et qu'avant peu nous allons échouer. »

Cap ne répondit pas.

« Frère, continua le sergent, il serait à propos de faire monter Jasper ; il n'y a point à craindre les Français de ce côté ; peut-être parviendrait-il, en sauvant son navire, à nous sauver la vie en même temps.

— Oui, dit Pathfinder, il est temps de songer au salut de Mabel.

— Faites venir le drôle ! » dit Cap d'un ton de mauvaise humeur.

Jasper ne tarda point à paraître. Aux yeux de ceux qui le soupçonnaient, sa tristesse et son chagrin parurent la honte et la confusion d'avoir été découvert ; aussi Cap ni Dunham ne changèrent point d'avis. En arrivant auprès d'eux, Eau-Douce jeta un coup d'œil rapide sur le pont ; il reconnut aussitôt la situation : le cutter courait le plus grand danger ; il jeta les yeux en avant et vit la ligne des brisants. Il eut alors un amer sourire, et comprit pourquoi on l'avait fait monter.

« Je vous ai envoyé chercher, dit Cap, pour que vous

nous disiez quel est le havre que nous avons sous le vent. Votre rancune n'ira pas jusqu'à nous laisser dans une situation dangereuse pour l'équipage, pour la vie de plusieurs femmes que nous avons à bord.

— J'aimerais mieux mourir moi-même qu'exposer seulement les jours de Mabel Dunham.

— J'en étais sûr, dit Pathfinder en frappant sur l'épaule de son jeune ami. Eau-Douce est toujours fidèle; c'est un péché mortel de le soupçonner de trahison.

— Connaissez-vous un port sous notre vent? dit Cap.

— Il n'y en a point. Il y a, à la vérité, une grande baie au fond du lac; mais il est très difficile d'y entrer, et moi-même je la connais fort mal.

— Les Français sont-ils établis sur cette côte?

— Non; mais il y a beaucoup de sauvages dans les environs.

— Maître Western! dit Cap avec solennité, — il avait repris son ton dogmatique et pédant, — si cette difficulté survenue entre nous ne nous avait privés de votre commandement, quel parti prendriez-vous à l'égard du cutter?

— Je suis bien jeune pour me permettre de donner mon avis en présence d'un marin consommé.

— C'est bien! voilà qui est convenu; mon expérience me fera apprécier votre sentiment à sa juste valeur; mais que feriez-vous présentement?

— Monsieur, reprit Jasper, avant deux heures le cutter devra jeter l'ancre.

— Jeter l'ancre ici! avec ce vent!

— Non, pas ici, un peu plus près de la terre.

— Je suis un vieux marin, comme vous dites; mais je jetterai à la mer tous mes apparaux de mouillage avant de commettre une ânerie pareille. Jeter l'ancre près d'une côte!

sous le vent! pendant l'ouragan! Vous pouvez retourner sous le pont, maître Eau-Douce. »

Jasper salua et se retira sans rien ajouter; mais, au regard qu'il jeta sur l'horizon, il était aisé de voir que l'inquiétude la plus vive le torturait intérieurement.

Mabel était seule dans sa chambre; Jasper, à qui on paraissait maintenant vouloir à peu près laisser la liberté de ses mouvements, rejoignit la jeune fille. Elle l'accueillit avec une pitié douce et compatissante; elle n'avait su d'abord que penser en voyant Jasper mis aux arrêts et privé de son commandement; mais, la réflexion aidant, elle s'était formé une opinion plus juste sur la conduite du jeune marin. D'ailleurs, Pathfinder ne s'était point gêné de lui dire ce qu'il pensait de la mesure prise par son père.

« Dites-moi une chose, Jasper, s'écria-t-elle en le voyant entrer et en lui tendant la main, vous ne méritez pas les cruels soupçons qu'ils ont conçus contre vous?

— Non, Mabel, répondit-il en la regardant bien en face; non, aussi vrai que j'espère dans la merci du Ciel, je ne les mérite pas!

— J'en étais sûre; je l'aurais juré! Mon père n'a pourtant pas eu dessein d'être injuste. Il est soldat...; mais que cela ne vous inquiète pas, Jasper.

— Oh! je ne pense guère à moi dans ce moment; j'ai trop d'autres sujets d'inquiétudes.

— Le bâtiment est-il donc en danger?

— Si vous n'étiez pas à bord, Mabel, je serais peut-être moins craintif. Je ne vois, à la vérité, qu'un moyen d'empêcher le cutter de faire naufrage d'ici une heure ou deux, et votre oncle ne veut pas l'employer.

— Oh! Jasper, pensez à mon père, songez à tous ceux dont la vie dépend de vous. Vous seul êtes bon juge de la situation; vous connaissez le lac, vous connaissez le cutter; encore une fois pensez à mon père.

— Je pense à vous, Mabel, car vous êtes plus pour moi que tous les autres ensemble, » répondit le jeune homme avec une vivacité qui fit tressaillir Mabel. Attendait-elle cette parole, cette protestation de dévouement absolu ? Elle ne perdit point son temps à lui exprimer sa reconnaissance; mais, sûre de son pouvoir, elle voulut en user sans retard pour le salut de tous.

« Jasper, je vous en prie, lui dit-elle, montez vite sur le pont, et priez mon père de descendre. Je ne veux pas que l'obstination de mon oncle nous entraîne dans de plus grands malheurs. »

Depuis deux jours la jeune fille, assez expérimentée pour reconnaître la situation, n'avait pourtant point tremblé en face du danger; mais pendant le temps que dura l'absence de Jasper elle ressentit le poids des plus vives angoisses. Heureusement le sergent se rendit aussitôt à l'appel d'Eau-Douce.

Mabel mit tout de suite son père au courant de la révélation que venait de lui faire le jeune marin, et elle le supplia par la tendresse qu'il avait pour elle, pour sauver sa propre vie et celle de ses soldats, de déterminer Cap à remettre le commandement du cutter à Jasper.

« Il est fidèle, mon père, lui seul peut nous sauver! Je vous garantirais sa fidélité sur ma vie. Quel motif pourrait-il avoir de nous faire faire naufrage? Ne périrait-il pas avec nous?

— Je porte toute la responsabilité de l'expédition, répondit froidement Dunham, je ne puis me rendre à de semblables raisons. Le risque de se noyer peut être compensé pour Jasper par l'espoir d'une prime en gagnant la côte à la nage.

— Sergent Dunham !

— Mon père ! »

Ces deux exclamations partirent à la fois ; celle de Jasper exprimait une douloureuse surprise, celle de la jeune fille contenait un vif reproche. Mais le vieux soldat n'y prit pas garde ; il continua flegmatiquement :

« Mon frère Cap ne goûtera pas cette prétention de vouloir lui apprendre ce qu'il a à faire à bord.

— Quoi ! quand nous courons tous un si grand danger !

— Précisément à cause de ce danger. Conduire un navire par le beau temps, sur le lac tranquille, avec une bonne brise, n'est pas bien difficile, et Charles Cap n'est pas homme à quitter le gouvernail au moment du péril. D'ailleurs il soutient, Eau-Douce, que votre conseil a, dans la circonstance, tout l'air d'une trahison.

— Sergent, dit Jasper, qu'aucune susceptibilité personnelle ne pouvait décourager quand Mabel était en danger, je n'ai pas vu le pilote depuis vingt-quatre heures ; faites-le monter sur le pont et demandez-lui son avis.

— Cela me paraît juste. Montez avec moi, Jasper, nous ferons loyalement l'épreuve. »

Ils partirent aussitôt. Mabel les suivit jusqu'au capot d'échelle ; elle voulait assister à cette épreuve.

Le pilote arriva bientôt ; l'inquiétude parut tout de suite sur son visage, aussitôt qu'il eut pu d'un regard faire le tour de l'horizon et constater la situation du *Scud*.

« Que conseilleriez-vous de faire, mon ami, pour nous tirer de là ? dit le sergent.

— Je ne vois qu'un moyen de sauver le cutter, dit cet homme sans hésiter, c'est de jeter l'ancre.

— Jeter l'ancre par ce temps ! ici !

— Non, reprit le marin, pas ici, mais plus près de la côte, en avant de la première ligne des brisants. »

Cap, entendant cette réponse, si semblable à celle de Jasper, haussa les épaules et murmura :

« Les deux font la paire ; ils s'entendent pour nous perdre. Frère, demeurez convaincu que vouloir jeter l'ancre près des brisants, c'est le comble de la démence.

— Cependant, frère Cap, ces deux hommes connaissent le lac.

— Ils s'entendent ! dit Cap avec colère.

— Mon oncle ! » commença Mabel ; mais Jasper lui fit signe de ne point se mêler au débat.

« A quoi bon discuter? dit Jasper; nous dérivons si rapidement sur les brisants, qu'avant vingt minutes la question sera tranchée : le *Scud* n'aura pas franchi la seconde ligne, qu'il coulera inévitablement.

— Soit, reprit l'intraitable marin; mais jeter l'ancre ne nous empêchera pas de couler.

— En tout cas, cela n'augmente pas le danger, reprit Jasper avec une grande douceur; en prenant la lame debout, nous diminuerons toujours un peu la dérive. Si nous chassons sur nos ancres, ce qui est à craindre, j'en conviens, nous aurons toujours diminué le premier choc. Laissez-nous seulement préparer le mouillage avec le pilote; cette précaution peut nous être utile, sans pouvoir en aucun cas nous nuire.

— Soit, dit à la fin maître Cap; prenez vos bittures et disposez vos ancres pour un mouillage. Sergent, un mot, s'il vous plaît. »

Il emmena Dunham à l'écart.

« Je consens, parce que nous sommes perdus. La mort ne nous effraye guère, ni vous ni moi ; mais voilà une triste aventure pour cette pauvre Mabel...

— Le danger est-il donc inévitable?

— Ne voyez-vous pas ces brisants? nous les aurons atteints dans moins de vingt minutes. »

Le *Scud* n'était plus qu'à un mille de la côte. Jasper ne perdait pas son temps ; les deux ancres de bossoir furent bientôt prêtes à être mouillées, les bittures des câbles furent prises. Deux ancres à jet furent placées sur le pont pour empenneler les grandes ancres ; en un mot, tout fut mis en état pour un mouillage. Le temps d'ailleurs n'avait point changé ; le cutter continuait à dériver peu à peu, et il était impossible de gagner au vent.

« Si vous voulez jeter l'ancre, dit le sergent, que ne le faites-vous tout de suite? »

Jasper vint à lui, et, lui serrant la main avec une émotion très grande, il lui dit à demi-voix :

« Vous m'avez traité injustement dans toute cette affaire ; mais, si vous aimez votre fille, soutenez-moi seulement pendant cinq minutes contre maître Cap, et tout ce qu'on peut faire pour sauver le *Scud* sera fait. »

Le sergent était trop entêté pour revenir ainsi tout d'un coup sur ce qu'il avait fait. Sans répondre, il se mit à réfléchir, cherchant une solution qui ne blessât point son autorité.

Pendant ce temps Cap, qui jugeait mieux que personne la situation, s'en vint dire à Jasper :

« Jeune homme, connaissez-vous dans les environs une baie où nous puissions nous échouer? C'est la dernière chance de salut qui nous reste. »

Le jeune commandant destitué du *Scud* eut un moment d'hésitation : ne voulant point faire échouer son bâtiment, il se tourna vers Dunham. Celui-ci lui fit un signe qui équivalait à l'ordre d'agir ; sans perdre un instant il s'écria :

« Alors je vais prendre la barre, et j'essayerai de gagner cette crique qui est là sous le vent.

— Faites ! » dit Cap d'un ton empathique, qui devait signifier pour tous qu'il ne voulait plus avoir aucune responsabilité.

Jasper, aidé de son pilote, modifia la manœuvre ; il mit la barre au vent et courut vers les brisants avec une rapidité effrayante ; arrivé au point qu'il avait choisi de l'œil, il mit la barre dessous ; sur un geste qu'il fit, on laissa tomber à la mer une ancre à jet de chaque côté du cutter pour servir d'empennelure aux grandes ancres ; les câbles filèrent avec rapidité en se raidissant, puis on laissa presque aussitôt tomber les deux grandes ancres.

Cap s'aperçut aussitôt du stratagème employé par Eau-Douce pour en venir à ses fins.

« Vous agissez fort mal, maître Jasper ; vous m'avez trompé. Je vous ordonne de couper les câbles et de faire échouer le cutter, comme cela était convenu. »

Personne ne prit garde à cet ordre, et les soldats, tous présents sur le pont, n'auraient pas souffert qu'on l'exécutât.

« Insensé ! dit encore Cap, sondez donc, et vous verrez quelle est la dérive ! Dans cinq minutes nous serons jetés sur les brisants. »

Jasper fit lancer la sonde ; la dérive était considérable. Le jeune marin prit un air grave et triste ; rien ne pouvait sauver le cutter s'il entrait dans le tourbillon.

« Traître ! s'écria encore Cap. Sergent, si j'étais à votre place, je le ferais pendre à l'instant. » Et, se tournant de nouveau vers Eau-Douce, il lui cria : « Mais quel est donc votre dessein, si vous n'avez pas l'intention de nous mener tous à une mort certaine ? Sur quoi comptez-vous ? Vos ancres ne vous empêchent pas de dériver, vous le voyez.

— Les ancres ne peuvent suffire à me sauver, Monsieur, je le sais fort bien : je compte sur le sous-courant.

— Un sous-courant ! C'est avec ce moyen que vous pensez tenir votre cutter éloigné des brisants ? »

Cap jura et tempêta. On eut beau lui dire que les flots, poussés violemment vers la côte par le vent, ne pouvant rétrograder à la surface à cause de la violence de l'ouragan, devaient se frayer un chemin au fond du lac; et que le cutter, appuyé fortement sur ses ancres, pouvait être saisi par ce sous-courant et maintenu en place : rien ne put le calmer.

La dérive continuait toujours ; mais elle était moins sensible, et les ancres étaient soulagées. Enfin le pilote, qui les surveillait de fort près, annonça qu'elles avaient cessé de chasser et que le *Scud* était venu à l'appel de ses ancres. On n'était plus qu'à une centaine de toises de la ligne des brisants. Jasper courut vite regarder par-dessus les bossoirs, et constata que les cordes n'étaient plus tendues.

C'est le sous-courant ! s'écria-t-il avec un air de triomphe, et il alla en toute hâte redresser la barre; grâce à Dieu ! il n'y a plus aucun danger.

— Oui, oui, murmura Cap, les ignorants savent trouver de bonnes raisons pour expliquer leurs succès. Un sous-courant ! le vent a diminué de force, voilà tout, et les ancres ont trouvé un bon fond. »

Mais on ne fit nulle attention à bord à la mauvaise humeur du vieux marin ; tout le monde resta convaincu que Jasper avait seul sauvé la situation, complètement désespérée, et l'on n'eut qu'un désir, l'en remercier.

XV

La tempête se calma aussi vite qu'elle était venue; les flots continuèrent longtemps encore à se porter sur la côte, gardant l'impulsion reçue ; mais tout danger était visiblement conjuré. Néanmoins la brise, qui soufflait de l'est, empêchait qu'on pût songer à lever l'ancre. Jasper avait repris sans conteste le commandement du *Scud;* il disposa tout pour appareiller aussitôt que cela serait possible, et en attendant il resta au mouillage sur une seule ancre.

Mabel, assise sur le pont, jetait des regards curieux sur le rivage, et peu à peu, voyant qu'autour d'elle chacun s'occupait à passer agréablement son temps pour se dédommager des angoisses passées, elle s'enhardit jusqu'à exprimer le désir de descendre à terre.

Pathfinder lui dit que rien n'était plus aisé, et quelques instants après ils partaient sur la pirogue, en compagnie du sergent Dunham. Le guide, debout à l'arrière de la petite embarcation, dut lutter vigoureusement, surtout en approchant de la ligne des brisants, contre les derniers efforts de la tempête; mais cet homme, aussi habile que courageux et dévoué, ne tarda point à les déposer tous les deux sur le rivage.

Le sergent avait apporté son fusil ; il annonça qu'il allait se mettre immédiatement en chasse, priant Pathfinder de rester avec sa fille et d'avoir soin d'elle. Lorsqu'il se fut éloigné, après un signe de tête amical et significatif à son ami, celui-ci, accompagné de Mabel, gagna un promontoire élevé d'où la vue s'étendait au loin sur un vaste panorama. Mabel s'assit sur un fragment de rocher, admirant le paysage qui se déroulait sous ses yeux ; le guide, la voyant absorbée dans cette contemplation, resta debout devant elle appuyé sur sa carabine, dans une pose simple qu'il avait coutume de prendre et qui n'était point sans grâce.

Aussi loin que la vue pouvait s'étendre, on n'apercevait que le lac et la forêt. Le *Scud* avait été poussé par le vent au delà de la ligne des forts établis par les Français pour entourer les possessions anglaises dans le nord de l'Amérique ; car leurs postes s'appuyaient sur la rivière du Niagara, tandis que l'avant-garde anglaise se maintenait à quelques lieues seulement à l'ouest de la célèbre rivière. A cette distance et dans cette solitude, le navire de Jasper ressemblait à une coquille de noix ; aux pieds de Mabel la piroque avait été tirée sur le sable et mise ainsi hors de la portée des vagues.

« Les hommes, dit Mabel, ne se sont point établis encore dans ces parages ; nous sommes vraiment sur une frontière inconnue.

— Y a-t-il dans les villes, demanda doucement le chasseur, des spectacles qui vaillent celui-ci ?

— Non, reprit la jeune fille, entrant dans la pensée du guide, qu'elle commençait à connaître et à apprécier ; non, dans les villes tout nous porte à songer à nos semblables, mais ici tout fait songer à Dieu.

— Je ne suis qu'un pauvre chasseur, un ignorant, reprit Pathfinder, et je ne saurais exprimer aussi bien que vous ce que je ressens ; mais voilà ce que je voulais dire : oui, en vérité, je crois être dans cette solitude aussi près de Dieu qu'on est près du roi dans son palais. »

Mabel parut surprise du feu que Pathfinder mettait à cette réplique ; cette âme simple et droite se révélait à elle chaque jour plus complètement, de même que chaque jour le guide se rendait mieux compte de l'élévation du caractère, de la droiture et de la franche aménité de la jeune fille. Ainsi paraissait devoir se réaliser le plan formé par le sergent Dunham ; il suivait avec détail les progrès de son entreprise, il en notait les phases heureuses ; il attendait avec calme, mais avec certitude, une conclusion favorable à ses désirs ; il les avait laissés ensemble pour hâter le dénouement.

« Étiez-vous déjà venu dans cet endroit ? dit Mabel au bout de quelques instants ; il est bien fait pour inspirer les plus grandes et les plus nobles pensées.

— Oui, j'ai visité toutes ces côtes avant la guerre ; je me souviens fort bien que nous avons débarqué là-bas près de ce vieux chêne desséché.

— Comment pouvez-vous reconnaître ainsi les lieux et vous retrouver dans cette immensité ? »

Il se mit à rire silencieusement et répondit :

« Les arbres sont comme les noms de vos rues, et rien n'est plus aisé que de se les rappeler. Une fois j'ai pris un rendez-vous avec le Grand-Serpent pour nous retrouver près d'un pin, six mois plus tard, à trois cents milles de l'endroit où nous étions, et cela loin de tous les établissements, au milieu d'une immense forêt.

— Et vous vous y êtes rencontrés au jour convenu ?

— Lorsque j'arrivai près de l'arbre, j'aperçus le Grand-

Serpent adossé tranquillement au tronc séculaire. Comme le soleil qui monte chaque matin de l'orient et descend chaque soir à l'occident, il avait été fidèle; il n'avait oublié ni le jour ni l'heure. Ah! vous ne connaissez pas Chingachgook : il n'a jamais manqué ni un ami ni un ennemi.

— Où est-il maintenant? pourquoi n'est-il pas ici avec vous?

— Oh! il serait plus juste de demander pourquoi je ne suis pas avec lui sur la piste des Mingos. Hélas! c'est la faute d'une grande infirmité humaine; je dois le reconnaître, je suis homme, après tout. »

Et comme il se laissait aller à une sorte de mélancolie douloureuse et triste, elle lui dit :

« Il y a pourtant quelque chose de bien attrayant dans la vie que vous menez, Pathfinder; je me sens devenir chaque jour une vraie femme de la frontière, et il me semble que les villes n'auraient plus d'attrait pour moi. Oui, vous devez être heureux au fond des bois; vous me semblez préférer, à tort sans doute, la solitude à la compagnie de vos semblables.

— L'homme, selon l'ordre de Dieu, n'est pourtant point fait, Mabel, pour vivre seul.

— N'avez-vous jamais songé à vous marier? » demanda la jeune fille avec une simplicité qui montrait bien d'une part la pureté de son cœur, et de l'autre l'ignorance complète des projets de son père, et, pourrions-nous ajouter, des espérances secrètes de Pathfinder. « Il me semble qu'une maison à vous où vous pourriez vous reposer au retour de vos expéditions vous ferait plus heureux.

— Oui, Mabel; je vous remercie de songer au bonheur des pauvres chasseurs de frontières, oui, je pourrais ainsi être plus heureux. Vous avez raison, Mabel.

— Un chasseur comme vous, reprit la fille du sergent,

peut aisément trouver une compagne parmi les femmes qui habitent la frontière ; d'ailleurs, il y a des femmes indiennes bonnes et dévouées, comme est l'épouse d'Arrowhead.

— Non, non, reprit le guide avec une certaine chaleur, il ne faut point mêler les races. Je serais le plus heureux des chasseurs si une créature douce et affectueuse comme vous consentait à devenir ma femme.

— Comme moi ! s'écria Mabel en riant aux éclats ; jeune comme moi ? étourdie comme moi ? Une créature comme moi pourrait-elle convenir à un homme aussi grave, au chasseur le plus habile de la contrée ?

— Et pourquoi non, Mabel ? Vous ne me paraissez ni étourdie ni vaine, et si je suis expérimenté et habile dans ma profession, ce n'est pas là ce qui est fait pour me faire tort à vos yeux, j'imagine. »

Il la regardait bien tranquillement en face ; elle commença à se troubler.

« Pathfinder, dit-elle en se levant, vos paroles..., vos regards..., dites-moi que tout cela n'est qu'une plaisanterie. »

Et comme le guide, ému, secouait la tête d'un air grave et anxieux à la fois, son instinct, à défaut de sa connaissance des hommes, lui disait qu'il avait parlé sérieusement.

« Non, non, Pathfinder, lui dit-elle, il faut nous entendre avant d'aller plus loin. Vous êtes trop franc, trop sincère pour ne pas aimer les situations nettes. Dites-moi que vous entendez parler uniquement de l'amitié qu'un homme sage comme vous peut éprouver pour la fille de son ami, de son vieux compagnon. Assurément vous ne songiez pas à me proposer de devenir votre femme. »

Il répondit sans une hésitation, mais avec un visible chagrin :

« Détrompez-vous, Mabel, je songeais précisément à vous

le proposer. Le sergent et moi nous avions arrangé la chose ensemble, et j'espérais, comme cela lui avait semblé probable, que cette proposition ne vous serait point désagréable. »

La surprise, l'émoi d'une vive et pénible contrariété se peignirent aussitôt sur les traits de la jeune fille; elle s'écria :

« Mon père a pu penser que je deviendrais votre femme?

— C'est la vérité; il n'a pas cru que cela pût vous être désagréable.

— Mais vous-même, vous n'avez pu manquer de lui dire combien un pareil projet vous semblait déraisonnable.

— En aucune façon. Il m'avait semblé, comme à votre père d'ailleurs, que vous aviez bonne opinion de moi. Ah! sans doute je me suis trompé, comme votre père.

— Non, reprit Mabel, j'ai de vous la meilleure opinion que je puisse concevoir d'un homme; je ne sais pas si l'on pourrait trouver dans un autre plus de sécurité, de justice, d'honnêteté, de courage et de sincérité. »

Elle disait assurément ce qu'elle pensait avec simplicité, avec élan. Le visage de son interlocuteur se transforma de nouveau, et une fois encore Mabel eut peur de l'effet de ses paroles sur cette nature héroïque, mais à demi sauvage, tout d'une pièce, si impressionnable qu'elle fût. Elle vit qu'elle faisait rentrer l'espoir dans son cœur, tout à l'heure brisé par l'angoisse.

« Après tout, dit-il, si vous me jugez ainsi, Mabel, votre père ne se trompait pas autant. »

Elle appela alors tout son courage à son aide, et, ne voulant pas qu'un malentendu pût subsister plus longtemps entre eux, elle répliqua :

« Au nom de Dieu, Pathfinder, ne vous méprenez pas sur

le sens de mes paroles : je vous estime et vous respecte comme mon père ; mais je ne saurais jamais devenir votre femme... »

Pathfinder parut avoir reçu un coup terrible à cette parole, mais il ne répondit point ; il demeura immobile, silencieux ; seule l'altération de ses traits trahissait le secret douloureux de son cœur. Un moment sa respiration devint haletante ; il porta la main à son cou, comme s'il eût senti venir un étouffement ; le chagrin, chez cette rude et franche nature, prenait l'aspect d'une douleur physique. Mabel fut effrayée de ces mouvements convulsifs dont il était agité.

« Pathfinder, dit-elle en se rapprochant de lui, je me suis peut-être exprimée d'une façon trop dure...; j'ai voulu vous faire comprendre qu'un tel mariage serait imprudent, disproportionné...

— Oui ! oui ! reprit-il, faisant effort pour parler ; c'est ce que j'ai dit moi-même au sergent ; mais il n'a pas voulu me croire.

— Il a eu tort. Mais donnez-moi la main après cette explication, et dites-moi que vous ne me haïssez pas à cause de ce refus. »

Il la regarda en s'efforçant de sourire, bien que l'angoisse se lût encore dans son regard et sur tous ses traits, et il lui dit doucement :

« Moi, vous haïr ! » puis se reprenant tout à coup : « Mabel, ajouta-t-il, c'est le sergent qui a eu tort. »

Il se détourna, de grosses larmes roulèrent le long de ses joues, et il murmura entre les dents :

« Le sergent s'est trompé ; je le savais, je le lui ai dit... Oui, le sergent s'est trompé... Il n'est pas seul coupable néanmoins : devais-je ainsi suivre si aveuglément une fausse piste ?

— Mais nous resterons amis, dit Mabel venant à lui ; vous oublierez tout cela quand vous aurez réfléchi que je ne saurais nullement vous convenir pour femme.

— C'était mon avis. Je l'avais dit au sergent ; vous étiez trop jeune pour un homme de mon âge, trop aimable pour un misérable guide comme moi. Vous avez été élevée comme la fille d'un officier... Vous conviendriez mieux à quelqu'un de jeune et d'agréable, comme Jasper Eau-Douce, par exemple.

— Ne prononcez pas ce nom, s'écria Mabel sur un ton qui n'eût point manqué de frapper un homme plus expert dans la connaissance des sentiments humains ; ne pensez pas à lui, ne me parlez pas de lui.

— C'est un digne garçon pourtant ; il vaut mieux assurément que l'homme qui sera probablement votre mari, bien que le sergent dise que la chose est impossible. Mais, comme il s'est trompé une fois déjà, je crois qu'il peut se tromper encore sur ce point.

— Et de qui voulez-vous parler ? dit Mabel fort intriguée ; qui a pu vous apprendre que mon père...

— Il s'agit d'un officier, et votre père sera sans doute obligé, pour vous complaire, de l'accepter pour gendre.

— Pathfinder, dit gravement Mabel, j'aimerais mieux suivre un chasseur comme vous au fond des bois, que d'aller m'asseoir sous la tente d'un officier.

— Le major Lundie espère pourtant bien que votre père cédera, et que vous accepterez le prétendant qu'il patronne ; vous devinez, Mabel, qu'il s'agit du quartier-maître, le lieutenant Muir.

— Je vous crois, Pathfinder, ce projet peut avoir été fait et concerté ; il l'a été, puisque vous le dites ; mais écoutez-moi bien : j'aimerais mieux renoncer pour jamais au mariage, que de devenir une dame au prix d'une semblable union.

« Je vous estime et vous respecte comme mon père, dit Mabel;
mais je ne saurais jamais devenir votre femme. »

— J'en suis bien aise, Mabel, j'en suis bien aise; j'aime à vous entendre parler ainsi. Le lieutenant Muir n'est point digne de vous; à la bonne heure, si vous jetiez les yeux sur un jeune homme comme Jasper Western...

— Pourquoi parler encore de Jasper? Il n'est point question de ce jeune homme... Dites-moi plutôt, Pathfinder, que vous oublierez tout ce qui vient de se passer entre nous, que vous n'y penserez plus, et que vous demeurerez mon ami comme vous êtes celui de mon père.

— Je ne saurais vous oublier, Mabel; mais je resterai votre ami. C'est égal, Mabel, le sergent a eu tort; il a eu grand tort. Je le lui disais; il n'a pas voulu me croire. Et voilà ce qui arrive : on s'accoutume à une idée... Il a eu tort : on ne doit point chercher à unir le loup et la tourterelle.

— Voici mon père, dit Mabel; cachez-lui votre chagrin; nous restons bons amis, mais gardons notre secret. »

Le sergent s'avançait à grands pas et ne tarda pas à les rejoindre; il les regarda tous les deux attentivement et dit aussitôt :

« Mabel, vous êtes jeune et vous avez le pied leste, courez ramasser l'oiseau que je viens de tuer dans ce bois de sapins. Hâtez-vous, car Jasper nous fait signe de revenir à bord. »

La jeune fille s'élança rapidement du côté du petit bois, et son père la suivit du regard, ravi, malgré sa rude et méthodique nature, de la grâce et de la vivacité de son enfant; il ne put s'empêcher d'en témoigner quelque fierté.

« Eh bien! dit-il ensuite à son ami, j'espère que vous avez profité de l'occasion pour vous entendre; les femmes, comme je vous le disais, aiment la franchise et la rondeur en ces sortes d'affaires; avez-vous suivi mon conseil? »

Le guide tourna la tête d'un autre côté.

« Oui, dit-il enfin, nous nous sommes entendus, et je conviens que Mabel aime la franchise et la rondeur. »

Dunham vit l'air décontenancé du pauvre homme ; l'altération de sa voix surtout le frappa. Il le regarda en face et devina une partie de la vérité ; mais il n'était pas homme à renoncer à ses plans.

« Il ne faut pas vouloir tout brusquer non plus ; un homme de votre mérite ne peut manquer de toucher le cœur d'une jeune fille ; mais il faut lui donner le temps, mon ami. »

Le guide releva la tête, et venant droit au sergent :

« Nous sommes de vieux compagnons, lui dit-il, nous pouvons nous parler librement. Quel motif avez-vous eu pour penser qu'une fille comme la vôtre pourrait se sentir de l'inclination pour un homme comme moi ? Dites-moi cela franchement.

— Quels motifs ? mais j'en ai un millier, et tous excellents : vos services, vos campagnes...; et puis n'êtes-vous pas mon ami éprouvé et depuis longtemps déjà ?

— J'ai bien peur que vous ne fassiez une méprise, sergent Dunham ; je ne crois pas que ce soient là des titres pour gagner le cœur d'une jeune fille...

— Prendriez-vous mon enfant pour une fille d'un esprit léger ou futile, capable de s'éprendre de la bonne mine d'un étourneau ou d'un mauvais sujet ?

— Dieu sait quelle estime j'ai pour Mabel Dunham ! et la pensée de l'offenser ne saurait me venir à l'esprit, pas plus que vous, mon vieux compagnon ; mais je crains de n'être point l'homme qui convient à votre charmante et excellente fille.

— Vous avez trop de modestie, Pathfinder : voilà votre côté faible, je vous l'ai toujours dit. Si vous voulez réussir avec une femme, ne soyez pas modeste. Voyez plutôt le lieutenant Muir.

— Le lieutenant Muir ne sera jamais le mari de Mabel.

— Je l'espère bien, puisque je suis décidé à faire de vous mon gendre.

— Soit; mais, je vous prie, laissons Mabel se décider elle-même. Donnez-lui le temps, me disiez-vous tout à l'heure; à mon tour je vous le dirai: Donnez-lui le temps. »

Cette parole parut blesser le vieux soldat; il reprit d'une voix assez aigre :

« Voyons, Pathfinder, lui avez-vous parlé à cœur ouvert? »

Le chasseur ne savait point mentir; pourtant il craignait d'exposer Mabel à la colère de son père s'il lui rapportait leur entretien; il se contenta de dire:

« Oui, nous nous sommes ouvert nos cœurs; mais je n'ai rien vu dans celui de Mabel qui me parût propre à confirmer vos espérances.

— Elle a osé vous refuser?

— Je ne saurais dire cela...

— Refuser le meilleur ami de son père...

— Je ne lui ai pas fait une demande si nette...

— A la bonne heure; vous avez eu trop de modestie et pas assez de rondeur. Je lui parlerai de soir, et nous serons vite d'accord...

— Non, non, reprit le guide, laissez-nous, je vous prie, le soin de cette affaire : nous finirons par nous entendre, Mabel et moi. »

Dunham consentit à ne point intervenir, mais ce fut à la condition expresse que Pathfinder parlerait à Mabel franchement et sans ambages. Pauvre homme! il était fixé, et ce n'était point la franchise qui lui avait fait défaut, hélas! il le savait bien. Le sergent Dunham ne pouvait admettre un seul instant l'idée que sa fille pourrait refuser d'accorder sa main à un homme comme Pathfinder; la différence d'âge ne l'inquiétait pas le moins du monde ; il avait lui-même épousé autrefois une femme beaucoup plus jeune que lui ; quant à l'obstacle qui pouvait venir de l'éducation donnée à sa fille et du contraste qui en résulterait avec les habitudes et la manière de vivre du chasseur, il ne pouvait même pas le soupçonner.

Chemin faisant, voyant les hésitations de son ami, et soupçonnant son découragement, il chercha à le remonter. Il était si convaincu lui-même, le brave sergent ; il donnait de si bonnes raisons : « J'avais votre âge quand je me suis marié ; ma femme était aussi jeune que l'est Mabel. Vous parliez du lieutenant Muir ; il songe à ma fille..., il est plus âgé que vous. Vous tenez la tête de votre position sur la frontière ; il n'y a pas un guide sûr et estimé comme vous l'êtes. Quel chasseur pourrait se vanter d'approvisionner mieux que vous le garde-manger de sa maison ? »

Cet enfant de la nature, simple et droit, ne croyait pas tout ce que le sergent lui disait ; mais peu à peu il finissait par trouver ses raisons plausibles ; peu à peu il cédait, il revenait à l'espérance : on se persuade si aisément ce que l'on souhaite !

« Je crains bien pourtant, disait-il lorsqu'ils rejoignirent Mabel, je crains bien, sergent, que vous ne fassiez encore une méprise. »

XVI

Le *Scud* avait déjà hissé ses voiles prêt à partir, attendant la brise de terre, quand Pathfinder et ses passagers remontèrent à bord. On eût dit que le vent attendait leur retour; ils n'eurent pas plus tôt mis le pied sur le pont, que la brigantine s'enfla, et le cutter se mit à fendre l'onde, le cap tourné vers la côte méridionale.

Jasper avait repris le commandement du petit navire, quoique non tout à fait sans conteste : Cap garda un pouvoir de surveillance; mais la direction des manœuvres fut entièrement abandonnée au jeune marin. Eau-Douce consentit à cet arrangement sans élever la moindre difficulté : il ne voulait pas que Mabel fût de nouveau exposée au danger; il avait trop souffert la veille, en face des brisants, où l'ignorance et l'outrecuidance de Cap l'avait jetée avec tous les autres, pour ainsi dire, dans les bras de la mort.

Jasper savait bien qu'ils ne tarderaient pas à se retrouver en face du *Montcalm*, qui ne manquerait pas de quitter le mouillage du port de Niagara, où il avait été chercher un refuge pour se mettre à la poursuite du bateau anglais. Il prit soin néanmoins de cacher ses inquiétudes, sachant bien que les mesures qu'il avait résolu de prendre pour échapper à l'ennemi étaient de nature à éveiller les soupçons à peine endormis de maître Cap. Voici quel était son plan : adoptant en principe cette idée que le jeune et brave officier français qui avait la conduite du *Montcalm* tiendrait le milieu du lac pour surveiller en même temps les deux côtes, il résolut de longer au plus près la côte du sud, bien que l'ennemi y eût des postes considérables, parce qu'elle était plus abritée et qu'il avait plus de chances d'échapper à l'œil de ses adversaires, ses agrès, de ce côté tout bordé de grands bois, pouvant se confondre aisément avec la végétation des rives.

Heureusement Cap ne savait rien de la situation dans laquelle ils se trouvaient vis-à-vis de l'ennemi, et, d'autre part, ce côté de la question échappait complètement au sergent ; Jasper fut donc entièrement libre de diriger le navire à sa guise. On était pourtant convenu de rallier au plus vite le port de l'Oswego, Dunham n'osant prendre sur lui de donner suite à l'expédition après les incidents des jours précédents.

Le lendemain matin ils se trouvèrent tout à coup, à l'embouchure du Niagara, en face d'une citadelle au haut de laquelle flottait le pavillon français. Cap, furieux, s'emporta encore contre Jasper ; mais il fut aisé au marin de justifier le plan suivi par lui, et, de fait, aucun bateau français ne chercha à arrêter le *Scud*. Les conjectures de Jasper étaient sans doute fondées, et, pour lui donner la chasse, le *Montcalm* avait dû gagner le milieu du lac. La citadelle envoya plusieurs boulets ; mais déjà le brave petit navire était hors de portée.

Pathfinder, qui avait en apparence retrouvé tout son calme, racontait à Mabel des aventures arrivées dans les bois ; le quartier-maître, M. Muir, se promenait sur le pont d'un air digne, et ne perdant pas une occasion d'attirer sur sa personne les regards de la fille du sergent, trop occupée d'ailleurs pour faire attention à lui. Cap continuait à maugréer de temps en temps, pendant que Jasper, toujours alerte et vif, donnait ses ordres et mettait souvent la main à l'œuvre.

On fit cent milles durant la journée et la nuit; bien que le vent eut beaucoup diminué, on continua à avancer aussi vite que possible vers la citadelle de l'Oswego. Quand le jour parut, le cutter avait l'embouchure de la rivière sous le vent et à deux milles de distance environ. Le fort tira le coup de canon du matin; au même instant un cri partit de l'avant du *Scud;* tous les regards se tournèrent vers la pointe orientale de l'embouchure, et là, hors de la portée du canon du fort, se tenait stationnaire le *Montcalm,* attendant le retour du bateau anglais.

Il était évident que ce dernier avait sa route coupée, et qu'aucun secours ne pouvait lui venir de la citadelle. Dunham, après une courte consultation, se décida à regagner l'autre extrémité du lac et à donner immédiatement suite à l'expédition projetée.

Le cutter hissa en un instant toutes ses voiles, et s'orienta aussitôt au plus près du vent; le *Montcalm* fit de même et se mit aussitôt en chasse. Mais le *Scud* était meilleur voilier, et vers midi, du haut de la citadelle, Lundie et ses soldats, qui n'avaient point perdu de vue les deux adversaires, virent disparaître le sommet des mâts du petit navire d'Eau-Douce à l'extrémité du lac. Le *Montcalm* ne l'avait point atteint, et sans doute il avait pu s'engager dans le dédale des îles, où il n'était point prudent de le suivre et où il était impossible de lui donner la chasse. L'ennemi soupçonnait vaguement l'existence d'un fort dans les environs, et d'ailleurs nul autre marin que Jasper n'eût pu se reconnaître au milieu du dédale des Mille-Iles. Eau-Douce, au contraire, n'éprouvait pas la plus petite hésitation, et continuait sa route avec un calme et un entrain bien faits pour le venger des soupçons qu'on avait osé élever contre sa fidélité.

Cap voulut néanmoins qu'on jetât l'ancre avant la nuit. Le *Scud* s'arrêta donc dans une petite baie écartée ; tout le monde descendit sous le pont. Cap, horriblement fatigué, fit comme les autres et alla se coucher. En s'éveillant le lendemain, avant même d'ouvrir les yeux, son instinct de vieux marin lui apprit que le *Scud* avait repris sa marche ; il courut sur le pont et le trouva voguant au milieu des îles ; Jasper et le pilote étaient seuls demeurés en haut et suffisaient à la manœuvre.

« Qu'est-ce à dire ! s'écria le vieux marin sur le ton de la colère ; voulez-vous profiter de notre sommeil pour nous faire entrer furtivement dans le port de Frontenac ?

— J'exécute les ordres du major Duncan ; il m'a donné l'ordre de ne jamais approcher du poste sans avoir envoyé tout mon monde sous le pont : ce n'est pas la peine de former des pilotes qui puissent trahir le secret du fort. D'ailleurs, nous y arriverons avant une heure. »

Cap ne trouva rien à répondre ; il s'en alla trouver Pathfinder et lui confia qu'il était complètement dérouté, et qu'il ne comprenait pas comment Jasper pouvait conduire sans un doute, sans une hésitation, son navire au milieu de tous ces canaux s'entre-croisant à chaque minute.

« Je ne vois nulle part ni phare ni bouées, s'écria-t-il hors de lui. Je ne sais même pas s'il a une boussole. En tout cas, il ne la consulte guère ; ce n'est pas là de la navigation. »

Mais Jasper, de son côté, criait joyeusement :

« Range à hâle-bas le foc ! Tribord la barre ! Tribord tout ! Jetez l'amarre, nous avons du monde à terre pour la recevoir !

— Nous sommes trahis ! s'exclama maître Cap ; nous sommes livrés aux Français !

— Nous sommes arrivés au poste, dit simplement Pathfinder ; je suis bien aise de débarquer et de retrouver la terre ferme. »

Mabel avait déjà sauté à terre ; car le *Scud* s'était rangé à quai, sur une sorte de terrasse naturelle où l'on pouvait débarquer très aisément.

L'île où le poste se trouvait établi était petite et ne contenait guère qu'une vingtaine d'acres de terres. Elle avait perdu une partie de ses arbres, la moitié à peu près de sa surface étant convertie en pelouse où l'herbe croissait fort drue, circonstance rare dans les vieilles forêts entièrement envahies par les grands bois. Cette sorte de prairie était enfermée par les arbres et les buissons épais des rives, de sorte que l'île du Poste avait la même apparence que les autres îles, et gardait le secret de ses dispositions intérieures. La partie de l'île plus boisée abritait sept ou huit cabanes, peu élevées, qui servaient de logement à la petite garnison ; c'étaient de simples huttes, mais les longs séjours qu'y avaient faits les divers détachements amenés du fort de l'Oswego avaient permi de leur donner un confortable peu ordinaire dans de semblables installations.

A l'extrémité orientale de l'île se trouvait une petite péninsule d'un acre environ, et entièrement couverte de grands arbres et d'épais buissons ; près de l'isthme étroit qui la rattachait au reste de l'île, commandant les deux canaux à droite et à gauche, on avait construit avec de gros arbres un petit fort qui pouvait mettre la garnison à l'abri d'un coup de main, et était même capable de résister au choc des boulets. Le rez-de-chaussée servait de magasin et contenait des approvisionnements de toutes sortes ; le premier étage constituait à proprement parler la citadelle ; il était percé d'étroites meurtrières et entièrement disposé pour la défense. Une échelle donnait accès dans le grenier, divisé en deux ou trois chambres, où pouvaient loger au besoin une trentaine de soldats.

A deux pas de la porte, étroite et fermée de poutres solides, se trouvait une source où il était facile de s'approvisionner en cas de siège; les toits des étages supérieurs surplombant le rez-de-chaussée, on pouvait même, en cas de nécessité, puiser l'eau à la source sans sortir du fort.

L'île du Poste, située au milieu d'un groupe de vingt autres îles, était presque introuvable, et l'entrée de la baie qui servait de havre à Jasper était si bien cachée, que plus d'une fois des soldats qui en étaient sortis pour aller pêcher un peu plus loin avaient passé des journées entières à la chercher.

Le débarquement général fut bientôt fait, et l'officier qu'on venait relever, ayant remis ses instructions à Dunham, fit immédiatement prendre à ses hommes, fatigués de leur exil, la place des nouveaux venus, et il n'y avait pas trois heures que Jasper était arrivé qu'il mettait déjà à la voile pour repartir. Le lieutenant Muir, Cap et le sergent jugèrent pourtant nécessaire de l'instruire de leurs soupçons sur le compte de ce dernier; il promit d'ouvrir l'œil, mais cela ne troubla point la joie qu'il avait de partir.

Mabel prit possession de la hutte destinée à son père, qui était la plus propre et la plus vaste, et s'y installa de son mieux; elle fit d'une cabane voisine la cuisine et la salle à manger des principaux membres du détachement. Ils devaient être servis, sous sa direction, par la femme du soldat qui les avait accompagnés. Après avoir pris à la hâte ces premières dispositions, la jeune fille, fatiguée de son séjour sur le cutter, s'en alla faire une promenade dans l'île; elle traversa d'abord la clairière dont nous avons parlé, prit

Le fort de l'Île du Poste.

un sentier qui s'enfonçait à travers le bois, et gagna une sorte de promontoire couvert de grands arbres. De ce point, la vue était assez étendue sur le lac, et l'œil plongeait assez loin dans le dédale des îles, mirant leurs rives couvertes de verdure dans l'eau profonde et limpide.

Elle jouissait de cette solitude depuis fort peu d'instants, quand elle fut abordée par le lieutenant Muir, qui l'avait suivie. Il débuta par de grands compliments; mais il avait affaire à forte partie, et Mabel, sans s'étonner, se mit à le railler de la plus belle façon. Il changea de méthode : c'était un tacticien; soupçonnant un rival dans Jasper, il jugea utile de faire une sortie sur le territoire ennemi.

« Vous devez être heureuse de vous sentir enfin sur la terre ferme; le plancher du cutter devait vous brûler les pieds.

— J'étais assez de cet avis il y a deux ou trois heures; mais à travers ces arbres le cutter me semble si beau là-bas sur le lac, que je regrette presque de l'avoir quitté. »

De la place qu'ils occupaient on voyait distinctement le *Scud*, et l'on pouvait reconnaître Jasper à l'arrière, debout, sa longue-vue à la main. Il avait aussi aperçu Mabel, et elle se leva, agita son mouchoir en signe d'adieu pour répondre au salut qu'il lui adressait en doublant une pointe qui devait maintenant le dérober à sa vue.

« Les voilà partis! s'écria le quartier-maître; je leur souhaite bon voyage; car s'il leur arrivait malheur, nous serions en grand danger de passer l'hiver ici. Ce Jasper est un drôle sur le compte duquel il court de bien mauvais bruits; votre père et votre oncle semblent ne pas en avoir une haute idée.

— J'en suis fâchée; mais j'espère que le temps modifiera leur opinion. »

Cela avait été dit d'un ton fort sec; Muir changea encore de sujet de conversation.

« Ne vous semble-t-il pas, Mabel, que Pathfinder est un homme bien extraordinaire ?

— Extraordinaire ! sans doute comme dévouement, comme franchise, oui. C'est mon ami, vous savez, et je ne souffrirais pas qu'on en dît du mal. Il est aussi excellent tireur, et ce n'est pas *vous,* lieutenant Muir, qui oseriez le nier. »

A ces mots elle quitta brusquement son interlocuteur, le laissant assez déconfit de l'insuccès de ses manœuvres tentées pour nuire à ses rivaux. Mabel s'en alla, croyant qu'elle n'avait pas seulement vengé ses amis, mais qu'elle s'était à tout jamais débarrassée d'un poursuivant désagréable. Elle se trompait : l'homme était trop expérimenté et trop opiniâtre pour céder ; il secouait encore la tête, roulant de sinistres projets, quand Pathfinder arriva près de lui à l'improviste.

« Quartier-maître, dit le guide avec une grande simplicité, vous perdez votre temps à courir après cette jeune fille ; on affirme que vous voulez l'épouser.

— On en dit autant de vous, Pathfinder ; mais une telle présomption dépasserait toutes les bornes.

— Vous avez raison, reprit le chasseur, ce serait une présomption qui dépasserait toutes les bornes... Oui, vous avez raison, lieutenant.

— Si vous pensez ainsi, mon ami, permettez-moi de vous dire, comme ancien compagnon d'armes...

— Compagnon d'armes ! reprit Pathfinder en regardant bien en face son interlocuteur ; nous nous sommes rencontrés derrière de bons remparts, mais jamais en face de l'ennemi au fond des bois.

— Il n'importe ; vous savez que mes fonctions me retiennent auprès de mes magasins... Mais il ne s'agit point de cela ; j'ai un avertissement sérieux à vous donner. Si vous aviez entendu ce que Mabel disait de vous tout à l'heure... »

Le guide écoutait avec attention, et, comme Muir gardait le silence ou affectait de ne pas vouloir continuer dans la crainte de le blesser, il ne manifesta aucune hâte ni aucune inquiétude ; Muir ajouta :

« Vous avez remarqué de quelle façon elle s'est enfuie à votre approche ?

— Oui, dit le guide d'un air narquois, je l'ai bien vu. »

Et, en prononçant ces mots, il serrait le canon de sa carabine à enfoncer ses doigts dans le fer.

« Voilà, elle s'est sauvée pour n'avoir pas à entendre votre propre justification ; car j'avais entrepris de vous défendre... Je lui disais que vous êtes un homme des bois, presque un sauvage, que vous ne connaissez point les coutumes et les mœurs de la vie civilisée, qu'il convient de vous pardonner beaucoup à cause de vos bonnes intentions et de votre dévouement... Elle est partie sur ces paroles, dépitée du soin que je prenais de vous défendre. Savez-vous ce que je ferais à votre place, Pathfinder ? Je prendrais ma carabine, et je retournerais au fond des bois ; rien ne mortifie une femme comme de ne paraître pas s'apercevoir de ses dédains. Ah ! Mabel serait mortifiée.

— Mortifier Mabel ! lieutenant ; mais c'est la dernière pensée que je pourrais avoir. Ce que je redoute le plus serait de lui causer un instant de déplaisir.

— En ce cas, repartit le quartier-maître, raison de plus de nous quitter en toute hâte pour la protéger et défendre sa vie.

— Le meilleur moyen de protéger Mabel est de me tenir à portée de le faire aisément.

— Détrompez-vous ; ce poste n'est point sûr. Ne secouez pas la tête ; nous sommes environnés d'ennemis. Sûrement les Indiens connaissent notre position, et les Français doivent en être informés. Prenez donc votre pirogue, descendez la rivière du côté d'York, et vous pourrez sans doute nous rapporter d'excellentes informations.

— Inutile, lieutenant, le Grand-Serpent est de ce côté; nous n'avons rien à craindre. »

Muir continua à être battu par Pathfinder comme il l'avait été par Mabel; le bon sens du guide l'empêcha de tomber dans les pièges qui lui étaient tendus. Malheureusement le lieutenant eut ensuite avec le sergent une conférence qui amena plus tard des conséquences malheureuses; mais la suite de ce récit en fera connaître au lecteur tous les détails.

Les soldats reçurent immédiatement des ordres, et on les vit aussitôt prendre des dispositions qui trahirent, aux yeux des hommes expérimentés, le secret de l'entretien : on se préparait à faire une expédition en dehors de l'île du Poste.

Au coucher du soleil, Dunham rentra dans sa hutte, et s'assit avec Cap et Pathfinder devant la table dressée par Mabel; le souper fut grave. Vers la fin du repas, le sergent dit à sa fille :

« Je ne veux pas que vous soyez trop surprise demain en vous éveillant; je compte partir cette nuit pour une expédition.

— Quoi! mon père, vous me laisseriez seule ici avec Jenny!

— Non, ma fille. Je laisse ici Mac-Nab avec trois hommes pour défendre l'île au besoin et vous protéger en notre absence; Jenny habitera avec vous dans votre cabane. Je cède la mienne à mon frère, qui, ainsi que le lieutenant Muir, ne fait point partie de l'expédition. Il est cependant bien entendu que c'est Mac-Nab qui est, en mon absence, l'officier commandant, et je souhaite que son autorité soit respectée de tous. Le caporal est d'ailleurs un homme brave et entendu : malheureusement il aime un peu trop le rhum, et, comme Écossais, il est exposé à trop accorder au rang du quartier-maître, qui n'est pourtant ici qu'un simple volontaire. Frère Cap, et vous, Mabel, ayez l'œil sur lui pour qu'il ne tombe pas dans l'un ou l'autre de ces deux inconvénients. J'emmène avec moi les deux grandes barques ; je vous laisse la troisième avec une pirogue. Nous allons entrer dans le canal par où passent ordinairement les Français. Nous allons les guetter afin de capturer, s'il se peut, les barques contenant les marchandises qu'ils portent à Frontenac pour être distribuées aux Indiens. Rien n'importe plus au service de Sa Majesté que la réussite de cette expédition. Nous conduirons ensuite les barques de l'ennemi à Oswego ; leur cargaison se compose, d'après nos renseignements, de couvertures, de mousquets, de munitions, en un mot, de tous les objets dont se servent les Français pour engager et retenir les sauvages dans leur parti. Privés de ces objets, ils verront ainsi tous leurs plans dérangés ; cela nous fera gagner du temps, car ils ne pourront en renvoyer d'autres avant la fin de l'automne. »

Lorsque le souper fut achevé, le sergent congédia ses hôtes et demeura seul avec sa fille. Mabel lui dit, fort émue :

« Vous voulez donc absolument me laisser ici, mon père ? J'avais espéré ne plus vous quitter ; c'est pour cela que j'étais venue vous rejoindre. Si vous le permettiez, je vous accompagnerais volontiers.

— Vous êtes une brave enfant, » dit le sergent d'un ton fort doux qui ne lui était point ordinaire.

Dunham subissait l'impression de cette heure solennelle ; son entreprise n'était point sans danger, et il gardait aussi bien des inquiétudes pour ceux qu'il laissait derrière lui. Jamais sa fille ne lui avait paru plus aimable, et ses yeux s'arrêtaient sur elle avec complaisance.

« Est-ce que je ressemble à ma mère ? dit Mabel.

— Trait pour trait, mon enfant; vous avez sa taille et son visage; vos yeux sont doux comme étaient les siens, mais ils ont une expression de gaieté que n'avaient point ceux de votre mère.

— Ils perdraient bien vite cette expression joyeuse s'il vous arrivait malheur dans cette expédition.

— Ne craignez rien, ma fille, je serai prudent. Oh! que je serais plus tranquille si je vous avais laissée établie et mariée à Oswego avant de partir!

— Mariée! mais avec qui, mon père?

— Vous connaissez mes intentions : y a-t-il un homme qui ait le cœur si franc et l'esprit si juste?

— Je le reconnais; vous avez raison, mon père. Mais qu'ai-je besoin de me marier? Je ne désire qu'une seule chose : demeurer avec vous et prendre soin de vous.

— Voilà une bonne parole, ma fille, et que le Ciel vous bénisse pour l'avoir dite. Mais, sans parler des hasards de la guerre, je puis vous manquer d'un moment à l'autre; vous êtes bien jeune pour rester seule, sans protecteur pour l'avenir.

— Mon père, pensez-vous que votre ami soit l'homme qui me convienne? Il a toute mon estime, tous mes respects; mais ne le trouvez-vous pas trop âgé pour votre fille?

— Oui, peut-être, si l'on compte ses années; mais il faut songer à sa constitution; il est plus jeune que la moitié de nos sous-officiers. Je crois que je mourrais heureux si vous étiez sa femme, Mabel; car c'est une triste chose que de marcher au combat, laissant derrière soi une jeune fille sans guide ni protecteur.

— O mon père! ne parlez pas ainsi. Que je voudrais pourtant vous enlever cette inquiétude, alléger ce poids qui pèse sur votre cœur!

— Je n'y consentirais pas s'il devait peser sur le vôtre. »

Cela fut dit d'un ton grave et d'une voix tremblante. Jamais Mabel n'avait vu son père aussi ému, aussi troublé.

« Parlez, dit-elle; qu'exigez-vous de moi?

— Je n'exige rien, mon enfant; je voudrais que vos désirs fussent conformes aux miens. Ah! si je pouvais vous voir promise à Pathfinder, je crois que je mourrais heureux. Mais non, je ne vous demande point de prendre des engagements; je serais trop malheureux si vous deviez vous en repentir. Mabel, embrassez-moi, et allez vous reposer. »

Dunham ne savait pas être si habile; s'il eût exigé une promesse formelle, Mabel ne l'eût peut-être pas donnée; mais il réservait sa liberté, elle fut touchée de sa peine.

Elle se tut durant quelques minutes, les yeux dans les yeux du sergent, aussi troublé qu'elle.

« Dieu bénit la fille obéissante et soumise, mon père...

— Oui, le saint Évangile l'a dit.

— J'accepterai Pathfinder s'il persévère dans le dessein de m'épouser. Je n'y mets qu'une condition : vous ne lui en parlerez pas, et nous attendrons qu'il manifeste de nouveau ses intentions.

— Que Dieu vous bénisse et vous récompense, mon enfant! vous êtes le modèle des filles. »

Elle se jeta dans les bras de son père; ses larmes coulaient en abondance, mais son visage gardait une angélique sérénité. Le vétéran pleura aussi; il serra sa fille sur son cœur, mais cette faiblesse fut courte; il se redressa, se dégagea des étreintes de son enfant, regagna d'un pas ferme sa rude couche pendant que Mabel se retirait, et bientôt on n'entendit plus que les ronflements sonores du vieux soldat.

IX

Mabel s'éveilla assez tard; elle avait dormi paisiblement; elle avait conscience d'avoir donné à son père, — à ce père qu'elle connaissait depuis si peu de temps, — une grande preuve d'affection; la fatigue avait aussi contribué à lui procurer ce repos prolongé assez avant dans la matinée.

A peine levée, elle sortit de sa cabane, et il lui sembla qu'elle voyait l'île pour la première fois; la veille, d'autres soins l'avaient trop absorbée. Le temps était très beau : une journée d'automne, claire et douce, faisait ressortir toutes les splendeurs du paysage étrange que la jeune fille avait sous les yeux. Il lui parut que l'île était déserte, et elle eut un frisson en pensant à son père parti durant la nuit; le sentiment d'une solitude complète pesa un instant sur son cœur; mais cette impression fut vite dissipée par la vue de son oncle, en train de déjeuner à l'ombre sur un coin de la pelouse en compagnie du lieutenant Muir. Les soldats mangeaient aussi à deux pas d'eux, et Jenny, la femme du soldat, les servait.

Mabel, peu soucieuse de prendre part à ce repas matinal, gagna, sans être remarquée, une extrémité de l'île couverte de buissons et de grands arbres; elle arriva en peu de temps jusqu'au bord de l'eau, et, écartant les branches qui arrêtaient sa vue, elle se mit à considérer la partie du lac qu'elle pouvait encore embrasser du regard. L'espace n'était pas considérable, et justement en face d'elle se trouvait une île très boisée, dont la rive n'était pas distante de plus d'une cinquantaine de toises. Les regards de Mabel allaient de la surface de l'onde aux massifs profonds de verdure qui se déroulaient devant elle. Tout à coup elle s'imagina qu'une forme humaine était apparue au milieu des buissons; elle s'abrita bien vite derrière un tronc d'arbre; mais elle s'arrangea de façon à surveiller le rivage opposé, se demandant encore si elle n'avait pas été le jouet d'une illusion. Elle attendit longtemps, et elle allait se retirer quand elle aperçut une branche d'aune s'élevant et s'abaissant tour à tour au bord du canal, comme pour lui faire des gestes de bonne amitié. Elle se sentit vivement troublée; mais son sang-froid ne l'abandonna point; elle comprit qu'il fallait à toute force éclaircir ce mystère; elle brisa à la tête un roseau flexible et feuillu, et, sans se déconcerter, elle se mit à l'agiter à son tour, répondant à cet appel par une politesse semblable.

Bientôt, après quelques instants de ce muet entretien, sur la rive opposée les feuilles s'écartèrent, et Mabel vit apparaître Rosée-de-Juin, la femme d'Arrowhead. La fille du sergent, durant son premier voyage à travers la forêt, avait souvent été touchée de la simplicité et de la bonté de cette pauvre femme indienne; sa soumission à son mari dépassait toutes les bornes; elle semblait avoir pour lui une affection si vive, que, contrairement aux femmes sauvages, elle était toujours sur le point de s'inquiéter et de laisser éclater sa jalousie quand Arrowhead s'occupait de Mabel ou tournait seulement les yeux de son côté. Ce sentiment, si vite excité, et auquel donnaient peut-être raison les mauvais instincts d'Arrowhead, n'avait point empêché Rosée-de-Juin de témoigner beaucoup d'attachement à Mabel, et celle-ci avait su répondre de façon à l'augmenter encore.

Cette apparition, tout étrange qu'elle était, n'effrayait donc pas trop la fille de Dunham; elle fit un signe amical à Rosée-de-Juin, et lui donna à entendre par geste, — car ni l'une ni l'autre n'osait élever la voix de façon à se faire entendre de sa compagne, — qu'elle serait contente de lui voir traverser le canal et venir jusqu'à elle. Rosée-de-Juin comprit et allait mettre sans doute ce dessein à exécution, quand la voix de maître Cap se fit entendre à travers les arbres de l'île du Poste. Il appelait Mabel et l'invitait à venir prendre sa part du déjeuner, déjà très avancé. Elle fit signe à Rosée-de-Juin de surseoir à l'accomplissement de son projet jusqu'à son retour, et elle courut au-devant de son oncle avec un empressement d'autant plus vif, qu'elle voulait l'empêcher de venir de ce côté.

Maître Cap accusa sa nièce de perdre son temps, dès la première heure du jour, à flâner sans souci de ses devoirs les plus impérieux, à ce point d'oublier le soin de se nourrir.

« Je ne suis pas si paresseuse, répondit Mabel, j'ai déjà exploré l'île entière.

— Cela ne fait pas un travail considérable, miss Mabel, dit Muir; l'île est petite, et Lundie, en en prenant possession, n'a pas ajouté grand'chose à l'empire de Sa Majesté. Suivant moi, maître Cap, c'est un poste fort peu militaire, et je m'attends à quelque catastrophe un jour ou l'autre.

— Vous croyez que les Français...? dit Mabel.

— Les Iroquois pourraient bien s'en mêler, continua le quartier-maître; j'ai mauvaise idée de cet établissement, et je suis venu ici précisément pour étudier par moi-même la question; chargé des approvisionnements, je ne veux plus rien envoyer désormais dans ce poste : ce serait à coup sûr faire des avances à l'ennemi.

— En sommes-nous là ? demanda Cap avec une certaine inquiétude.

— Je ne dis pas que tout est perdu ; mais nous sommes aux avant-postes, et nous pouvons recevoir le premier choc de l'ennemi.

— En pareil cas, que ferions-nous ? demanda le vieux marin. Nous sommes six combattants, nous ferions pauvre figure en face de l'ennemi, d'autant plus que Français ou Iroquois, s'ils nous attaquent, c'est qu'ils se sentiront en nombre.

— Assurément. Je crois qu'il n'y aurait pas autre chose à faire que de prendre la fuite ; l'idée de résister à l'ennemi, dans les conditions où nous sommes, ne peut même être acceptée un seul instant par un esprit sage. Je le sais, miss Mabel, continua-t-il s'adressant à la jeune fille, votre père a donné des instructions au caporal pour défendre l'île en cas d'attaque ; mais en cela il n'a consulté que son courage, car la chose est absolument impossible. Il nous saurait gré d'ailleurs de vous avoir dérobée, par une retraite sagement exécutée, aux dangers d'une captivité humiliante et dangereuse, sinon de vous avoir arrachée à la mort. Voici donc ce que je propose, ajouta-t-il, comme si l'ennemi eût déjà été en face de lui : nous nous confierons à maître Cap ; nous avons une barque qui peut nous recevoir tous ; nous allons la cacher au milieu des broussailles, et à la première apparence de danger nous nous embarquerons. Ces canaux sont fort étroits et très multipliés, nous échapperons aisément à l'ennemi.

— Dieu merci, nous n'en sommes point encore là, dit Mabel, et de telles précautions sont au moins prématurées. »

La conversation de Muir et du vieux marin changea de sujet, et Mabel n'y prit plus part; mais elle put cependant constater que le quartier-maître revenait à propos de tout à cette idée d'une attaque possible des Français; il .semblait avoir entrepris de convaincre son interlocuteur de la nécessité de tout préparer pour une fuite précipitée. Elle fut surprise d'entendre un soldat tenir un semblable langage; elle en fut même, elle fille d'un soldat, scandalisée, et son mépris pour cet homme s'en accrut encore; mais elle était trop occupée de Rosée-de-Juin pour donner à un autre sujet son attention; elle choisit le premier prétexte qui se présenta pour quitter la table.

La femme d'Arrowhead l'attendait; elle franchit le canal à l'aide d'une petite pirogue qu'elle avait tenue cachée sous des branches descendant presque jusque dans l'eau.

Rosée-de-Juin débarqua, et Mabel l'emmena aussitôt par un chemin détourné, évitant de passer par la clairière, jusqu'à sa cabane. Elles s'y enfermèrent soigneusement.

« Je suis bien aise de vous voir, dit-elle à la jeune Indienne; mais, dites-moi, pourquoi êtes-vous venue ici, et comment avez-vous pu découvrir notre établissement?

— Ne suis-je pas votre amie? murmura Rosée-de-Juin.

— Oui, assurément, et cela me touche beaucoup; mais pourquoi votre visite en ce moment?

— L'amie visite son amie.

— Êtes-vous seule, au moins? Vous ne voudriez pas me trahir, me livrer aux Français, aux Iroquois, à Arrowhead? »

Rosée-de-Juin secoua vivement la tête, et de la façon la plus naturelle elle passa ses deux bras autour de la taille de Mabel et la pressa tendrement sur son cœur. Mabel fut touchée de cette innocente caresse; mais elle ne devait pas perdre de vue l'obligation de se renseigner et d'apprendre les motifs de l'arrivée de la femme d'Arrowhead dans l'île du Poste.

« Vous avez à parler à votre amie? fit-elle doucement à l'oreille de l'Indienne. Je vous écoute.

— J'ai peur, dit l'enfant du désert en hésitant beaucoup, j'ai peur qu'Arrowhead ne tue Rosée-de-Juin si elle parle à la face blanche.

— Il ne le saura pas; Mabel ne lui dira rien.

— S'il savait que je vous ai vue, que je vous ai parlé, il enfoncerait sûrement son tomahawk dans ma tête.

— Non, non, n'ayez point de crainte. D'ailleurs, plutôt que de vous exposer à ce malheur, j'aime mieux que vous ne me disiez rien. Que Rosée-de-Juin se taise! »

L'Indienne la regarda avec l'expression d'une vive tendresse; elle la serra de nouveau sur son cœur, parut longtemps hésiter encore, puis tout à coup :

« Le fort, lui dit-elle lentement, est la meilleure place pour dormir, pour rester aussi toute la journée.

— Vous voulez dire que je serai en sûreté dans le fort, et que partout autre part dans l'île ma vie n'est pas en sûreté? Arrowhead ne saurait vous en vouloir de m'avoir donné cet avertissement. Est-il près de vous en ce moment? vous a-t-il accompagnée? »

Rosée-de-Juin répondit que son affection pour le chef indien ne lui permettait point de s'éloigner de lui, et reprit aussitôt :

« Le fort est l'asile le plus sûr pour les femmes. C'est là seulement qu'elles pourront sauver leurs chevelures.

— Si je vous entends bien, l'ennemi se prépare à nous attaquer. Voulez-vous voir mon père? »

Rosée-de-Juin se mit à sourire.

« Soit, dit Mabel, je vous le promets, j'y coucherai cette nuit. »

« Il est parti, votre père; il n'y a plus d'habits rouges dans l'île. Pathfinder, Eau-Douce sont également partis. »

Puis, levant la main droite et montrant ses doigts écartés, elle fit signe, en joignant le pouce de la main gauche, qu'elle savait exactement le nombre des hommes restés dans l'île. Puis, revenant toujours à son idée, elle répéta :

« Le fort est très bon; il faut coucher dans le fort, il faut y rester toute la journée.

— Soit, dit Mabel, je vous le promets, j'y coucherai cette nuit, et pour le reste je vais prévenir mon oncle. »

Rosée-de-Juin donna les signes de la plus vive frayeur; elle s'écria :

« Alors Arrowhead tuera Rosée-de-Juin. Eau-Salée parle trop; on s'apercevra tout de suite que je vous ai prévenue, et Arrowhead m'enfoncera son tomahawk dans la tête. Je ne puis vous dire qu'une seule chose, c'est que le fort vous offre un lieu de refuge assuré, et je vous aime assez pour m'exposer aux plus grands dangers en venant vous donner cet avertissement; pour le reste, si vous ne voulez me perdre, il ne faut pas qu'un seul mot soit prononcé à l'oreille de personne.

— Mais l'ennemi est donc là? Nous sommes donc épiés, traqués? Nous pensions que personne n'avait connaissance de cet établissement. Un autre que vous sait-il le chemin de l'île? Arrowhead... »

Rosée-de-Juin parut en proie à une grande frayeur; elle murmura à voix basse, comme si elle avait eu peur d'être entendue :

« Tuscarora tout voir, tout savoir. Les Iroquois ont de bons yeux.

— De bons yeux ne sauraient suffire; la plupart de nos hommes ne peuvent, même après y être venus, retrouver le chemin de cette île...

— Il suffit qu'un seul, le connaissant bien, ait pu l'apprendre aux Français... »

Mabel se sentit atteinte au cœur, comme si elle allait défaillir; les soupçons de Cap et de son père lui-même, les insinuations perfides de Muir contre Jasper lui revinrent à la mémoire; elle se mit à aller et venir au milieu de la hutte, en proie à une très grande agitation. Puis, revenant tout à coup près de la jeune Indienne, elle lui dit:

« C'est un traître, n'est-ce pas, qui a livré à nos ennemis le secret de cet établissement, et indiqué la manière de pénétrer dans cette île ? »

Rosée-de-Juin sourit, mais elle ne répondit pas à cette question; elle se contenta de dire:

« Vous êtes prévenue... » Puis, avec un regard dont l'insistance en disait plus que toutes les paroles, elle ajouta: « Que les femmes restent enfermées dans le fort; mais qu'aucun homme ne sache que Rosée-de-Juin vous a parlé.

— Ne dois-je pas chercher à sauver mon oncle, mes compatriotes?

— Alors je mourrai sûrement. »

Et, sans insister davantage, mais d'un air profondément triste, avec une pointe d'amertume, comme si elle se fût dit qu'elle serait victime de sa générosité, Rosée-de-Juin ramassait divers objets qu'elle avait mis de côté pour serrer Mabel dans ses bras, et faisait ses préparatifs de départ. Celle-ci, touchée de son dévouement, n'osant ni la retenir ni la laisser aller sans la rassurer, lui promit de ne parler à personne de cette entrevue.

« Rosée-de-Juin, lui dit-elle, nous sommes amies et plus que jamais dévouées au salut l'une de l'autre. Votre visite restera ignorée de tous; mais indiquez-moi un signe qui puisse me faire connaître le moment précis où je devrai me retirer dans le fort. »

L'Indienne réfléchit.

« Vous avez des pigeons dans le fort, je vais en emporter un; quand vous le verrez revenir, ce sera l'heure. »

Une hutte voisine contenait un certain nombre de pigeons nourris par les soldats, il ne fut pas difficile à Mabel de lui en donner un. Elles repartirent ensuite pour la pointe de l'île où l'épouse d'Arrowhead avait laissé sa nacelle.

Au moment où elle allait s'embarquer, Mabel lui dit:

« Ne me direz-vous rien de plus, Rosée-de-Juin?

— Vous savez tout maintenant. Vous trouverez le salut dans le fort; ce pigeon vous servira de signal. Soyez sûre qu'Arrowhead me tuera si je vous en dis davantage. »

Elle se glissa dans la pirogue, traversa rapidement le canal, et disparut bientôt sous les branches abaissées vers la surface de l'eau. Mabel attendit un instant; mais Rosée-de-Juin ne lui fit même pas un signe d'adieu. Arrivée sur la rive, l'Indienne tira le léger canot hors de l'eau, le chargea sur ses épaules et l'emporta dans les bois.

La fille du sergent quitta le rivage, rêvant à cette singulière aventure, et se demandant jusqu'à quel point elle devait conformer sa conduite aux avis de Rosée-de-Juin, quand elle aperçut un petit morceau de toile rouge, de celle dont on se sert pour les pavillons des bâtiments, se balançant à une branche d'arbre et flottant au gré du vent.

Ce n'était pas grand'chose en apparence; mais l'esprit de la jeune fille était en éveil; c'était peut-être un signal. Quelle main l'avait attaché à cette branche qu'on pouvait apercevoir du lac? La visite qu'elle venait de recevoir devait la rendre plus prudente encore; tous les soupçons lui étaient désormais permis. Il y avait un traître dans la troupe amenée par son père; n'avait-il pas donné lui-même ce signe de ralliement à l'ennemi?

Elle arracha la légère banderole, et elle la roulait encore

entre ses doigts quand elle se trouva tout à coup, sur la lisière de la pelouse, face à face avec le lieutenant Muir. Il débuta, selon son habitude, par un compliment emphatique; mais Mabel lui coupa la parole :

« Votre rang, lieutenant, vous donne-t-il le droit d'exercer ici quelque autorité sur le caporal ?

— Je ne sais trop, répondit Muir, visiblement embarrassé et même un peu anxieux; je ne sais trop : la discipline est la discipline. Votre père dispose de toute l'autorité régulière dans la circonstance, et je ne dois me considérer dans l'expédition que comme un simple particulier.

— Soit; mais ne pourriez-vous, pour son bien et celui des hommes qu'il commande, user de votre influence sur Mac-Nab en cas de besoin?

— Je ne dis pas que cela soit impossible, quoiqu'il soit plus facile de diriger les hommes dans une voie qui les mène au mal que de les conduire dans un chemin qui aboutit à leur plus grand bien. Mais que tournez-vous donc là entre vos doigts?

— Un morceau de toile, une simple banderole, une bagatelle indigne de votre attention, si...

— Une bagatelle! » s'écria-t-il; et, prenant le morceau d'étoffe, il le déroula. Son visage se rembrunit aussitôt, son inquiétude devint visible. « Où avez-vous trouvé cela, Mabel? sur la pelouse, près des cabanes, ou aux environs du fort? »

Mabel, surprise de cet interrogatoire étrange, montra simplement l'endroit où elle l'avait trouvé.

« Miss Mabel, dit le lieutenant sur un ton qui indiquait tous ses soupçons, nous ne sommes point dans un endroit où il est bon d'arborer tous ses pavillons...

— Je suis tellement de votre avis, que j'ai arraché cette banderole dans la crainte qu'elle ne trahît notre présence ici et qu'elle ne fût un signe de ralliement. J'allais d'ailleurs prévenir mon oncle de cet incident.

— C'est inutile, dit le quartier-maître avec vivacité, il ne faut pas le troubler pour si peu. Ce fragment appartient à la toile d'un bâtiment; elle ressemble parfaitement à la queue du pavillon du *Scud;* et maintenant je me rappelle avoir remarqué, lors de son départ, qu'un morceau en avait été coupé. »

Mabel fut sur le point de défaillir; elle eut pourtant la force de cacher ce qu'elle éprouvait.

« Voilà qui est grave, ajouta Muir; j'en vais délibérer avec maître Cap.

— Vous avez raison; quant à moi, je vais dès maintenant m'établir dans le fort et prendre Jenny avec moi.

— Je ne suis pas de cet avis, Mabel; s'il y a une attaque, elle sera tout d'abord dirigée contre le fort, et il n'est guère en état de soutenir un siège. Je vous conseille plutôt d'aller dans le bateau pour opérer, si cela est nécessaire, notre retraite à travers les canaux.

— Il me semble qu'il serait plus naturel et plus honorable d'essayer de se défendre ici; cet établissement n'a été installé que pour résister à une attaque; on n'a pas bâti ce fort pour que sa garnison l'abandonne à la première menace du danger. Je vous déclare que je suis résolue à y attendre le retour de mon père et de son détachement; à son arrivée il faut qu'il nous retrouve fidèles à nos devoirs comme il l'est aux siens. »

Le lieutenant Muir n'osa répliquer; d'ailleurs Mabel s'éloignait déjà rapidement; elle se dirigeait du côté des cabanes, où sans doute elle comptait trouver son oncle. Le quartier-maître resta un instant interdit, regardant le morceau d'étoffe qu'il tenait à la main; il était visiblement en proie à une grande hésitation; elle ne dura pourtant pas longtemps, car l'instant d'après il avait fixé de nouveau la banderole à la branche de l'arbre d'où Mabel l'avait détachée; de sorte que cette espèce de pavillon, caché aux regards de ceux qui étaient au centre de l'île, restait tout à fait en vue du côté du lac.

XVIII

Mabel s'acheminait vers les huttes autour desquelles ses compatriotes prenaient leurs ébats, disposés à tuer le temps de la façon la moins désagréable possible. L'angoisse qui lui serrait le cœur était si vive, que cette indifférence lui paraissait monstrueuse; il y avait pour elle comme de la trahison dans cette joie, dans cette sécurité.

Elle ne voulait pas trahir Rosée-de-Juin, sentant bien que si les Anglais prenaient des dispositions capables de donner la preuve d'une défiance fondée, les soupçons d'Arrowhead seraient éveillés, et que sa femme serait aussitôt victime de son dévouement. Elle aurait voulu par son exemple, par ses recommandations, exciter plus de soins, plus de vigilance chez ses compatriotes, en un mot, les mettre sur leurs gardes sans leur révéler le danger immédiat qui les menaçait. Malheureusement Mac-Nab était bien l'homme le moins capable d'accepter une influence de cette nature : courageux et actif, il était rogue, fier, pointilleux, et surtout mécontent des exigences du sergent Dunham en matière de discipline. Aux premiers mots que lui dit Mabel, qui le rencontra au milieu de la pelouse, il s'emporta et déclara qu'il savait ce qu'il avait à faire.

« Si le sergent, dit-il, vous a donné des ordres pour me les transmettre, il aurait mieux fait de me confier l'expédition et de rester ici pour vous obéir. »

Elle eut beau lui dire que son père avait beaucoup d'estime pour lui, qu'elle-même avait grande confiance dans sa sagesse et son intrépidité, il ne voulut pas entendre parler de se mettre à couvert dans le fort avec ses soldats.

« Nous autres Écossais, disait-il, nous sommes habitués aux pays découverts; nous n'avons jamais besoin de nous mettre ainsi à l'abri. On exagère d'ailleurs beaucoup la malice et la finesse des sauvages; c'est en montrant des craintes et des inquiétudes qu'on les encourage; ils osent tout tenter, voyant que l'on redoute tout. Je n'aime pas votre méthode américaine, qui consiste à se cacher; j'aime bien mieux faire face à l'ennemi, et vous verrez bientôt, miss Dunham... »

Le caporal ne put achever; il sauta en l'air, retomba la face contre terre, puis roula convulsivement sur le dos, et enfin demeura immobile dans cette posture : la balle d'un Iroquois venait de l'atteindre mortellement. Mabel, à cause de la soudaineté du coup, n'eut pas le temps de s'effrayer; voyant cet homme frappé d'une façon si foudroyante, elle s'agenouilla près de lui pour essayer de lui porter secours; mais avec un regard suppliant, le regard d'un mourant qui reconnaît son erreur et sait attribuer sa mort à sa vanité et à son entêtement :

« Rentrez dans le fort, miss Mabel, rentrez dans le fort! » dit-il.

Il expira tout aussitôt. Mabel se releva pour obéir à cette injonction suprême, et courut en toute hâte chercher un asile dans le fort; elle en trouva la porte fermée. Jenny avait entendu le coup de feu; elle avait vu tomber Mac-Nab et s'était hâtée, ne songeant qu'à elle, de barricader l'entrée du fort. Elle entendit pourtant la voix de la fille du sergent, et après quelques hésitations causées par sa vive frayeur, elle lui ouvrit en tremblant. Mabel entra; la porte fut soigneusement refermée. Alors seulement la courageuse jeune fille ressentit l'impression de la frayeur; son cœur battit avec violence; elle crut qu'elle allait défaillir. Mais la pensée de son père lui rendit quelque courage, et elle ne tarda guère à se trouver à la hauteur de sa difficile situation. Pensant avec raison que ses compatriotes songeraient comme elle à chercher un refuge dans le fort, elle laissa Jenny en sentinelle derrière la porte, prête à ouvrir à leurs amis s'ils venaient à se diriger de ce côté; puis elle monta à l'étage supérieur afin de surveiller, en regardant avec soin par les meurtrières, ce qui se passait au dehors.

Le calme et le silence qui régnaient dans l'île entière frappèrent Mabel; on eût dit, du moins en regardant la partie du vaste paysage qu'elle avait sous les yeux, que jamais Anglais ni Iroquois n'avaient mis les pieds dans ces parages, et rien n'y laissait soupçonner la dévastation ou la mort qui déjà avaient commencé leurs ravages.

Qu'étaient devenus les compagnons de Mac-Nab? Où étaient maître Cap et le lieutenant Muir? Ils n'avaient pu fuir, la barque était toujours amarrée à la côte. La jeune fille courut vite à une autre meurtrière; cette fois elle faillit reculer d'horreur : autour du caporal, et à quelques pas de lui, ses trois soldats étaient étendus morts ou mourants; mais elle ne vit nulle part ni son oncle ni le lieutenant Muir.

L'un de ces malheureux baignés dans leur sang était le mari de Jenny, toujours demeurée près de la porte, prête à ouvrir au premier signal.

Cette situation ne pouvait se prolonger; Jenny, qui avait entendu, au moment où elle se barricadait dans le fort, la fusillade nourrie qui avait suivi la chute de Mac-Nab, s'inquiétait et demandait à Mabel si elle ne voyait point son mari sur la pelouse.

La fille du sergent ne voulait pas mentir, et elle n'osait pourtant dire toute la vérité à cette malheureuse femme. N'obtenant point de réponse précise, Jenny perdit la tête; elle s'imagina qu'il était de son devoir d'aller au secours de son mari, et Mabel l'entendit enlever une à une les barres de la porte du fort. Sa propre angoisse était si poignante, qu'elle n'eut pas la force de descendre pour l'arrêter; elle continua à regarder par la meurtrière.

« Sandy! Sandy! criait Jenny, courant à travers les buissons et gagnant la pelouse où les cadavres étaient étendus; Sandy, venez dans le fort, vous y serez en sûreté avec nous. »

Une sorte de folie s'était emparée d'elle; car, arrivant en face des soldats tombés sous les balles des Indiens, elle parut s'imaginer qu'il y avait là un jeu fait pour exciter ses craintes et celles de sa compagne; mais cette étrange idée dut l'abandonner bien vite. Elle saisit Sandy par le bras en criant :

« Levez-vous; nous serons tous assommés si vous ne rentrez dans le fort. »

Ses mouvements étaient si vifs et si convulsifs, qu'elle attira à elle, le soulevant à demi, le corps de son mari; il avait reçu une balle dans la tempe : le visage inondé de sang, les traits contractés par la souffrance de la dernière heure ne lui permirent plus de douter de son malheur. Elle poussa un grand cri et tomba inanimée sur le corps de Sandy.

Ce cri douloureux fut comme le signal du réveil de la haine et de la cruauté: mille vociférations horribles se firent aussitôt entendre au fond des bois, et une vingtaine de sauvages, le corps peint des couleurs de la guerre et tenant leurs armes à la main, se précipitèrent dans la clairière. Arrowhead était

« Levez-vous; nous serons tous assommés si vous ne rentrez dans le fort »

à leur tête; de son tomahawk il brisa le crâne de Jenny évanouie et tenant embrassé le corps de son mari.

En voyant accourir ces sauvages, et malgré l'horreur du spectacle qu'elle avait sous les yeux, Mabel se souvint que Jenny avait laissé la porte du fort ouverte, et qu'elle était elle-même à la merci de ces misérables. Rappelant tout son courage, elle allait descendre pour remettre les barres en place, quand elle entendit distinctement cette même porte rouler sur ses gonds, puis une main, maîtresse de tous ses mouvements, replacer les pièces de bois avec précaution et méthode. Elle tendit l'oreille avec une vive anxiété : elle n'entendit plus rien; aucun bruit ne monta de l'étage inférieur.

Elle n'était plus seule dans le fort; mais qui donc était entré? Jenny était là-bas, étendue dans une mare de sang, à côté des quatre soldats laissés par son père dans l'île; était-ce maître Cap, le lieutenant Muir? Elle n'avait point vu de sauvage se diriger de son côté; Arrowhead n'avait pas eu le temps de venir jusqu'au fort.

Mabel n'était pas seulement courageuse; franche et fidèle à ses devoirs envers les siens, elle avait été élevée dans la crainte de Dieu; elle avait appris de bonne heure à avoir recours à lui dans le danger; elle s'agenouilla, se mit à prier avec ferveur et attendit. Tout à coup son oreille perçut un bruit léger qui venait d'en bas. Par la trappe ouverte, un pas furtif, plein de précautions, s'arrêtant sur chacun des barreaux de l'échelle, s'annonçait, et peu à peu devenait plus ferme et plus assuré. Mabel au moins le distinguait plus facilement; le doute n'était plus possible : quelqu'un était entré, avait refermé la porte, et ne tarderait pas à arriver jusqu'à elle.

La pauvre jeune fille avait cherché un refuge derrière quelques débris entassés dans un coin de la pièce; anxieuse, malgré qu'elle conservât son cœur toujours tourné vers Dieu, elle regardait avec des yeux agrandis par la frayeur l'ouverture de la trappe. Une tête d'Indien commença à se montrer; elle s'éleva lentement, avec mille précautions. Mabel ne voyait que deux yeux brillants, fouillant les recoins obscurs de l'appartement. La vision montait toujours, et le visage se découvrait de plus en plus; mais Mabel avait fermé les yeux. Lorsqu'elle les rouvrit, sentant qu'on venait à elle, elle vit debout devant elle Rosée-de-Juin qui lui souriait, disant:

« Le fort est très bon!

— Oui, répondit Mabel toujours tremblante, bien que la jeune Indienne l'eût entourée de ses bras pour lui prodiguer les marques de la plus touchante affection; mais dites-moi, je vous en prie, ce que sont devenus mon oncle et le lieutenant Muir.

— Ils ne sont pas ici? dit Rosée-de-Juin avec surprise; ils ont pu sans doute s'enfuir par la rivière.

— Non, le bateau est toujours à la même place; êtes-vous sûre qu'ils n'ont point été massacrés? l'attaque des Iroquois a été si soudaine.

— Les Tuscaroras ne les ont pas tués, pas un détail de l'affaire ne m'a échappé. Oui, l'attaque a été prompte; je n'ai pas vu vous prévenir et lâcher le pigeon. Les Tuscaroras frappent vite et sûrement; Arrowhead est un grand guerrier.

— Oh! dit Mabel, les Iroquois sont cruels; ils aiment à verser le sang. »

Le front de l'Indienne se rembrunit; un feu sombre se montra dans ses regards.

« Les Anglais ne sont-ils pas avides et cruels aussi? Ils veulent tout nous prendre: forêts, bois, chasses; ils poursuivent les six nations et finiront par nous massacrer tous.

— Oh! dit encore Mabel, Arrowhead a tué Jenny.

— Oui, reprit Rosée-de-Juin, Arrowhead n'a nulle pitié d'une femme; oui, il est dur et cruel.

— Vous-même, n'avez-vous pas peur pour vous?

— Oh! s'il savait tout, il me tuerait comme Jenny. »

Les deux femmes se serrèrent l'une contre l'autre. Il y avait, à cause de la différence de leur nature, et surtout de leur éducation, des points sur lesquels elles ne pouvaient s'entendre; mais toutes les deux ressentaient l'une pour l'autre une sympathie très vraie, une affection très réelle. Mabel résolut de ne point heurter son amie et reprit confiance, sachant bien que celle-ci pouvait lui rendre les plus grands services dans cette extrémité.

« Rosée-de-Juin, je suivrai vos conseils; je sais que vous m'aimez, je vous aime de même. Dites-moi ce que je dois faire.

— Il faut rester tranquille dans le fort.

— Vos amis ne mettront-ils pas le feu au fort pour me brûler vive ou me forcer à sortir?

— Ils ne brûleront pas le fort, dit tranquillement l'Indienne; il a plu beaucoup, et le bois est trop mouillé. La fumée trahirait les Tuscaroras; votre père, à son retour, voyant le fort brûlé, se mettrait sur la défensive.

— Les Indiens n'ont pas encore attaqué mon père?

— Non, ils ignorent où il est allé; mais ils l'attendent à son retour.

— Suis-je en sûreté ici pour longtemps?

— Je ne sais pas, » dit mélancoliquement Rosée-de-Juin.

A ce moment même, un coup violent fut frappé à la porte extérieure, et le fort tout entier parut devoir en être ébranlé.

« Qui cela peut-il être? s'écria Mabel. Est-ce mon oncle? est-ce le lieutenant Muir?

— Il est facile de s'en assurer, reprit l'Indienne; il y a des trous-faits tout exprès pour voir ce qui se passe au dehors.

— Quatre Tuscaroras! et Arrowhead est avec eux !» dit Mabel avec effroi après avoir regardé prudemment par une des meurtrières.

Rosée-de-Juin s'empara d'un fusil, — il y en avait plusieurs tout autour de la chambre; — la fille du sergent voulut l'arrêter :

« Ne tirez pas, lui dit-elle; si vous alliez atteindre votre mari! »

Rosée-de-Juin se mit à sourire et répondit sans se troubler :

« Je veux seulement leur faire peur. Ils croiront que votre oncle et le lieutenant sont dans le fort avec vous, et ils s'éloigneront. »

Le résultat montra bien que la fille des bois avait raisonné fort juste. A peine son coup était-il parti, que les Iroquois avaient disparu.

« Dieu soit loué! dit alors Mabel; j'aurai au moins le temps de me préparer à mourir, car je ne voudrais pas être frappée inopinément comme l'a été cette pauvre Jenny.

— Vous n'auriez pas été tuée. Arrowhead n'aurait pas permis que le tomahawk touchât votre crâne. »

Mabel eut un frisson douloureux; cette affirmation, réveillant le souvenir d'allusions déjà faites dans le même sens par la femme du Tuscarora, était tout à fait propre à lui faire envisager la mort avec moins d'inquiétude. La mort même, si de pareils soupçons étaient fondés, et si la jalousie toute seule ne les faisait pas naître, devait à l'occasion lui paraître douce.

Après quelques instants de silence pénible pour les deux femmes, Mabel dit tout à coup :

« Que je voudrais donc savoir si mon oncle est encore vivant !

— Je vais y aller voir, dit simplement Rosée-de-Juin.

— Mais comment le pourrez-vous faire? Ne craignez-vous pas d'être vue dans l'île? Les Indiens savent-ils que vous êtes ici? Seront-ils contents d'apprendre que vous les avez suivis jusque sur le sentier de la guerre? »

Toutes ces questions s'étaient présentées à la fois à l'esprit de Mabel, et elle les avait faites avec une volubilité qui montrait bien son trouble et l'inquiétude d'être trahie, même par Rosée-de-Juin.

Elle avait cru jusqu'alors que la femme d'Arrowhead avait suivi secrètement, dans sa pirogue, la troupe d'Indiens venus pour surprendre l'île du Poste, et qu'elle les avait devancés uniquement pour la prévenir et la sauver. Sa situation était assez singulière. Arrowhead, en disgrâce dans sa propre tribu, s'était allié aux Iroquois, et il feignait de servir les Anglais, bien qu'au fond il fût dévoué aux Français. Il allait donc un peu partout, et il avait pris l'habitude de l'emmener dans ses pérégrinations.

Avant de se séparer, Mabel et l'Indienne examinèrent ce qui se passait autour d'elles. Les huttes avaient été pillées, et les Iroquois se préparaient à faire un festin pour célébrer leur victoire. Les corps des soldats écossais avaient été enlevés et peut-être cachés dans les bois; mais leurs armes avaient soigneusement été mises de côté, au centre du campement. On avait pris garde de ne causer aucun dégât apparent, de ne laisser aucune ruine qui pût révéler la présence de l'ennemi et obliger le sergent à se tenir sur ses gardes.

Un Indien, monté au sommet d'un arbre, surveillait les environs. Le sergent ne devait pas revenir de sitôt; ceux qui se proposaient de le massacrer au retour, sans connaître l'endroit précis où il était allé s'embarquer, savaient le but de son expédition; ils ne l'attendaient donc guère avant une huitaine de jours. Néanmoins ils faisaient bonne garde; une circonstance imprévue pouvait hâter son retour. En tout cas, jusqu'à son arrivée, Mabel pouvait prévoir qu'elle resterait comme assiégée dans le fort.

Rosée-de-Juin partit; le moment lui paraissait propice. Durant de longues heures, la courageuse fille du sergent demeura dans une solitude complète. Le découragement se serait à la longue emparé de son esprit, si elle n'avait été préoccupée de l'idée persistante de prévenir son père, si surtout elle n'avait eu aussi souvent recours à la prière; elle savait bien que Dieu n'abandonne jamais les humbles, les petits et les faibles qui se confient en lui.

La journée parut néanmoins à Mabel durer un mois entier; elle entendait sans cesse les cris des sauvages, qui se livraient à toutes sortes d'excès. Bien que la meilleure partie des provisions fût dans le fort, ils avaient trouvé une assez grande quantité d'eau-de-vie, et, malgré les efforts d'un officier français qui paraissait diriger l'expédition avec Arrowhead, ils s'enivrèrent tous à l'exception de ce dernier. Rosée-de-Juin n'avait pas caché à son amie que cette circonstance bien prévue pouvait mettre ses jours en danger; car, la prudence ne les contraignant plus, les sauvages pourraient avoir l'idée de brûler la petite citadelle.

Mabel suivait tous les détails de cette scène horrible avec une vive anxiété. L'officier français, qui cherchait d'ailleurs à se dissimuler le plus qu'il pouvait, voyant ses recommandations inutiles, prit le parti de passer dans une autre île; Arrowhead l'accompagna. Avant de partir, ils éteignirent tous les feux; le temps était pluvieux, ils pensaient qu'il ne serait pas facile de les rallumer.

Mabel comprit que tous les dangers qu'elle avait courus

jusqu'alors n'étaient rien auprès de ceux qui maintenant la menaçaient; l'orgie continuait, l'exaltation des sauvages montait toujours; ils faisaient retentir l'île des cris les plus discordants.

L'attente retenait Mabel à l'une des meurtrières, et elle s'aperçut avec une indicible frayeur que les Indiens avaient trouvé, sous la cendre d'un foyer mal éteint, deux ou trois charbons qu'ils essayaient de ranimer. Longtemps elle espéra qu'ils ne réussiraient point; mais leur persévérance était stimulée par leur malice et leur cruauté : ils surent trouver des feuilles sèches, ramasser des branches plus combustibles, et bientôt une flamme claire monta au milieu du groupe hideux. L'agonie de Mabel allait commencer.

Les sauvages apportèrent des branches menues, entassèrent des feuilles recueillies avec soin sous le couvert des grands arbres, et bientôt un immense feu fut allumé à la porte même de la forteresse.

Les Indiens, obéissant à leur instinct plutôt que procédant par raisonnement, s'éloignèrent et coururent au fond du bois pour attendre l'issue.

Le sergent avait mis le fort en état complet de défense. Mabel trouva sous sa main une tonne pleine d'eau; un seau était là, elle le remplit et le renversa sur le foyer : une fumée épaisse remplaça aussitôt la flamme vive. La jeune fille se pencha et aperçut, au milieu de cette ombre épaisse, un être humain qui dispersait au loin tous les débris fumants du brasier; elle descendit en toute hâte l'échelle et courut à la porte.

« Qui est là ? » dit-elle.

On ne répondit point, mais on frappa plusieurs coups légers.

« Est-ce vous, mon oncle ?

— Eau-Salée n'est point ici, et Eau-Douce est sur le Saint-Laurent. Mais ouvrez-moi bien vite ! »

Mabel entr'ouvrit la porte et voulut se précipiter dehors; mais Rosée-de-Juin, car c'était elle, la contraignit à rentrer dans le fort. Puis tranquillement elle remit les barres à leur place; ensuite elle aida Mabel à remonter au premier étage.

« Qu'est devenu mon oncle? dit aussitôt la pauvre fille.

— Je n'en sais rien; personne ne l'a vu.

— Tant mieux! il s'est sans doute échappé. Dites-moi, j'ai cru voir un Français dans l'île. Oh! Rosée-de-Juin, ne puis-je rien faire pour prévenir mon père et détourner de lui le coup qui l'attend? »

Rosée-de-Juin devint triste; elle prit un air contraint et garda le plus profond silence.

« Mon père est-il revenu? reprit Mabel en fondant en larmes. Peut-être est-il déjà mort. »

Rosée-de-Juin lui assura qu'il n'en était rien, et qu'on n'avait point de nouvelles de Dunham ni de sa campagne à travers les îles.

« Mais me direz-vous au moins quel est le sort qui m'est réservé?

— Je ne sais pas, fut la seule réponse de l'Indienne.

— Ah! Rosée-de-Juin, laissez-moi quitter cette forteresse, où je mourrai sûrement; je prendrai une pirogue et j'irai prévenir mon père.

— Non, fit Rosée-de-Juin avec énergie; je ne puis pas trahir les miens. Livreriez-vous votre père aux Tuscaroras? Si vous tentez de partir, j'appellerai Arrowhead, et il saura bien vous arrêter. »

Mabel se tut; son projet était d'ailleurs impraticable, et elle le savait bien. Sa compagne l'assura qu'elle ferait tout pour la sauver; mais elle lui fit entendre non moins énergiquement qu'elle ne souffrirait pas la moindre tentative de sa part en faveur de ses compatriotes, même pour sauver son père.

Elle comprit peu à peu les raisons qui faisaient agir Rosée-de-Juin depuis le commencement de ce drame : elle était animée par un vif désir de sauver Mabel, qu'elle aimait réellement, mais elle était aidée dans la réalisation de ce projet par Arrowhead; c'est même lui qui l'avait, dès le commencement, conduite et dirigée. Cette découverte lui fit voir clairement qu'elle n'obtiendrait rien, ni pour son père ni pour ses compatriotes.

Arrowhead, dont la situation était désormais compromise du côté des Anglais, venait pour la première fois de lever son drapeau en se mettant ouvertement au service de la France; il avait commandé l'expédition dirigée contre l'île du Poste. Rosée-de-Juin avoua sans détour qu'elle et son mari avaient épié le départ du *Scud* du port d'Oswego et sa marche jusque dans ces parages; mais elle affirma que la situation précise du poste anglais n'avait été révélée à leurs adversaires que dans ces derniers temps, et que ce renseignement précieux leur était venu d'une face pâle placée sous les ordres du major Duncan. A cette révélation, faite à demi-mots, Mabel crut que le cœur allait lui manquer; néanmoins, malgré ce concours d'insinuations perfides et de circonstances malheureuses, elle n'admit pas un seul instant que Jasper Western pût être le coupable.

Pourtant elle ne fit plus de questions; elle resta comme accablée sous le poids de son chagrin. Les heures passèrent, et aucun incident nouveau ne vint troubler leur solitude. Rosée-de-Juin la fit s'étendre sur un tas de paille destinée à servir de lit aux soldats en cas de siège, et elle-même se coucha à ses pieds; toutes les deux s'endormirent profondément.

Quand Mabel s'éveilla il faisait grand jour, et les rayons d'un soleil brillant entraient de toutes parts dans la forteresse. Rosée-de-Juin dormait encore; mais au premier mouvement que fit la fille du sergent elle se dressa sur ses pieds, et courut à l'une des meurtrières pour se rendre compte de ce qui se passait au dehors.

XIX

La journée s'écoula aussi tranquillement que la nuit; la solitude et le silence de l'île étaient vraiment inexplicables. Dans la clairière, à l'endroit même où la veille les soldats prenaient tranquillement leur repas, on avait allumé et on entretenait un feu dont la fumée montait lentement au-dessus des arbres. C'était un stratagème employé par les Iroquois pour rassurer le sergent et sa troupe. On avait fait disparaître soigneusement toutes les traces de l'orgie de la veille.

Tout à coup Mabel, qui allait d'une meurtrière à l'autre, frémit de tous ses membres : elle venait d'apercevoir, à peu de distance du fort, un groupe de trois hommes étendus sur la pelouse, et paraissant de loin se reposer en conversant; ils étaient vêtus d'habits écarlates; c'étaient bien Mac-Nab et deux de ses soldats. En les regardant plus attentivement, Mabel vit que leurs visages étaient livides; mais leur pose était si naturelle, ils avaient été placés là avec tant d'art, qu'ils feraient certainement illusion à leurs compatriotes rentrant de leur expédition. Tant de perfidie unie à tant de cruauté sembla monstrueux à Mabel; elle n'était pas encore revenue de cette impression douloureuse, qu'elle aperçut le troisième soldat; il était assis, les jambes pendantes, au bord de l'eau, et il tenait à la main sa ligne, en apparence très attentif à son occupation favorite. Qui donc avait pu dire aux Iroquois que ce soldat passait ses journées à pêcher dans le lac au fort de l'Oswego?

Rosée-de-Juin ne tarda pas à appeler Mabel à une autre meurtrière, et elle lui montra à la porte d'une des cabanes Jenny debout, dans l'attitude d'une personne qui observe attentivement, penchée vers le groupe des soldats, qu'elle semblait regarder de loin. Elle tenait son balai à la main.

« Non, s'écria Mabel en mettant ses deux mains sur ses yeux, je ne puis voir de pareilles horreurs.

— Tuscarora très rusé, dit l'Indienne. Arrowhead est un grand chef. »

La journée se termina morne et désolée, sans un incident; pas un sauvage ne se montra; Mabel d'ailleurs n'osait plus jeter les regards au dehors. Rosée-de-Juin fut pour elle pleine d'attention; elle lui prépara son repas et la servit avec empressement; mais la fille du sergent put à peine toucher les mets du bout des lèvres. La nuit revint; les deux femmes s'endormirent auprès l'une de l'autre : Mabel succombant sous le poids d'émotions qui la brisaient, la femme d'Arrowhead cédant doucement au besoin de la nature, toujours calme, toujours affectueuse et bonne, quoique séparée de sa compagne, sous le rapport des idées et des sentiments, par un intervalle infranchissable. Mabel goûtait ses soins, acceptait ses services, mais pouvait à peine s'entretenir avec elle, tant il y avait de distance entre ces deux natures.

Le troisième jour, au matin, la fille de Dunham s'écria:

« Je ne puis plus rester en face de cet horrible spectacle; j'aimerais mieux voir l'ennemi lui-même. Ce silence me glace; il m'est plus pénible que les cris les plus féroces.

— Les voilà justement, dit Rosée-de-Juin, préoccupée depuis un instant de bruits et de mouvements qui échappaient à sa compagne; j'aperçois Eau-Salée, il vient de ce côté. »

Mabel s'écria : « Est-il vivant? »

Elle se précipita à une fenêtre. Maître Cap et le lieutenant étaient conduits par une dizaine d'Iroquois; ils se dirigeaient vers le fort. La jeune fille demeura sans voix en voyant la troupe se ranger en face de la citadelle, sous ses yeux. Allait-elle assister à une exécution? Arrowhead était là, s'entretenant avec l'officier français de retour dans l'île. Tout à coup, comme la jeune fille s'était écartée de la fenêtre pour échapper à quelque spectacle pénible, pensait-elle, une voix bien connue s'éleva, qui l'appelait sur un ton presque gai. Elle reconnut la voix flûtée du lieutenant Muir.

« Miss Mabel, miss Mabel, disait-il, soyez assez bonne pour vous montrer à l'une de ces fenêtres, et daignez écouter notre requête. »

Mabel s'approcha, mais sans se montrer toutefois.

« Nous sommes menacés, continua le quartier-maître, de la mort la plus cruelle si vous n'ouvrez la porte du fort; ne perdez donc pas une minute, ou dans un quart d'heure nos chevelures seront pendues à la ceinture de quelque brave Iroquois. »

Il y avait je ne sais quoi de léger et de moqueur dans cet appel qui détermina Mabel à prendre ses précautions.

« Mon oncle, cria-t-elle, pourquoi ne me parlez-vous pas? C'est de vous que je voudrais apprendre ce que j'ai à faire.

— Dieu soit béni! s'écria le vieux marin, j'entends votre voix. O Mabel! je doutais que vous existiez encore. Je ne sais quel conseil vous donner, mon enfant. Non, non, que ceux qui sont hors de leurs mains n'ouvrent point leur porte à ces mécréants! Le lieutenant et moi, nous sommes vieux, il importe fort peu que nous rendions nos comptes un peu plus tôt ou un peu plus tard, comme dit Pathfinder; laissez-nous donc à notre malheureux sort: à votre place je n'ouvrirais pas la porte. »

Le lieutenant Muir voulut protester.

Mabel ne croyait point que son oncle et lui fussent vraiment en danger, la présence de l'officier français la rassurant; elle s'écria :

« Qu'importe une jeune fille comme moi! je ne saurais nuire aux projets de nos adversaires. Je resterai dans ce fort, où j'ai trouvé un refuge convenable.

— Nos ennemis exigent la reddition du fort, s'écria Muir, et, comme officier du roi, j'ai donné ma parole qu'ils en prendraient possession. Vous allez être cause des plus grands malheurs, miss Mabel. »

Mabel sentit derrière elle Rosée-de-Juin, qui, tout en se cachant avec soin, s'était approchée, lui avait saisi la main et la serrait d'une façon significative.

« N'ouvrez pas la porte, murmurait l'Indienne; restez dans le fort. Parlez hardiment, et n'ayez pas peur. Ils ne courent aucun risque d'être massacrés. »

Mabel reprit courage; elle se mit à parlementer très hardiment, sentant fort bien qu'elle était soutenue par son oncle, et objectant à toutes les raisons que lui donnait le lieutenant Muir qu'il n'avait pu consentir à la reddition de la place, attendu qu'il n'avait aucun commandement effectif; que d'ailleurs il était prisonnier.

« Je resterai ici, Monsieur, lui dit-elle en matière de conclusion, jusqu'au retour de mon père, et je ne l'attends guère avant une dizaine de jours. Jusque-là, quoi qu'en puisse penser monsieur le lieutenant, je défendrai le fort envers et contre tous. »

Mabel s'était préalablement entendue en deux mots avec Rosée-de-Juin, dont personne ne soupçonnait la présence dans la citadelle; elle fit un signe à sa compagne, et celle-ci, montée à l'étage supérieur, pointa le canon d'une carabine contre les parlementaires. Cette simple démonstration suffit à mettre aux champs les Iroquois; ils coururent s'abriter derrière les arbres; l'officier français et Muir se tinrent couverts et sur leurs gardes; seul Cap demeura en place sans sourciller.

« Quels peuvent être vos compagnons? s'écria le lieutenant. J'ai le droit de connaître ceux qui travaillent au service de Sa Majesté.

— Que pensez-vous de Pathfinder, monsieur Muir? Les Indiens paraissent avoir reconnu sa carabine. »

Le nom de Pathfinder, ainsi heureusement jeté à la tête des assaillants, fit cesser toute obsession nouvelle; on parut ne plus tenir autant à la reddition du fort, et les plus courageux prirent dès lors des précautions pour n'en pas approcher de trop près.

Le silence se fit de nouveau dans cette partie de l'île; et lorsque les deux captives, car on peut bien leur donner ce nom, jetaient un regard au dehors, c'était pour retrouver l'affreux spectacle des soldats massacrés convertis en pantins, et jouant une horrible pantomime faite pour attirer leurs compatriotes dans un piège perfide, servant ainsi, même après leur mort, les intérêts de l'ennemi.

Rosée-de-Juin, montée jusqu'au haut de la tour, revint dire à son amie que Cap et Muir étaient en train de dîner tranquillement avec l'officier français à l'extrémité de l'île; que les Iroquois prenaient également leur repas à peu de distance, et que tout semblait fort calme.

Ne tremblant plus pour la vie de son oncle, qu'elle avait cru mort, Mabel était sans cesse occupée à se demander comment elle pourrait prévenir son père et l'empêcher de tomber dans le piège tendu par les Indiens. Comme la nuit allait venir, laissant la femme d'Arrowhead s'occuper des préparatifs du dîner, elle monta à son tour au sommet du fort, souleva avec précaution la trappe qui donnait accès sur la plate-forme, et, avançant seulement la tête pour n'être point trop en vue, elle inspecta soigneusement les environs.

Tous les passages qui conduisaient à l'île du Poste paraissaient complètement déserts; elle ne vit rien qui pût lui faire prévoir le retour de son père. Le soleil allait se coucher, et Mabel se disposait à redescendre, quand il lui sembla qu'une pirogue glissait dans l'un des canaux en s'abritant sous les branches des arbres. Elle ne put distinguer l'homme qui dirigeait l'esquif; à tout hasard, elle agita un petit drapeau dont elle s'était munie en montant. Son signal ne fut point aperçu tout d'abord; elle le répéta, quoique avec précaution, sans se décourager; à un moment donné, une rame se dressa dans la pirogue; l'homme qui la montait se montra tout entier, et Mabel reconnut Chingachgook. Le courage de la pauvre prisonnière et son énergie se ranimèrent; elle remercia Dieu sur-le-champ, agita encore une fois son drapeau pour dire au Mohican qu'elle comptait sur lui, et redescendit lentement vers l'étage inférieur de la tour.

Elle se dit aussitôt qu'il lui faudrait user de ruse avec Rosée-de-Juin; celle-ci, en effet, ne permettrait point sans doute qu'on introduisît le Grand-Serpent dans la citadelle; rien ne pourrait la décider à se prêter à un arrangement pouvant nuire aux siens, ou n'ayant pas exclusivement pour objet le salut de son amie.

Elle était persuadée, d'après les précautions que paraissait prendre le Delaware pour s'approcher du poste, qu'il connaissait les événements qui avaient suivi le départ de son père, et son cœur battait, se disant que Chingachgook pouvait venir d'un instant à l'autre, et qu'elle aurait dû se tenir constamment auprès de la porte, prête à lui ouvrir; mais elle n'osait prendre cette détermination, dans la crainte de donner des soupçons à Rosée-de-Juin. Elle eut cependant assez d'empire sur elle-même pour cacher ses préoccupations et trouver un expédient.

« J'ai peur, dit-elle à son amie, depuis que les vôtres croient que Pathfinder est ici, qu'ils ne mettent de nouveau le feu à la citadelle.

— Il n'y a pas de danger; ils ne reviendront pas de ce côté, ils ont trop peur de la carabine de Pathfinder.

— C'est égal, je vous en prie, montez là-haut et surveillez bien les environs; la nuit vient, et vous avez de meilleurs yeux que moi. »

L'Indienne ne parut pas convaincue de l'utilité de cette précaution; mais elle monta néanmoins pour être agréable à son amie. Elle ne céda point pourtant sans jeter à Mabel un regard inquisiteur que celle-ci soutint assez mal. Pensant que la fille du sergent pouvait encore méditer le moyen de prendre la fuite, comme elle en avait formé dans la journée plus d'une fois le projet, elle n'eut pas d'autres soupçons; elle se contenta de lui dire pour la centième fois peut-être :

« Le fort est sûr; nulle part vous ne serez en sécurité comme ici. Quoi qu'il arrive, Mabel, je vous en prie, ne mettez pas le pied dehors. »

Rosée-de-Juin grimpa alors quatre à quatre l'échelle qui conduisait au sommet de l'édifice. Mabel se glissa aussitôt sans bruit près de la porte et attendit; il serait difficile d'exprimer l'émotion qui s'empara d'elle quand elle crut s'apercevoir que quelqu'un poussait la porte du dehors et semblait demander à entrer; elle voulait savoir qui était là, mais elle ne parvint pas à arracher une parole de son gosier serré par l'angoisse. Au bout d'un instant, un coup léger fut frappé sur les poutres de la porte. Il n'y avait plus à hésiter, d'autant qu'elle entendait déjà Rosée-de-Juin qui redescendait, criant qu'elle n'avait rien vu, et qu'il fallait dîner et dormir tranquillement jusqu'au lendemain.

Faisant effort pour sortir de l'espèce de léthargie où l'avait jetée l'espoir mêlé de doute subitement éveillé en elle par la présence d'un ennemi sur le seuil de sa prison, elle commença à soulever les barres; mais ses mains tremblantes n'allaient pas vite en besogne. Elle entendait le mocassin de l'Indienne qui effleurait à peine les barreaux de l'échelle, et qui tout à l'heure allait la rejoindre et empêcher peut-être le succès de son entreprise. La première barre tomba, la seconde la suivit; elle allait soulever la troisième, quand Rosée-de-Juin se précipita sur elle, et, l'entourant de ses bras, lui cria :

« Qu'allez-vous faire? Vous voulez vous enfuir? Mais il faut rester ici; le fort est tout ce qu'il y a de plus sûr pour vous. Si vous sortez, vous êtes perdue. »

Mabel retrouva toute son énergie, et une courte lutte s'engagea entre les deux jeunes femmes, lutte sans violence et où Mabel eût été vaincue si l'homme qui était dehors n'eût poussé violemment la porte au moment où la fille du sergent, se dégageant des bras de son amie, toucha un instant une des extrémités de la dernière barre. La porte s'ouvrit toute grande; un guerrier de haute taille entra. Les deux femmes, aussi surprises l'une que l'autre, ne reconnaissant point le nouveau venu dans l'obscurité, regagnèrent le premier étage, où l'Indienne avait laissé une chandelle allumée. L'étranger, qui n'avait pas prononcé un seul mot, referma soigneusement l'entrée de la tour et remit en place les barres

Elles reconnurent Pathfinder souriant silencieusement.

qui l'assujettissaient; puis, s'orientant en homme qui connaît les êtres, il monta à son tour. Rien ne saurait rendre la joie de Mabel ni la surprise de Rosée-de-Juin, quand elles reconnurent Pathfinder les regardant avec son visage ouvert et franc, et souriant silencieusement selon son habitude.

« Que Dieu soit béni! s'écria Mabel. Oh! Pathfinder, savez-vous ce qu'est devenu mon père?

— Il va bien jusqu'à présent, quoiqu'il soit menacé, comme je viens de m'en rendre compte, des plus grands dangers. Mais n'est-ce pas là la femme d'Arrowhead? »

L'Indienne s'était blottie craintivement dans un coin.

« Oh! ne parlez pas d'elle avec mépris, je lui dois la vie. Mais racontez-moi ce qu'a fait mon père depuis son départ, et pourquoi il n'est pas encore de retour avec sa troupe; je vous dirai ensuite ce qui s'est passé ici.

— Vous n'aurez pas beaucoup à m'apprendre, Mabel; j'en ai vu assez, et je suis accoutumé depuis longtemps aux ruses perfides des Mingos. L'expédition a réussi; nous avons capturé trois bateaux français; nous les avons coulés au plus profond de la rivière; les sauvages du Haut-Canada ne seront point approvisionnés de poudre et de balles avant la saison prochaine. C'est toujours autant de gagné. Nous n'avons perdu aucun de nos hommes. Le sergent nous a dépêchés dans nos pirogues, le Serpent et moi, pour vous apporter cette bonne nouvelle, car avec ces grands bateaux un peu trop chargés il ne saurait arriver ici avant demain, et il va passer la nuit campé dans une île encore assez éloignée. J'ai quitté Chingachgook un peu après midi, pour ne point rentrer tous les deux par la même route et surveiller ainsi plusieurs passages en même temps. »

Mabel raconta alors au guide de quelle façon elle était entrée en relation avec le Delaware, et comment elle se tenait à la porte pour lui ouvrir, persuadée qu'il accourait à son appel.

« Lui? reprit Pathfinder, un vrai batteur d'estrade! Il ne se mettra jamais volontairement derrière une barrière de pierres ou de troncs d'arbres, tant que les bois seront ouverts devant lui. Moi-même je n'y serais point venu chercher un abri, si le sergent ne m'avait fait promettre de veiller à votre sûreté avant toute autre chose. Ah! Mabel, j'ai eu le cœur bien serré en faisant ce soir la reconnaissance de l'île...; je craignais bien que vous ne fussiez parmi les morts...

— Comment se fait-il que vous ayez échappé aux embûches des Iroquois?

— Un de ces incidents que la Providence ne ménage qu'à ceux qui savent user de ses dons. Ces ruses infernales de cadavres ne sauraient me tromper. J'ai aperçu de loin le prétendu pêcheur qu'ils ont placé au bord de l'eau; j'ai remarqué tout de suite, en le considérant d'un passage situé en face, qu'il tenait sa ligne trop élevée : un soldat du 55ᵉ qui a appris à pêcher dans l'Ontario ne commet pas semblable faute; cela m'a mis en défiance. J'ai observé mon homme, et j'ai vu qu'il était trop tranquille pour un pêcheur qui ne voit rien mordre à l'hameçon.

— Pensez-vous que mon père puisse aussi découvrir la ruse et échapper aux pièges des sauvages?

— Oui, si le Serpent a pu le rejoindre ou si je puis le prévenir; sinon il court fort risque d'être surpris. Malheureusement nous ne savons pas à quelle heure il rentrera.

— Pathfinder, dit tout à coup Mabel en se redressant et en prenant un ton solennel, je puis dire que vous m'avez manifesté un instant le désir de me prendre pour épouse...

— Oui, c'est la vérité, vous pouvez dire cela, répondit simplement Pathfinder, très surpris de la tournure que prenaît l'entretien; j'ai osé faire cela, mais je ne suis point homme à persécuter ceux que j'aime...

— Écoutez-moi, Pathfinder, reprit Mabel, en proie à une vive exaltation, je vous honore et vous révère plus que personne au monde; sauvez mon père, et vous avez mon consentement à notre mariage.

— Voilà un bonheur que je ne m'attendais pas à trouver cette nuit, dit simplement le pauvre chasseur; je ne le mérite pas, et je ne sais s'il serait sage d'en profiter. Mais, je vous prie, Mabel, soyez sûre que je n'avais nul besoin d'une pareille promesse pour me dévouer au salut du sergent, car nous sommes de vieux camarades, et nous nous devons mutuellement la vie.

— Maintenant que vous avez ma parole, reprit Mabel, qui n'avait point écouté sa réponse, ne pouvez-vous me prendre dans votre pirogue et m'emmener à la rencontre de mon père?

— Non, non, dit le guide en secouant la tête, ce n'est pas là ce que nous devons faire. Il y a vingt passages, trente peut-être, par lesquels votre père peut revenir. Non, il faut rester ici; ces troncs sont solides; ils sont verts encore et ne brûleraient pas facilement, et à moins d'incendie je puis vous défendre ici contre une tribu tout entière. Je ne crois pas que le sergent revienne avant le jour; il m'a dit qu'il camperait encore une nuit dehors afin de ménager ses équipages; à la vérité, il pouvait rentrer ce soir en faisant diligence; mais il vaut mieux qu'il en soit ainsi, nous pourrons l'avertir de se mettre sur ses gardes en lui faisant quelque signe, ou en tirant un coup de carabine. D'ailleurs, le Serpent, que vous avez prévenu et qui a dû se rendre compte de la situation, va sans doute le rencontrer. Mabel, je crois que notre devoir est de rester ici, bien qu'il ne nous fût pas difficile de nous échapper tous les deux.

— Restez donc alors, Pathfinder, et que le Ciel vous inspire! Je suis prête à tout faire comme à tout souffrir pour sauver mon père!

— Je suis content de vous entendre parler ainsi, Mabel; oui, je suis content; ce que vous dites est dans la nature. Il faut défendre votre père, il faut le soutenir. Il a réussi dans son entreprise; il est vrai que l'île du Poste est tombée entre les mains de nos ennemis, et que nous avons là quatre soldats privés de leurs chevelures...

— Mais on ne saurait rendre mon père responsable de ce malheur; il ne pouvait pas deviner que nos ennemis connaissaient la position du fort.

— C'est vrai; je ne sais vraiment pas comment les Français ont pu obtenir des renseignements si précis. Il y a eu certainement trahison de la part d'un des nôtres.

— Oh! Pathfinder, croyez-vous que cela soit possible?

— La trahison, reprit le guide, est aussi naturelle à certaines gens que la faim. Pour moi, quand je rencontre un homme dont la parole est mielleuse, j'examine prudemment sa conduite; car, quand le cœur est droit, la langue n'a pas besoin de prendre un chemin détourné.

— Pensez-vous, s'écria Mabel, plus préoccupée de ses propres pensées que des paroles mêmes du guide, pensez-vous que Jasper Western soit du nombre de ces hommes? Je le regarde comme le jeune homme le plus sincère, et je ne crois pas que sa langue soit jamais en désaccord avec son cœur.

— Jasper Western! Il n'y a rien de plus vrai au monde que la langue et le cœur de ce garçon-là. Les doutes de Lundie et des autres ne méritent pas la moindre attention et sont dignes de tous les mépris. Je répondrais de l'honnêteté d'Eau-Douce sur ma propre chevelure et même sur ma carabine.

— Je vous remercie du fond du cœur, Pathfinder, s'écria Mabel en proie à une sorte de ravissement qu'elle ne cherchait même pas à cacher; vous êtes noble et généreux, Dieu vous récompensera. »

En même temps elle avait saisi la main de Pathfinder, et elle la serrait entre la sienne sans trop se rendre compte de ce qu'elle faisait. Lui l'observait tranquillement avec un sourire bienveillant, mais où l'observateur attentif aurait pu découvrir un peu d'amertume et de regrets.

Tout à coup, revenant à elle, et sans doute pour changer le cours de ses pensées, elle demanda au guide s'il ne vaudrait pas mieux pour eux de laisser Rosée-de-Juin sortir du fort et rejoindre Arrowhead si elle le jugeait à propos.

« J'y ai pensé, dit-il; mais il serait plus sûr de la mettre à l'étage supérieur et de retirer l'échelle.

— Elle m'a rendu trop de services, reprit vivement Mabel, pour que je consente à la traiter en ennemie.

— Ah! vous ne connaissez guère cette race de reptiles, » dit le chasseur, et en prononçant ces mots il se dressa d'un brusque mouvement et tendit l'oreille, faisant signe à Mabel de garder le silence.

« C'est un bruit de rames, reprit-il au bout d'un instant; un bateau qui traverse le passage. »

Aussitôt il ferma la trappe qui conduisait en bas pour empêcher Rosée-de-Juin de s'échapper, puis il courut à une meurtrière; Mabel se pencha pour regarder par-dessus son épaule. Malgré les ténèbres, l'œil pénétrant du guide aperçut deux bateaux engagés dans le passage et longeant la rive; ils s'arrêtèrent à cinquante toises du fort. D'où venaient ces barques? Contenaient-elles des amis ou des ennemis? Était-ce le sergent qui rentrait, en avance de douze heures, s'étant hâté pour embrasser plus tôt sa fille? Les Français envoyaient-ils un renfort aux leurs, trouvant qu'ils avaient trop attendu l'issue de cette expédition?

Pathfinder répétait à Mabel qu'il ne lui semblait pas possible, d'après ce qu'il lui avait dit lui-même le matin, que son père arrivât à cette heure avancée de la nuit.

On aperçut vaguement dans l'ombre deux ou trois hommes quitter les bateaux; une exclamation en anglais monta jusqu'aux oreilles du guide; il se redressa, surpris, mais prêt à agir: ses compatriotes, ses amis étaient là; ils arrivaient sans défiance, ils tombaient dans le piège tendu par leurs ennemis.

Il avait déjà soulevé la trappe; il se laissa glisser le long de l'échelle; il se mit rapidement à enlever les barres de la porte. Mabel l'avait suivi; elle voulut l'aider; elle ne fit que retarder ses mouvements. Comme la porte s'entr'ouvrait, ils virent tout autour, sur la lisière du bois, d'éclatantes lueurs aussitôt disparues et laissant l'obscurité la plus profonde, et en même temps ils entendirent les coups répétés d'une vive fusillade. Le cri de guerre des sauvages fut poussé de tous côtés, puis immédiatement tout rentra dans le silence et dans l'ombre.

« Mon père, mon pauvre père est assassiné! dit Mabel, parlant vivement, mais pourtant fort bas.

— Rentrez dans le fort, lui dit Pathfinder. Que se passe-t-il donc? fit-il encore comme se parlant à lui-même et en retenant de vive force la jeune fille. Je n'ai pas entendu un cri; il n'y a pas une seule lanterne dans les bateaux. Que faire? Hélas! j'ai laissé Tue-Daim dans le fort. »

En retenant Mabel, il avait cédé sans s'en apercevoir: ils s'étaient éloignés de quelques pas de l'entrée de la citadelle. Il vit tout à coup comme des ombres s'avançant le long du bois pour lui couper la retraite. Il saisit Mabel et l'emporta; son fardeau vite déposé à terre, car la jeune fille était devenue inerte et défaillante dans ce brusque mouvement, il ferma l'entrée. La première barre était à peine assujettie, que les Indiens se ruaient sur la porte pour l'enfoncer ; elle tint bon, et, sans doute ayant reconnu leur adversaire, ils se mirent en toute hâte hors de la portée de sa redoutable carabine.

Pathfinder ralluma la chandelle et visita minutieusement le fort, pour être sûr qu'aucun ennemi ne s'y était introduit pendant leur absence. Il n'y avait personne ; Rosée-de-Juin avait pris la fuite.

Mabel, ayant recouvré son énergie, se releva et dit au chasseur :

« Hélas ! mon pauvre père est mort ou captif. Qu'allons-nous faire maintenant ?

— L'affaire n'est pas terminée, dit le guide, les Mingos n'ont pas hurlé leur victoire. Il faut attendre et tâcher de découvrir quelque indice. La femme d'Arrowhead leur a dit que j'étais là ; ils ne se hasarderont pas de ce côté pour l'instant. »

Mabel fut secouée de la tête aux pieds par un frémissement douloureux :

« J'entends un gémissement, dit-elle ; écoutez, Pathfinder. Il y a quelqu'un en bas qui souffre ; mon père...

— C'est sans doute une ruse de nos ennemis pour nous attirer dehors...

— Non, non, reprit Mabel, il y a là quelqu'un qui gémit et appelle à son aide ; mon père, peut-être... »

Le guide éteignit la chandelle, ouvrit doucement une meurtrière et demanda doucement :

« Qui est là ? »

Il y eut un silence assez long ; les gémissements s'étaient arrêtés ; pourtant une voix faible murmura :

« Pathfinder ! »

— Mon père, dit Mabel, ô mon père ! »

Le chasseur et la jeune fille entendirent alors distinctement le sergent Dunham qui disait :

« Mon Dieu ! soyez béni, ma fille est en sûreté ! »

Pathfinder enlevait déjà les barres de la porte ; il le fit, malgré l'angoisse et l'émotion d'un semblable moment, avec toutes les précautions imaginables. Comme la dernière barre cédait, il sentit qu'un poids pesait sur la porte ; il n'osa la refermer, bien que la pensée d'un piège lui traversât l'esprit. La porte s'ouvrit toute grande, et le sergent tomba tout de son long sur le plancher. Très vite il l'attira complètement à l'intérieur, repoussa la porte et remit les barres en place.

Mabel n'avait pas dit un mot ; mais elle avait déjà baigné les tempes du blessé avec de l'eau ; elle lui arrangeait une couchette et lui prodiguait tous les soins qu'il pouvait attendre d'une fille aussi tendre et aussi courageuse. Pathfinder, accoutumé à ces sortes d'accidents, examina la blessure de Dunham : une balle lui avait traversé le corps, et, sans en rien laisser paraître, il eut le chagrin de constater que son ami ne survivrait pas longtemps à sa blessure.

XX

Le sergent Dunham fut laissé au rez-de-chaussée de la citadelle, son état ne permettant point de le monter à l'aide d'une échelle dans l'appartement supérieur. Il souffrait horriblement, mais avec un grand calme; ses yeux brillants ne perdaient point de vue le visage de sa fille. Lorsque la vie menace de nous échapper, nous commençons à sentir le prix de nos affections; elles ne nous paraissent jamais si nécessaires et si douces qu'à l'heure où nous allons les perdre.

« Que Dieu soit béni! dit-il avec effort après s'être reposé un instant, vous avez été épargnée... Mais, Pathfinder, dites-moi comment tout cela est arrivé.

— Nous avons été trahis, et sans le fort...

— Duncan avait raison; il m'a prévenu...

— Oui, mais pas comme vous l'entendez. Nous avons été trahis, mais Jasper Wéstern n'y est pour rien; c'est le cœur le plus brave et le plus fidèle...

— Oh! que vous avez raison! s'écria Mabel jusque-là silencieuse, mais surexcitée tout à coup par l'allusion de son père et fondant en larmes; vous avez raison, et Dieu vous bénira pour cette parole. Les gens de cœur doivent se défendre mutuellement, se soutenir entre eux. »

Le sergent, oubliant sa souffrance, regarda longuement sa fille; il voulait lire dans ses yeux la raison qui lui faisait prendre si chaleureusement parti pour Jasper; il reporta ses yeux sur le guide pour l'interroger à ce sujet. Pathfinder conservait l'expression de franchise et de loyauté qui lui était habituelle; mais un nuage léger avait néanmoins passé sur son front en entendant les paroles si vives de la jeune fille.

« Vous vous rappelez, dit ce dernier, continuant le récit de ce qui s'était passé en l'absence du sergent, le lieu et l'heure où nous vous quittâmes, Chingachgook et moi. Si j'étais resté avec vous..., ce pauvre Gilbert, qui a pris ma place... Mais je ne veux pas me vanter; il eût mieux valu pour vous, sergent, me garder avec vous.

— Hélas! dit Dunham, Gilbert est tombé à côté de moi; mais nous avons manqué de précaution. Hélas! nous sommes punis de nos méprises...

— Jusque-là, sergent, tout allait bien; notre expédition avait été merveilleusement conduite, l'ennemi se souviendra de votre rude attaque. Mon ami, vous avez merveilleusement manœuvré quand vous vous êtes emparé de leur obusier...

— Hélas! dit Dunham, dont les yeux étincelaient malgré tout de fierté au souvenir de ces exploits, hélas! il est retombé entre les mains de nos ennemis; ils le tourneront contre nous.

— Ne pensons point à cela, mon ami; le fort est solide, et, s'ils n'y mettent le feu, nous résisterons longtemps. Chingachgook connaît notre situation; Mabel l'a vu et lui a annoncé sa détresse. Sûrement il travaille déjà à nous venir en aide; nous pouvons avoir confiance en lui. Lorsque j'approchai de l'île du Poste après vous avoir quitté, il me sembla

Maître Cap, Pathfinder et Mabel dans le fort.

qu'elle était bien silencieuse. Je connais les soldats du 55e; cela me parut étrange ; j'étais donc averti quand j'arrivai dans le passage en face du prétendu pêcheur, je n'y fus pas trompé... Je pensai avant tout à Mabel, sergent, et j'accourus à son aide, prêt à mourir avec elle s'il le fallait. »

A ces mots, Dunham jeta un regard sur sa fille, et celle-ci sentit que, même en présence de son père mourant, son cœur pouvait être atteint par d'autres douleurs non moins vives que la perte de ceux que nous aimons le plus ici-bas. Le vieux soldat, la voyant tout en larmes, lui prit la main et dit avec solennité :

« Mabel, vous vous souvenez de notre dernière conversation ; mon heure est venue... Je ne saurais me faire d'illusions...; je meurs en soldat, et, grâce à Pathfinder, Lundie me rendra justice... Vous vous rappelez votre promesse, ma fille...

— Mon père, pensez à vous; d'ailleurs, mon heure n'est-elle point aussi venue ? Je veux mourir avec vous ! Que Pathfinder s'échappe du fort et aille à Oswego porter ces tristes nouvelles... Il peut échapper aux Mingos, lui ; rien ne saurait le retenir ici.

— Mabel Dunham, dit Pathfinder sans violence, mais avec un chagrin évident, je n'ai point mérité de semblables paroles... Je sais fort bien que je suis grossier, brusque, maladroit...

— Pathfinder ! dit Mabel déjà repentante.

— Soit, vous avez dit cela sans y penser. Je ne puis vous abandonner ainsi ; le sergent le sait bien, et vous aussi, Mabel. Le fort peut tenir quelque temps, et Chingachgook nous enverra du secours. »

Mabel s'était rapprochée du guide; elle regrettait évidemment d'avoir blessé cet excellent cœur, elle voulait le lui faire entendre. Le sergent, devinant cette intention et se l'expliquant au gré de ses propres désirs, dit tout à coup :

« Pathfinder, Mabel, venez tous les deux près de moi ; j'espère que vous vous entendez maintenant...

— Mon père, dit Mabel, ne parlez point de cela, je vous prie ; tout se fera conformément à vos désirs.

— Dieu soit loué ! dit le blessé avec un vif sentiment de joie, je mourrai content. Mabel, Pathfinder, donnez-vous la main. Que ma mort ne soit point une raison qui retarde votre union ! Cap retournera à son bâtiment ; je ne veux pas, Mabel, que vous restiez seule, sans guide et sans soutien.

— C'est mon affaire, cela me regarde, dit tranquillement Pathfinder ; laissez tout entre mes mains, rapportez-vous-en à moi, mon ami ; tout sera pour le mieux !

— J'ai confiance en vous et vous donne pleins pouvoirs. Que Dieu vous bénisse, Mabel !... »

Le vieillard eut une défaillance, causée par la violence de ses émotions ; il dut garder le silence et se reposer durant quelques instants. Mabel s'empressa avec tendresse autour de ce père qu'elle connaissait depuis si peu de temps, et qu'elle aimait pourtant d'une affection si vive, si dévouée ; elle sentait néanmoins un poids accablant peser sur son cœur, et elle eût été heureuse de mourir avec son père.

Après un silence long et pénible, le sergent reprit un peu de forces, et se mit à raconter en phrases entrecoupées ce qui lui était arrivé depuis qu'il avait quitté Pathfinder et le Delaware. Il dit qu'ayant trouvé le vent plus favorable et ayant gagné du temps de cette façon, au lieu de camper une nuit de plus au dehors, il s'était décidé à rentrer directement. Quoique surpris de ne pas trouver de sentinelle à l'arrivée, il avait débarqué sans précautions ; les soldats, préoccupés de leurs sacs, avaient laissé leurs armes dans les bateaux. L'ennemi avait tiré de si près, que tous ses coups avaient porté : tous ses soldats étaient tombés autour de lui ;

il ne s'expliquait pas pourquoi les Iroquois n'étaient pas immédiatement venus leur enlever leurs chevelures. Tombé en même temps que les autres et grièvement blessé, Dunham avait entendu les cris de Mabel pendant sa courte sortie avec Pathfinder; la croyant elle-même en danger, il avait, malgré ses souffrances, trouvé la force de se traîner jusqu'à la porte de la petite citadelle, où ses gémissements avaient annoncé son arrivée. Il avouait qu'il n'aurait pu faire un pas de plus, et qu'il avait cru mourir sur le seuil.

Après ce récit, souvent interrompu, Dunham dut se reposer pendant longtemps, les efforts qu'il venait de faire l'ayant complètement épuisé. Pathfinder le laissa aux soins de Mabel, et il commença l'inspection des moyens de défense qui se trouvaient dans le fort. Il y avait là une douzaine de fusils, formant la réserve du corps expéditionnaire; il les passa en revue et s'assura qu'ils étaient convenablement chargés. Il les déposa tous à portée de sa main, pour le cas où une attaque subite le mettrait dans la nécessité de défendre le fort contre les Iroquois.

Dunham, pendant ce temps, sentait ses forces s'en aller peu à peu; durant sa vie, il n'avait guère pensé à la mort, et à l'heure présente, sauf l'affection qu'il portait à sa fille et le sentiment de son honneur de soldat, tout disparaissait et lui semblait à peine digne de son mépris. Il eût donné beaucoup pour avoir auprès de lui un ministre du Seigneur qui pût lui faire entendre, à ce moment suprême, les dernières consolations et les derniers encouragements que la religion ne refuse pas d'ordinaire à ses enfants.

Mabel regardait son père, lui prodiguait toutes les marques de la tendresse la plus vive, s'interrompait pour prier, se relevait pour interroger la respiration haletante du blessé; elle ne se rendait pas absolument compte de ce qui se passait, tant était grande sa surexcitation. Son calme ne l'avait cependant pas complètement abandonné; elle entendit tout à coup heurter doucement à la porte. Pathfinder était encore en haut, elle ne voulut pas l'appeler; elle se mit à enlever doucement les barres de la porte, pensant que c'était Chingachgook qui venait rejoindre ses amis. Ce fut Cap qui entra; la porte fut immédiatement refermée et solidement barricadée.

A la vue du sergent sur le point de rendre l'âme, le vieux marin fut attendri; c'était au fond un homme fort honnête et d'une nature très droite. L'outrecuidance et l'absolue confiance qu'il avait en lui-même pouvaient le faire dévier de la bonne route; mais il n'était pas incapable d'y rentrer et d'avouer qu'il s'était trompé. Il expliqua son arrivée dans le fort d'une façon assez obscure: il avait, disait-il, profité du sommeil de ses gardiens; le quartier-maître dormait aussi profondément; lui-même, à cause des liqueurs qu'on les avait obligés de prendre pour les empêcher de venir en aide à leurs compatriotes lors du débarquement, qui avait été prévu par les Iroquois, avait dormi longtemps. A son réveil, il avait trouvé sous les broussailles le canot de Pathfinder, et était venu aborder au pied du fort. Tout cela n'était pas fort clair; mais personne ne songeait à lui demander des explications.

« Pathfinder, dit-il en terminant, — car le guide était accouru à son entrée dans le fort et l'avait écouté avec une grande attention, — nous ferons, avant d'amener notre pavillon, une résistance honorable, et nous tâcherons d'obtenir de bonnes conditions. J'aurais aimé à agir de cette façon quand ces vagabonds se sont emparés de nous, lors du massacre de Mac-Nab; mais le lieutenant Muir n'a pas voulu... Ils m'ont entraîné dans un de ces trous dont l'île est remplie, et nous sommes restés là, tapis comme des conspirateurs, jusqu'à ce que la faim nous ait obligés à en sortir.

Je voulais commencer par des pourparlers, il n'a pas voulu; j'ai dû consentir à baisser pavillon, il y avait quarante-huit heures que je n'avais mangé. »

Mabel, uniquement préoccupée des souffrances de son père, n'écoutait plus son oncle; Pathfinder était remonté sur le toit pour surveiller l'ennemi. Cap, faute d'auditeurs, dut garder le silence.

Le sergent, se sentant un peu plus calme, fit signe qu'il souhaitait s'entretenir avec son beau-frère. Mabel gagna le premier étage, bien qu'avec une répugnance marquée; elle obéit néanmoins, conjurant son oncle de ne pas oublier que son père ne pouvait soutenir une longue conversation, et qu'il importait de le ménager.

Cap, dont le cœur était véritablement bon, devina que la plus grande inquiétude de ce pauvre père mourant était la pensée de sa fille, demeurant seule dans une région si différente du milieu où elle avait été élevée; il s'empressa de rassurer son frère :

« Elle est bonne fille, dit-il, elle ressemble à ma pauvre sœur; je vous promets de lui trouver un bon mari.

— Ma fille est pourvue, dit le sergent; elle sera la femme de Pathfinder.

— Pathfinder, soit! reprit maître Cap un peu surpris; je n'aurais pas cru qu'il pût convenir à votre fille. Je dois dire néanmoins que c'est un homme sûr et courageux.

— Ah! si je l'avais gardé avec moi, je ne serais pas tombé dans le piège qui m'a été tendu, et j'aurais évité les plus grands malheurs.

— Frère, dit Cap, vous n'avez point de reproches à vous faire, vous avez été vaincu par la plus perfide des trahisons; nous en avons causé avec le quartier-maître dans notre cachette, et nous sommes tombés d'accord que Jasper Western était cause de tous nos maux.

— Je le crains, murmura le sergent; oui, je crois que Jasper nous a trahis... »

Il aperçut Pathfinder, qui venait de redescendre; il voulut lui parler; mais celui-ci mit un doigt sur sa bouche, fit signe à Cap de le suivre en haut pendant que Mabel, redescendue avec lui, le remplacerait au chevet du moribond.

« Qu'y a-t-il? demanda Cap en arrivant à l'étage supérieur. Avez-vous découvert du nouveau ?

— Les Mingos sont en bas, ils veulent mettre le feu au fort; j'entends la voix d'Arrowhead qui les excite à mettre tout de suite à exécution cet infernal projet. Nous avons ici quatre ou cinq tonnes d'eau; nous pouvons donc soutenir un siège pendant un temps assez long, et donner à Chingachgook le temps de nous amener d'Oswego des libérateurs, car je compte sur lui. Je sais que le salut nous viendra de ce côté. »

Le guide éteignit alors la chandelle et ouvrit une meurtrière, attendant une sommation qui ne pouvait manquer de lui être faite d'un instant à l'autre. Il eut bien soin cependant de ne point se placer en face de l'ouverture, et il tenait sa carabine à portée de sa main.

Au bout de quelques instants, une voix bien connue se fit entendre :

« Maître Pathfinder, s'écria le lieutenant Muir, je viens à vous en ami. N'oubliez pas que vous avez affaire à un officier du 55e.

— Que demandez-vous, quartier-maître? Ce n'est pas le moment de parlementer ainsi, au milieu de la nuit. Mes ennemis devraient se souvenir que Tue-Daim est avec moi dans le fort.

— Oh! je ne viens pas en ennemi, cher Pathfinder, et vous ne voudriez pas tenter contre moi rien qui pût nuire à ma sécurité. Vous avez du bon sens, et vous comprendrez qu'en vous soumettant de bonne grâce, vous obtiendrez plus qu'en essayant une résistance impossible. Je viens vous conseiller de rendre le fort, et vous donner l'assurance que vous serez traités en prisonniers de guerre.

— Je vous suis fort obligé de vos bons conseils, quartier-maître ; mais mes vivres ni mes munitions ne sont point épuisés, et je ne songe nullement à me rendre avant d'avoir essayé à défendre la place.

— Votre résolution vous fait honneur ; mais songez que tous les vôtres sont tombés, et maître Cap lui-même...

— Pas le moins du monde, cria le vieux marin ; je ne suis point tombé. A la vérité, lieutenant, vous m'avez fait descendre dans un trou et aussi tomber dans un piège, je le crains bien ; mais enfin cela s'expliquera plus tard, car il y a des circonstances... En attendant, je suis monté au haut de ce fort, et je trouve l'endroit fort agréable pour l'instant et très sûr, ce qui ne gâte rien.

— J'en suis charmé, — si toutefois c'est la voix d'un être vivant que j'entends ; — mais il n'importe, Pathfinder, même avec maître Cap, vous ne pouvez songer à vous défendre contre tout un parti d'Iroquois...

— C'est pourtant mon intention, et votre beau langage, lieutenant, ne m'en fera point changer.

— Qu'attendez-vous de cette résistance obstinée ? Le pauvre sergent Dunham est mort...

— Vous vous trompez encore, monsieur Muir ; le sergent est également dans le fort, et l'on peut dire que toute sa famille y est réunie.

— Je me réjouirais de l'apprendre, si je ne savais que ces Indiens sont résolus à mettre le feu à la citadelle, et que par conséquent vous serez tous ensevelis sous ses décombres.

— Ne craignez rien, monsieur Muir, et tenez pour certain

20

que quiconque s'approchera du fort avec des intentions hostiles me trouvera sur son chemin. Demandez aux Iroquois ce qu'ils pensent de Tue-Daim.

— C'est de la folie! Vous n'avez nul moyen de tenir; vous ne pouvez être secourus...

— Ne comptez-vous donc pour rien Chingachgook, que nous avons prévenu de notre embarras; Eau-Douce, qui est allé à Oswego et qui nous ramènera du renfort? Écoutez, lieutenant, vous avez votre opinion, et j'ai la mienne; vous ne changerez pas de sentiments, ni moi non plus; mais vous en avez déjà trop dit pour un officier du roi. Si nous sommes tous brûlés, nous le serons pour soutenir l'honneur des armes de Sa Majesté.

— Vous n'exposerez pas Mabel aux horreurs d'un siège en règle.

— Je la trouve beaucoup plus en sûreté ici qu'avec vous. Vous avez un compagnon, un Tuscarora, dont je crains les perfides desseins... En tout cas, Mabel est avec nous et désire y rester. Le sergent a reçu une blessure qui lui fait le plus grand honneur; elle s'occupe à soigner son père, comme une bonne et excellente fille qu'elle est. Mais assez de discours; j'aime mieux agir que parler. Veuillez vous retirer ainsi que vos alliés, et que chaque parti fasse usage de ses moyens d'action selon ses dons et sa nature. »

Quand les Iroquois connurent l'insuccès de leur parlementaire, ils poussèrent des cris horribles; mais ni Pathfinder ni Cap n'en furent épouvantés. Ce dernier, selon ce qui avait été réglé, monta en toute hâte sur le toit; il y trouva déjà une dizaine de flèches enflammées et en eut promptement raison. Tous les troncs du fort retentirent sous le choc des balles; toutefois ces décharges ne pouvaient causer de grands dégâts.

Mabel, qui entendit tout ce vacarme, mais qui ne pouvait courir de danger, la partie basse du fort n'ayant aucune ouverture, fut cependant fort effrayée, d'autant plus que Dunham, agonisant, reconnaissant un bruit familier à ses oreilles de soldat, se mit à crier dans son délire :

« Faites charger les grenadiers ! Que les compagnies légères se préparent à marcher ! »

A ce moment un coup de canon retentissant se fit entendre, une bombe déchira la muraille de bois du fort, et tout le bâtiment en fut ébranlé. Pathfinder fut sur le point d'être atteint par les éclats de l'obus; heureusement il s'était à temps jeté sur le plancher. Mabel, entendant ce choc terrible, avait poussé un grand cri, et Dunham, secoué sur son lit d'agonie, avait élevé la voix et dit avec force :
« Chargez ! »

« Mabel ! cria Pathfinder entr'ouvrant la trappe, il n'y a point de mal. Ces reptiles ont trouvé sur nos bateaux l'obusier que nous avions pris aux Français; heureusement c'est la seule bombe qu'ils aient trouvée. Il y a quelques dégâts là-haut, mais point trop de mal. »

Maître Cap, au sommet de la petite citadelle, se conduisait très bravement; le vieux marin calme et courageux se retrouvait tout entier. Ce que son caractère vantard et fanfaron contenait de désagréable avait complètement disparu; il restait l'homme dévoué, fort, énergique, prêt à tout pour défendre les siens et narguer ses ennemis.

Il ne prenait même pas la peine de s'abriter; il défiait les Iroquois, riait de leurs coups, et, par un hasard vraiment étonnant, ils ne parvenaient pas à l'atteindre. Lorsque la bombe éclata sous ses pieds, il salua avec un grand geste et un sourire de mépris. Les sauvages demeurèrent étourdis d'une pareille audace, et, ne s'expliquant pas le calme de leur ennemi en face d'un pareil danger, ils en conclurent qu'il était fou et cessèrent de tirer sur lui, les traditions des Indiens les empêchant de jamais essayer de nuire à un être privé de raison; il fut sauvé par son imprudence et l'excès même de son audace.

Pathfinder avait une manière d'agir bien différente; il eût pu passer, aux yeux d'un étranger, pour trop prudent. Pendant les dix premières minutes de l'attaque insensée des Iroquois, il se contenta de s'abriter soigneusement. Les meurtrières ouvertes lui permettaient de voir ce qui se passait au dehors; mais il ne s'en approchait qu'avec les plus grandes précautions, et pas une fois il ne mit les mains sur son arme terrible avec la pensée de riposter contre un ennemi que sa rage folle plaçait pourtant à sa portée. Mais quand il entendit le bruit des mocassins devant la porte du fort, et qu'il comprit qu'on entassait des broussailles et qu'on préparait un bûcher, il appela maître Cap et le fit mettre auprès d'une meurtrière avec de l'eau à sa portée, lui recommandant bien de ne point agir avant le signal. Il voulait laisser monter la flamme un peu pour choisir parmi ses ennemis l'Iroquois qu'il jetterait sur le terrain. L'œil sûr du guide inspectait les environs; il dit tout à coup à Cap :

« Y êtes-vous, l'ami? Le baril est bien à votre portée? Prenez garde à ne point perdre d'eau inutilement.

— Je suis prêt, dit Cap.

— Alors attendez le signal. Je vais profiter de ce qu'il fait clair. »

Tue-Daim fut soulevé lentement, le coup partit.

« Voilà un Iroquois de moins, dit le guide en rechargeant son fusil. Tenez-vous prêt, maître Cap, j'en vais encore expédier un autre. »

Un grand cri, répondant au second coup de Tue-Daim, démontra la vérité de cette assertion.

« Versez l'eau maintenant, cria-t-il; versez, il ne faut pas nous laisser griller.

— Gare à l'eau ! » dit Cap en versant son baril sur le foyer.

L'endroit avait été si bien choisi, que le bûcher s'éteignit subitement et que tout rentra dans la plus profonde obscurité.

Le reste de la nuit s'écoula en paix; Pathfinder et Cap veillèrent alternativement, de crainte de surprise. Mabel ne quitta point le chevet de son père; le sergent demeura assez calme, mais ses forces s'en allaient, et tout faisait prévoir que l'heure suprême ne tarderait guère à arriver.

XXI

Dès l'aurore, Pathfinder et Cap montèrent sur le toit, et, protégés par le parapet circulaire qui en faisait le tour, ils examinèrent les environs. De ce sommet, le regard embrassait l'île entière; elle était de forme ovale, sa plus grande étendue allant de l'est à l'ouest. Le vent soufflait du sud, et Cap fit cette réflexion qu'à l'heure présente, en suivant les passages qui longeaient les bords de la petite île, grâce à la direction du vent, il eût été possible de côtoyer les deux côtés principaux et de conserver toujours le même vent en travers. Le marin étudiait la situation, en se demandant si l'on ne viendrait pas bientôt d'Oswego à leur secours. Tout à coup, après avoir fait l'inspection de l'horizon, il s'écria avec une joie profonde :

« Une voile! »

Pathfinder aperçut bientôt le point blanc que Cap avait signalé; le bâtiment en vue ne portait que ses voiles majeures; mais la force du vent était si grande, que le gréement tout entier semblait voler à travers les percées du feuillage avec la vitesse d'un cheval de course : on eût dit un nuage courant à travers les cieux.

Dans cette vision rapide, le guide, accoutumé à ses bois, ne reconnaissait point le cutter de son ami; il ne put s'empêcher de murmurer :

« Il a laissé passer l'heure! C'est certainement quelque navire français venant au secours de ces maudits Mingos. »

Cap, reprenant son ton dogmatique et pédant, fut bien aise de faire remarquer au célèbre chasseur qu'il se trompait en cette circonstance, et que ses yeux le servaient mal.

« C'est bien la têtière de la grande voile du *Scud;* ses voiles en pointes sont plus petites qu'on ne les fait ordinairement, je les reconnais bien. D'ailleurs, la corne en est jumelée; je conviens que ce travail a été proprement fait, mais elle est jumelée.

— Tant mieux! dit Pathfinder, ne comprenant rien à ce langage technique; si c'est Jasper, nous pouvons défendre le fort contre toute la nation des Mingos. Pourvu qu'il ne vienne pas s'amarrer au rivage sans aucune précaution, et qu'il ne tombe pas, comme notre pauvre sergent, dans une embuscade.

— Vous avez raison, cela est fort à craindre, d'autant plus que le pauvre garçon ne me paraît pas bien fort, ayant toujours navigué sur cette mare d'eau douce. Et puis, pouvons-nous être sûrs de lui? C'est l'allié secret des Français ; c'est l'opinion du sergent, et cela m'a tout l'air, à moi, d'une trahison.

— Nous le saurons bientôt, répondit le guide; nous ferons bien pourtant de donner à ce pauvre garçon quelque signal qui l'oblige à se mettre sur ses gardes. »

L'anxiété et l'incertitude les empêchèrent néanmoins de rien faire; il eût fallu se décider promptement, et le *Scud* arrivait avec une rapidité vertigineuse. On ne voyait d'ailleurs personne sur le pont, et le gouvernail paraissait se mouvoir seul; mais Cap s'aperçut bientôt qu'il était manœuvré d'en bas à l'aide de drisses, et il devina que l'équipage se dissimulait derrière les bastingages, à l'abri des coups de fusil de l'ennemi. Ce fait démontrait la faiblesse des arrivants, et n'était point de bon augure.

« Hélas! le Serpent n'aura pas pu arriver à temps à Oswego. Pourvu que Lundie ne se soit pas avisé de remplacer Jasper! Eau-Douce, dans la circonstance, vaut pour nous une armée entière. A nous trois, nous pourrions toujours faire une glorieuse défense : vous, comme marin, en entretenant des communications avec le cutter; Jasper, en manœuvrant sur le lac, et moi, selon ma nature, en déjouant l'astuce et la malice des Mingos. Oui, il faut lutter jusqu'au bout pour le sergent, et aussi pour défendre Mabel.

— Nous devons le faire, et nous le ferons de bon cœur; le retour du *Scud* m'oblige à dire que les chances sont égales pour et contre la fidélité d'Eau-Douce. Il me semble d'ailleurs agir avec prudence; il m'a l'air de savoir ce qui se passe ici, car il cherche à bien choisir son mouillage. Allons, voilà qui va bien...

— J'y suis! s'écria Pathfinder avec exaltation, j'y suis! je vois la pirogue du Serpent sur le pont du *Scud*. Chingachgook est à bord; il connaît notre situation, laissons-le agir.

— Cette pirogue peut bien ne point être celle du Delaware; Jasper en avait une à bord quand nous mîmes à la voile.

— C'est vrai, l'ami Cap; mais si vous connaissez vos mâts et vos voiles, je connais mes pirogues et mes sentiers. Or je reconnais la pirogue du Serpent, et je devine ce qui s'est passé : le brave homme, nous voyant assiégés dans le fort, est parti pour Oswego; il a rencontré le *Scud* en chemin, il a raconté son histoire, et il est revenu avec le cutter pour savoir ce qu'on pouvait entreprendre en notre faveur. Dieu veuille que Jasper soit à bord! »

Cap n'écoutait plus; il suivait avec la plus grande attention la scène vraiment singulière qui se déroulait sous ses yeux : le vent soufflait avec violence; les arbres courbaient la tête sous la rafale, et les branches se heurtaient avec un bruit semblable à des chariots courant dans le lointain.

Les sauvages n'étaient pas loin, puisque leurs pirogues et les bateaux du 55ᵉ étaient toujours dans la petite crique où ils avaient mouillé; mais rien ne trahissait, en dehors de cet indice, leur présence dans l'île. Ils ne s'attendaient point à voir le cutter revenir sitôt; leur prudence habituelle ne fut pourtant point en défaut : à son apparition dans le passage, ils se mirent tous à couvert. Cap et Pathfinder, au haut de la forteresse, ne se montraient pas davantage, et le pont du cutter était complètement désert.

Arrowhead, du fond de sa retraite, se prit à trembler pour l'issue d'une campagne si bien commencée quand il vit apparaître le *Scud;* il eût souhaité d'être de nouveau débarqué sur le continent.

Le cutter s'approchait rapidement, faisant écumer l'onde devant lui; il avait pourtant diminué ses voiles. Néanmoins, à cause de la force du vent, il arriva bientôt par le travers de la forteresse.

A ce moment précis, Cap et Pathfinder se penchèrent en avant pour voir le pont du cutter. Alors Jasper s'élança au-dessus des bastingages en poussant un grand cri de joie; Cap lui rendit son salut : hourra pour hourra. Ce manque de prudence eût pu leur être funeste; mais l'ennemi ne voulait pas trahir le lieu de sa retraite et attendait, n'ayant point encore pris de parti. Pathfinder, plus prudent, et ne voyant que le côté pratique, cria d'une voix de stentor et sans se démasquer :

« Jasper, tâchez de nous soutenir ! La journée est à nous si nous pouvons nous entendre. Vous voyez ces buissons là-bas, les reptiles y sont cachés ; envoyez-leur du poivre, mon garçon, je les canarderai de mon côté. »

Le jeune marin put-il entendre la voix du guide, ou fut-elle couverte par le bruit de la tempête ? Il y eut un moment de doute et d'inquiétude ; le vent emportait le cutter au delà du fort, et il disparaissait derrière les arbres. Mais on le vit bientôt reparaître ; Jasper avait viré vent arrière et revenait de l'autre côté, toujours au vent de l'île. Cette manœuvre fut faite avec une grande facilité, les voiles s'orientant d'elles-mêmes et le gouvernail seul commandant le mouvement. Jasper semblait vouloir faire une reconnaissance autour de l'île ; revenu à son point de départ, il reprit position au vent dans le passage où il s'était montré tout d'abord. Alors il mit la barre dessous et vira de bord vent devant ; malgré les ris tout pris, la voile claqua sous le vent comme un coup de canon. Cap eut peur que la toile ne fût déchirée, mais elle tint bon.

« La toile est bonne, cria-t-il ; et, pour dire la vérité, je dois convenir que ce garçon conduit son bâtiment comme un véritable officier de marine. Il n'a pas fait une faute, et j'y regarde de près. Je ne puis pas me persuader qu'Eau-Douce ait appris son métier sur cette mare : ce n'est pas possible.

— C'est pourtant bien vrai ; j'ai toujours pensé qu'il avait un don naturel pour tout ce qui touche à la navigation. C'est un habile marin, bien qu'il n'ait point vu l'Océan, et j'ose dire qu'il est aussi fidèle qu'il est habile dans son métier.

— Il étale, dit Cap ravi; nous allons voir maintenant ce qu'il veut faire; il faut bien qu'il se décide. »

L'abatée du *Scud* fut si grande, que le vieux marin craignit un instant que Jasper n'eût l'intention de mettre en panne; les sauvages, du fond de leurs cachettes, eurent la même idée et se réjouirent silencieusement, s'imaginant bien que celui-là encore allait tomber entre leurs mains comme l'avait fait le sergent. Seul Pathfinder conserva une entière confiance.

Jasper connaissait bien l'endroit et la profondeur de l'eau sur ces côtes; il savait qu'il pouvait sans danger friser la rive; il s'avança si près en passant devant la petite crique, qu'il put détacher prestement les amarres des deux bateaux des soldats tombés aux mains des Mingos, et les remorquer à sa suite en pleine eau.

Les pirogues des sauvages étaient toutes amarrées aux deux bateaux; cet heureux coup de main les priva de tout moyen de quitter l'île, si ce n'est à la nage. Ils s'en aperçurent aussitôt, se levèrent en masse, et, poussant des cris horribles, ils tirèrent des coups de fusil qui n'atteignirent personne. Au même instant un coup partit du toit du fort, et un Iroquois tomba atteint en plein front : c'était le chasseur qui mettait à profit l'imprudence de ses ennemis; un autre coup partit du *Scud,* estropiant un sauvage pour le reste de ses jours.

« C'est la carabine du Delaware, dit Pathfinder, je connais le son de son fusil aussi bien que celui de Tue-Daim; son canon est bon, mais il ne donne pas toujours la mort. Enfin avec Chingachgook et Jasper j'espère bien, ami Cap, que nous aurons raison de ces vagabonds. »

Le *Scud* ne restait point stationnaire; il s'avança jusqu'à l'extrémité de l'île et laissa ses prises s'en aller à la dérive; le vent les poussa, comme Jasper l'avait prévu, sur le sable de la pointe d'une autre île, à un demi-mille de distance. Ensuite il vira de bord et revint, faisant tête au courant, par l'autre passage. Pathfinder et Cap, du haut de la tour, virent qu'il se préparait quelque chose à bord. Lorsque le cutter fut en face de la crique, environnée d'épais buissons, où les Iroquois avaient cherché un refuge après l'attaque du chasseur et du Serpent, il démasqua son obusier, et une pluie de mitraille tomba dru au milieu des halliers. Les sauvages se relevèrent comme une volée de cailles; Tue-Daim se fit encore entendre, la carabine du Delaware lui fit écho : un Iroquois fut encore frappé à mort; un autre eut la jambe cassée.

Ce manège allait continuer quand Rosée-de-Juin parut tout à coup sur la grève, tenant à la main un drapeau blanc. L'officier français et maître Muir s'avançaient à sa suite, l'air assez penaud ; on allait entrer en pourparlers.

Les négociateurs furent invités à s'avancer au pied du fort; Jasper jeta l'ancre par le travers de la petite cidadelle, et l'obusier fut braqué sur eux. L'équipage du *Scud*, sauf l'homme qui tenait la mèche enflammée, prête à mettre le feu à l'obusier, parut en dehors des bastingages; seul Chingachgook resta caché, plus par habitude que par défiance.

« Vous l'emportez, Pathfinder, s'écria le quartier-maître en face la porte de la citadelle, et le capitaine Sanglier lui-même vient se mettre à votre merci; il espère que vous consentirez à laisser un ennemi courageux, trahi par le malheur, évacuer l'île après l'échange des prisonniers. »

Muir parlait très haut; on entendait ses paroles aussi bien sur le pont du *Scud* que sur le sommet de la citadelle.

« Que pensez-vous de ces propositions, Jasper? s'écria le chasseur. Vous avez entendu : êtes-vous d'avis que nous laissions aller ces vagabonds?

— Qu'est devenue Mabel Dunham? s'écria le jeune homme; si un seul cheveu de sa tête est tombé, je veux exterminer tous les Iroquois!

— Elle est en bas, saine et sauve; elle soigne son père. Jasper, nous n'avons point à venger Dunham, il a été blessé dans une lutte régulière; quant à Mabel...

— Me voici! s'écria la jeune fille apparaissant sur le toit, me voici! Mais je ne veux pas entendre parler de vengeance; il n'y a déjà eu que trop de sang versé. Si ces gens-là veulent s'en aller, laissez-les partir, Jasper; mon père, hélas! est à toute extrémité, qu'on le laisse au moins mourir en paix.

— C'est bien, c'est bien, Magnet, dit Cap; mais il est de notre devoir de ne point compromettre notre succès et d'en assurer les conséquences heureuses.

— Je suis pourtant de l'avis de Mabel, reprit Pathfinder; je ne voudrais pas ôter injustement la vie même à un Mingo; du moment où ils se soumettent, je n'ai plus rien à dire. Lieutenant Muir, quelles sont les conditions de vos amis, Français ou Indiens?

— Mes amis! dit Muir en tressaillant; les ennemis du roi ne sauraient être mes amis. Les hasards de la guerre m'ont jeté au milieu d'eux; maître Cap vous dira, s'il le veut, tout ce que j'ai fait pour fuir cette calamité.

— Fuir est bien le mot, dit sèchement le vieux marin. Nous avons, en effet, gagné directement, dès le début de l'action, un trou fort commode pour se cacher; on y est en sûreté comme à fond de cale; nous y serions encore sans la faim, qui nous a contraints d'en sortir. Je me suis toujours demandé depuis, monsieur Muir, qui vous avait enseigné l'existence de ce refuge, et comment vous connaissiez si bien le chemin qui y mène.

— Vous ne nierez pas que vous ne m'y ayez suivi : nous avons obéi au même instinct de conservation. »

Pathfinder riait, ainsi que Cap; Jasper jouissait de l'embarras du quartier-maître; Mabel attendait patiemment le résultat des négociations engagées. Les Indiens furent bientôt tous réunis à cinquante toises du fort sous le feu de l'obusier. Pathfinder sortit alors pour terminer l'arrangement avec l'officier, M. Sanglier. Les sauvages, malgré leur opposition assez vive, durent rendre toutes leurs armes, y compris leurs couteaux et leurs tomahawks. Pathfinder les connaissait trop bien pour leur laisser une arme entre les mains. Sanglier rendit ensuite ses prisonniers; ils avaient été cachés dans la caverne dont Muir connaissait si bien le chemin. On les amena : quatre d'entre eux n'avaient aucune blessure, ils s'étaient jetés à terre aux premiers coups de mousquet tirés par les Iroquois contre le sergent; deux autres n'avaient que des égratignures. Ce fut immédiatement un renfort important pour la petite garnison, d'autant plus qu'ils rapportaient leurs armes et se trouvaient par le fait parfaitement en état de s'en servir. Les autres étaient morts; ceux qui avaient été blessés grièvement dans l'action avaient, selon leur coutume, été achevés par les sauvages.

Ces conventions faites et réglées, Jasper s'en alla chercher les barques échouées à un demi-mille de là sur le sable d'une grève; les Iroquois furent embarqués. Le *Scud* remorqua une troisième fois les pirogues, et, courant vent arrière, il les laissa aller à la dérive à un mille, sous le vent de l'île. Les rames avaient été enlevées des embarcations; mais, en tenant vent arrière, elles devaient forcément aborder sur les côtes du Canada dans le courant de la journée.

Le capitaine Sanglier, Arrowhead et Rosée-de-Juin étaient demeurés seuls dans l'île du Poste. Le Français voulait emporter une pièce en bonne et due forme, dont il avait besoin pour sauvegarder son honneur, et qui ne pouvait être signée que par Muir, seul en possession d'un brevet et d'une commission régulière. Arrowhead, pour des raisons connues de lui, n'avait point voulu partir avec les Iroquois, ses alliés.

Pendant la courte absence de Jasper, emmenant les canots des sauvages, Pathfinder et Cap donnèrent leurs soins à la préparation du déjeuner; il y avait vingt-quatre heures que ni l'un ni l'autre n'avait songé à manger. Mabel elle-même, empressée de retourner auprès de son père, de plus en plus faible, dut prendre quelques rafraîchissements. Le vieux chasseur courut serrer la main du sergent, sans pouvoir toutefois lui rendre compte de ce qui venait d'arriver. Au retour, trouvant les précautions qu'il avait prises tout d'abord inutiles, il congédia les soldats, qui désormais n'avaient plus besoin de faire une garde si sévère.

Comme il quittait le fort après avoir pris ces arrangements, Pathfinder rencontra le lieutenant Muir, qui l'appela et l'emmena à l'écart pour causer seul avec lui. Il se montra tout d'abord d'une courtoisie qui allait jusqu'à l'obséquiosité; mais ces manières n'étaient point faites pour tromper l'honnête chasseur : il savait que rien ne révèle la trahison comme une bouche qui sourit sans raison et une langue mielleuse qui vous flatte sans cause. Il était physionomiste, et il y avait longtemps déjà qu'il avait jugé que Muir était un coquin; mais c'était son chef. Le quartier-maître devait sa fortune à Lundie, qui au fond le connaissait trop pour l'estimer, mais trouvait commode d'avoir un flatteur à la fois son obligé, comme cela arrive le plus souvent.

Muir était aussi rusé, aussi tortueux, que le guide était

« Ma foi ! dit le capitaine, c'était un grand scélérat ! »

simple et droit; tous deux étaient prudents néanmoins et absolument maîtres d'eux. Le lieutenant commença par prodiguer les louanges les plus flatteuses à Pathfinder sur son courage, sa résolution, qui venaient de donner une si éclatante revanche aux armes de Sa Majesté. Après un pareil succès, le guide n'avait plus qu'à se retirer plein d'honneur, à se marier et à vivre en paix jusqu'à la fin de ses jours. A quoi tendait ce long préambule? le chasseur l'ignorait et attendait que son adversaire démasquât ses batteries. A cette parole : « Mariez-vous, » il avait ajouté : « Épousez Mabel; j'ai été votre rival, mais je renonce à mes projets : votre succès vous donne trop d'avantages. » Le guide répondit qu'il avait le consentement de Mabel et de son père, que par conséquent il n'avait nul besoin de cette concession bénévole du lieutenant.

« Je n'ai qu'un chagrin, ajouta-t-il, c'est que ce pauvre Dunham ne verra pas la réalisation d'un projet qu'il caressait depuis si longtemps. »

Un éclair passa dans les yeux de Muir; mais le guide ne s'en aperçut pas. Le quartier-maître n'était point entré dans le fort, et ne savait pas où en était le sergent. Le visage de Mabel lui avait appris que son père était blessé, et il avait trouvé là le joint pour sortir d'une situation absolument fausse, d'une situation dont seul il savait tous les embarras. Le sergent mort, deux hommes le gênaient : Pathfinder et Jasper. Il cherchait à éloigner le premier en lui faisant prendre sa retraite; il venait d'entrevoir le moyen de se débarrasser de l'autre, déjà compromis dans l'esprit du major Duncan.

« Le sergent Dunham en est-il là?

— Hélas! dit Pathfinder, il ne verra pas la fin de la journée.

— Alors, dit Muir, je serai bien aise, mon cher ami,

d'avoir votre avis sur ce qu'il convient de faire en pareil cas. Mon malheur m'a fait tomber entre les mains de nos ennemis; il est vrai que je les ai amenés à composition en tirant habilement parti des quelques coups de fusil que vous avez tirés, comme aussi de l'arrivée assez fortuite du *Scud* dans nos eaux; j'ai donc, même durant ma captivité, travaillé avec succès à l'honneur des armes de Sa Majesté. Le sergent ne pouvant exercer les fonctions de sa charge, mon brevet de lieutenant ne me donne-t-il pas le droit de prendre le commandement de l'expédition? Qu'en pensez-vous, mon cher ami? Cela doit vous intéresser, car cela touche à l'honneur du sergent, et maintenant vous faites partie de sa famille; outre vos mérites personnels, vous avez maintenant des droits...

— Laissez là, je vous prie, mes mérites et mes droits. Je ne vois pas, Monsieur, ce qui pourrait vous empêcher de prendre le commandement du 55e; personne ici ne s'y opposera, je pense. Les soldats seront peut-être en droit de s'étonner de voir un prisonnier qui leur doit sa délivrance, et qui ne s'était point battu avant d'accepter la captivité, devenir tout à coup leur chef; mais vous êtes lieutenant, les soldats vous obéiront. D'ailleurs, il s'agit simplement de rentrer maintenant à Oswego par le plus court chemin. »

Muir n'avait pas besoin d'en entendre davantage; les commentaires du guide lui importaient peu du moment où il était sûr d'être reconnu comme chef de l'expédition. Ils se rapprochèrent aussitôt tous les deux du groupe assemblé autour du feu; tout de suite, dans sa façon de faire et dans sa manière de parler, le lieutenant s'arrogea les droits de commandant en chef. Il prit à part le caporal, lui dit nettement qu'il n'avait plus à obéir qu'à lui, et il l'envoya instruire ses subordonnés du nouvel état de choses. Tout le monde sachant où en était Dunham, ce changement de dynastie parut la chose la plus juste et la plus naturelle du monde.

Pendant ce temps le capitaine Sanglier s'occupait de son déjeuner. Il y avait trente ans déjà qu'il était dans les colonies; il avait été souvent employé, comme dans le cas présent, à la direction des alliés Indiens. Pathfinder connaissait bien Sanglier, il l'avait déjà rencontré dans ses précédentes campagnes; il le savait brave, aventureux, quoique ayant la réputation d'homme cruel et profondément égoïste. Le capitaine français avait aussi souvent entendu parler du guide; il l'estimait, mais ne pouvait le comprendre : son désintéressement, son esprit de justice, sa sincérité lui paraissaient autant d'erreurs graves, uniquement propres à fermer à un homme la voie de l'avancement.

« Monsieur Pathfinder, dit Sanglier, je vous salue; un militaire se plaît toujours à honorer le courage et la loyauté.

— Je vous salue, Monsieur, et j'honore aussi votre courage; je vous ai rencontré souvent sur le champ de bataille, et toujours au meilleur endroit. Vous avez entendu le sifflement de nos balles?

— Pas des vôtres, monsieur Pathfinder; une balle de votre main, c'est une mort certaine... Mais, Monsieur, que veut dire ceci, et que fait-on à ce jeune homme? »

Pathfinder se retourna, et vit Jasper rudement saisi par deux soldats qui se disposaient à lui lier bras et jambes sur l'ordre de Muir.

« Que faites-vous là? s'écria le guide se jetant en avant et repoussant les deux soldats. Je voudrais bien savoir qui osera toucher à Jasper, et cela sous mes yeux!

— J'ai donné l'ordre de saisir ce traître, répondit le quartier-maître; oserez-vous prendre sur vous de contester la légalité d'ordres donnés par un officier aux soldats du roi?

— Je contesterai tout ce que vous direz tendant à faire croire que Jasper mérite le traitement que vous voulez lui faire subir. Il vient de nous sauver, de vous arracher vous-même, lieutenant, des mains de vos ennemis, — vous n'y étiez déjà pas tombé d'une façon si honorable, — et voilà le premier usage que vous faites de votre autorité! Je vous déclare que je ne la respecterai pas.

— C'est de l'insubordination! s'écria Muir; cependant je veux être indulgent pour vous. Jasper, à la vérité, a paru nous servir; mais ne savez-vous pas ce qu'en pensent Lundie et Dunham lui-même? Nous avons été trahis, c'est incontestable; et quel est le traître, sinon Jasper?

— Vous vous trompez, quartier-maître, Jasper est mon ami; c'est un brave, honnête et loyal garçon. Tant que je serai là, je vous déclare que pas un homme du 55e ne mettra la main sur lui. Exercez votre autorité sur vos soldats; mais vous n'en avez aucune sur Jasper et sur moi, maître Muir.

— Voilà qui va bien! s'écria Sanglier, qui regardait le quartier-maître d'un air narquois avec une pointe de profond mépris.

— Soyez raisonnable, Pathfinder, je vais vous donner des preuves si nos soupçons et nos conjectures ne suffisent pas : regardez cette bande de toile, Mabel l'a trouvée attachée à la branche d'un arbre dans cette île une heure avant l'attaque de l'ennemi; examinez le battant du pavillon du *Scud,* vous verrez d'où elle vient et qui a pu l'arborer.

— Ah! c'est trop fort! grommela le capitaine Sanglier.

— Que nous importent vos soupçons et vos signaux! reprit le guide avec une ardeur qui ne lui était point habituelle; laissez Jasper en repos, sinon il faudra voir qui est-ce qui se bat le mieux, vous et vos soldats du 55e, ou le Serpent que voilà, Jasper et son équipage, et Tue-Daim pardessus le marché.

— A la bonne heure! dit encore Sanglier; j'aime mieux cela.

— Je parlerai donc clairement, dit Muir en prenant une pose théâtrale. Voici le capitaine Sanglier, ici présent, et Arrowhead, ce brave Tuscarora: tous les deux m'ont donné la preuve de la trahison de ce malheureux jeune homme. Que vous faut-il de plus? M'empêcherez-vous encore d'user de mon autorité pour l'honneur du roi?

— Scélérat! ne put s'empêcher de dire entre les dents le Français.

— Monsieur le capitaine Sanglier est un honnête homme et un brave soldat, dit Pathfinder, il ne voudrait pas nuire à un honnête marin. Y a-t-il un traître ici, monsieur Sanglier?

— Oui, parlez sans détour, s'écria Muir. Malheureux jeune homme, vous n'échapperez pas aisément au châtiment de vos fautes! Capitaine, dites-le ouvertement, voyez-vous un traître parmi nous?

— Oui, j'en vois un bien certainement, répondit sans hésiter le personnage interpellé.

— Menteur! disait en même temps Arrowhead, en proie à un emportement irrésistible; c'est trop mentir! »

Et, en disant cela, le sauvage frappa la poitrine de Muir du revers de sa main. Celui-ci prit ce geste un peu trop expressif, à la manière des sauvages, pour un coup et une menace; il étendit la main pour saisir son mousquet, décidé à se défendre. Arrowhead, plus prompt que l'éclair, tira de sa ceinture un poignard qu'il y tenait caché, et l'enfonça jusqu'à la garde dans le corps du quartier-maître. Voyant ce misérable tomber à ses pieds, Sanglier dit encore :

« Son affaire est faite! voilà un scélérat de moins! »

Arrowhead avait poussé son cri de guerre en frappant le lieutenant, puis s'était élancé d'un bond dans les bois. Aucun des hommes blancs ne chercha à le poursuivre; mais les branches se refermaient à peine sur le fugitif, qu'elles s'ouvrirent de nouveau pour livrer passage au Delaware en pleine poursuite.

Jasper Western et Pathfinder avaient entendu, sans en pénétrer tout le sens, les paroles du capitaine; ils le prièrent de s'expliquer.

« Est-ce donc moi qui ai trahi? lui demanda Eau-Douce.

— Voilà le traître, dit Sanglier; c'était notre espion et notre agent. Ma foi, c'était un grand scélérat! »

Disant ces mots, il se pencha sur le cadavre de Muir et tira d'une de ses poches une bourse pleine de louis; il les jeta au loin avec mépris. Puis, se retournant du côté du foyer, il trouva son déjeuner cuit à point et se mit à manger.

XXII

Aussitôt que Muir fut tombé sous le couteau d'Arrowhead, ses soldats le portèrent décemment à l'écart dans un petit bouquet de bois, et le recouvrirent d'un manteau. Chingachgook ne tarda pas à revenir prendre sa place auprès du feu; une chevelure fraîchement coupée et encore sanglante pendait à sa ceinture. Pathfinder et Sanglier ne l'interrogèrent point à ce sujet; mais ils comprirent aussitôt que le meurtrier de Muir avait reçu son châtiment. Si atroce que fût l'exécution qu'il avait faite, ni l'un ni l'autre ne ressentit cependant de bien vifs regrets. Sanglier était accoutumé à des scènes pareilles, son cœur s'était endurci; il est vrai d'ajouter qu'il y mettait un peu d'ostentation, affectant de montrer le stoïcisme si fort à la mode chez les sauvages. Pathfinder n'avait jamais aimé le lieutenant Muir, et il détestait profondément Arrowhead. Le quartier-maître lui déplaisait à cause du ton mielleux de sa voix et de ses façons affectées; mais cette mort violente l'avait troublé, et surtout la découverte d'une trahison aussi noire l'avait profondément ému. Il revint sur ce sujet, et interrogea le capitaine

Sanglier dès qu'on eut emporté le corps du lieutenant. Le principal intéressé étant mort, celui-ci n'avait plus aucune raison de garder le silence, et il raconta, tout en continuant tranquillement son déjeuner, différents détails très propres à donner la clef d'un assez grand nombre d'incidents de cette histoire.

Aussitôt après l'arrivée du 55e sur la frontière, Muir s'était mis en relation avec les Français et leur avait offert de les servir. Pour faire valoir sa trahison et en tirer plus de profits, il n'avait point manqué de parler de son intimité avec Lundie, qui le mettait à même de donner les renseignements les plus exacts. Ses propositions avaient été acceptées; il avait eu plusieurs entrevues avec M. Sanglier dans les environs du fort, et une fois même il l'avait introduit dans la citadelle, où ils avaient passé une journée entière ensemble.

C'était Arrowhead qui leur servait d'intermédiaire; la lettre anonyme que le major Duncan avait reçue, et dans laquelle on lui dénonçait la prétendue trahison de Jasper, avait d'abord été écrite par Muir, envoyée à Frontenac, puis apportée par le Tuscarora au fort d'Oswego. Il revenait de cette expédition, accompagné de Rosée-de-Juin, quand ils avaient été rencontrés et capturés par le *Scud*. Jasper devait être sacrifié afin de cacher la trahison du quartier-maître, qui avait révélé à l'ennemi la position de l'île du Poste. Une forte gratification lui avait été donnée pour suivre le détachement placé sous les ordres du sergent Dunham, et donner le signal de l'attaque. Muir, dépourvu absolument de moralité, avait feint aux yeux de Lundie une admiration très grande pour Mabel et un vif désir de l'épouser; la vérité est que ce prétexte apparent lui donnait une excellente raison pour se joindre à l'expédition en qualité de volontaire. Le capitaine Sanglier, caustique et malin sous son air insouciant, plaisanta beaucoup le défunt quartier-maître, et montra bien tout le dégoût que lui inspirait à lui-même la conduite du traître dont il s'était servi. En terminant, il tendit la main à Pathfinder et lui dit :

« Touchez là, vous êtes honnête, vous. Nous prenons des espions comme on prend une médecine ; ça soulève le cœur, mais c'est nécessaire.

— Je consens à vous serrer la main, capitaine, car vous êtes un ennemi régulier, légal, et je sais que vous ne manquez ni de bravoure ni d'honnêteté. Le corps du quartier-maître ne souillera jamais le sol anglais ; j'avais dessein de le transporter à Oswego ; mais il demeurera ici, et il aura sa trahison pour pierre sépulcrale. Monsieur Sanglier, je n'ai rien à dire des relations des soldats réguliers avec ces traîtres ; c'est un mal nécessaire, dites-vous, soit ; mais j'aime autant que ce soit votre tâche de les employer que la mienne. Quels misérables, grand Dieu ! Comploter à droite, comploter à gauche, comploter contre son pays, ses amis et son Dieu ! Jasper, j'ai un mot à vous dire ; suivez-moi un instant. »

Il emmena le jeune homme à l'écart, et, lui pressant affectueusement la main, il lui dit :

« Nous nous connaissons tous les deux, Jasper ; vous savez que les événements arrivés durant ces derniers jours n'ont pas un instant ébranlé ma confiance en vous. Je n'ai donc point à revenir sur un soupçon mauvais à votre égard. Leurs contes ne m'ont pas troublé, bien qu'à un moment la chose m'ait paru fort grave ; mais vous savez, — et il sembla à Eau-Douce que des larmes roulaient dans les yeux du chasseur, — je ne vous ai pas soupçonné une minute. Non, non, la trahison n'est point dans votre nature ; je dois pourtant dire que je ne soupçonnais point non plus le quartier-maître d'être un traître.

— Le misérable! dit Jasper; et il avait un brevet de Sa Majesté!

— Ce n'était pas le plus important, répondit d'une voix grave le chasseur; n'avait-il pas aussi une mission de Dieu pour faire le bien, pour servir ses semblables et agir loyalement?

— Et que dites-vous, reprit le jeune homme, de son prétendu amour pour Mabel?

— C'était fort mal, assurément; je parierais que le drôle avait du sang de Mingo dans les veines. Il n'y a qu'eux pour feindre une affection et un dévouement qu'ils n'éprouvent point; je me regarderais comme un grand misérable si j'agissais de même. Ainsi voilà le sergent, pauvre homme, qui a voulu avant de mourir me donner sa fille pour femme. Eh bien, j'ai senti, dès que Mabel, la chère créature, a consenti à cet arrangement, que ces deux existences reposaient sur moi, que j'en portais la responsabilité sur mon cœur; voilà deux êtres dont je dois m'occuper, deux cœurs que j'ai pour mission de réjouir. »

A cette confession inattendue, Jasper avait cru que sa respiration s'arrêtait tout à coup, que son cœur cessait de battre; mais il avait un grand empire sur lui-même, et il ne parut rien extérieurement de l'angoisse qu'il ressentait pourtant si vivement. Une pâleur livide envahit seulement son visage; son interlocuteur était lui-même trop troublé pour s'en apercevoir, il continuait:

« Vous me croirez si vous voulez, Jasper, mais il me semble que je n'ai point été fait pour cette félicité; je ne suis point assez bon, assez dévoué, mon ami, pour m'acquitter de cette tâche.

— Ne parlez pas ainsi, Pathfinder; il n'y a point au monde de créature assez bonne, assez vertueuse pour vous.

— Oui, oui, d'après votre jugement. Vous m'avez vu tuer

« Je n'ai jamais vu l'âme d'un homme quitter son corps si à l'improviste. »

un daim ou un Mingo aussi bien que qui que ce soit sur cette frontière; vous m'avez vu suivre une piste au milieu de la forêt sans une hésitation pendant des journées entières, et vous me soupçonnez d'avoir toutes les vertus. Vous vous dites : Mabel sera heureuse, elle ne manquera ni de venaison ni de poisson; il y aura toujours du gibier dans son garde-manger. Mais, je vous prie, Jasper, trouvera-t-elle assez d'instruction, assez de politesse, de savoir-vivre dans un chasseur grossier comme moi?

— Tout le monde sait vous apprécier pour vos mérites, Pathfinder; vous n'avez aucun de ces défauts. Je vous affirme que vous n'avez rien à craindre.

— C'est votre pensée, je le sais, et votre opinion a du poids pour moi. Oui, je me rendrai à vos raisons; j'ai trop d'estime pour votre jugement pour ne pas vous croire. Mais votre amitié peut vous tromper, mon garçon; j'ai toujours remarqué que vous aviez un penchant pour moi, pour moi et pour tout ce que je fais. Mais une jeune fille peut-elle penser comme vous? me jugera-t-elle aussi favorablement? Ne serait-il pas naturel qu'elle préférât un homme plus jeune, plus aimable, plus instruit? Je m'étonne, Jasper, que Mabel, par exemple, n'ait pas songé à vous au lieu de fixer son choix sur moi.

— Mabel penser à moi! répéta Jasper, tâchant de donner un peu d'assurance à sa voix. Que peut-il y avoir, Pathfinder, qui lui plaise en moi? Ce qui vous manque me fait encore bien plus défaut; je n'ai nulle expérience, nul mérite. Je ne suis pas, comme vous, l'ami des généraux eux-mêmes.

— Je ne sais que vous répondre, Jasper. J'ai accompagné bien des fois nombre de femmes et de jeunes filles dans mes excursions; j'en ai vu beaucoup dans les forts, jamais je n'ai pensé une minute à faire ma femme de l'une d'elles; avant d'avoir connu Mabel, je ne me suis senti d'inclination pour aucune. Oui, je suis assez courageux, comme vous le dites; néanmoins je sens la lâcheté venir rien qu'à l'idée de perdre Mabel... Il est vrai que c'est son père qui m'y a fait penser le premier.

— Ne parlons plus de cela, Pathfinder, dit Jasper en serrant la main de son ami; vous êtes digne de faire le bonheur de Mabel, et Mabel est digne de vous. Son père vous a choisi, vous ne devez pas refuser un ami; lui mort, Mabel ne saurait avoir un meilleur protecteur que vous. »

Tout en disant ces derniers mots, Jasper avait doucement ramené son ami vers le groupe arrêté autour du feu; il lui tardait de mettre fin à cet entretien. Il n'avait qu'une pensée, rejoindre son petit navire, et y demeurer seul et à l'abri de tous les regards; il lui fallait du temps pour reprendre tout son courage.

Cap sortait au moment même de la citadelle, quittant son beau-frère, dont la rude et forte constitution luttait bravement contre la mort, mais dont les forces épuisées s'en allaient néanmoins de minute en minute. Le vieux marin ne savait rien de ce qui s'était passé depuis la capitulation; il s'avança lentement vers le feu, portant encore, malgré ses habitudes d'emphase et de brusquerie, l'impression pénible et l'espèce d'accablement que jettent sur le cœur et les épaules des plus vaillants l'attente de la mort, non pas de la mort glorieuse sur le champ de bataille, mais de la mort lente et douloureuse sur le lit d'agonie. Voyant tout le monde triste et pensif autour de lui, il s'imagina qu'ils étaient comme lui sous le coup du même chagrin, et que la fin prochaine du chef de l'expédition leur causait cette angoisse.

« Voilà, dit-il, une affaire bien fâcheuse, une situation pénible qui se prolonge. Le sergent était certes un brave soldat, un très brave soldat, et pourtant, maintenant qu'il file son câble pour la dernière fois, il paraît vouloir s'y accrocher comme s'il avait résolu de ne le laisser jamais passer par l'écubier. Pour moi, je ne crains pas de le dire, quand un de mes amis est dans la nécessité de faire un long voyage, je lui souhaite toujours un prompt départ.

— Vous ne voudriez pourtant pas tuer le pauvre sergent, dit Pathfinder, avant que son heure fût venue? La vie est douce, et bien des vieillards regrettent de s'en séparer pour jamais. »

Cap parut choqué de cette interprétation donnée à ses paroles; il avait voulu dire tout simplement qu'il regardait comme un devoir de travailler à adoucir les derniers moments de son beau-frère; il avait voulu seulement exprimer le souhait de le voir promptement débarrassé des douleurs atroces et des souffrances morales encore plus pénibles qui le torturaient à ses derniers instants.

« Où donc est le quartier-maître M. Muir? dit-il au bout d'un instant; il est convenable qu'il vienne faire ses adieux au pauvre sergent, sur le point de s'engager dans une voie où il ne fera que nous précéder un peu. Car, si bien amarré qu'il soit dans la vie, le meilleur de nous est mortel, il ne faut pas l'oublier.

— Vous avez raison, maître Cap, dit le chasseur d'une voix grave, et peut-être ne savez-vous pas dire si vrai; seulement vous auriez pu ajouter que le *pire* de nous est mortel aussi bien que le *meilleur.* Le quartier-maître n'ira point dire adieu au sergent, attendu qu'il est parti lui-même le premier, et il l'a fait sans avoir eu beaucoup le loisir de s'occuper des autres, ni même, ce qui est plus grave, de lui-même.

— Que voulez-vous dire? Je ne vous entends point.

— Je ne parle pourtant point en paraboles : je veux dire que pendant que Dunham se prépare sérieusement au grand voyage, Muir l'a entrepris sans aucune préparation; je ne voudrais pas le condamner pour cela, attendu qu'il n'en a point eu le temps; mais je crois pourtant qu'il est fort regrettable qu'il en soit ainsi. Et j'ajouterai que le sergent et le lieutenant Muir, ayant pris des routes si différentes, ne se rencontreront jamais.

— Expliquez-vous, dit le marin, qui commençait à s'inquiéter, remarquant l'absence du quartier-maître; je n'aperçois point Muir. Il n'a pu songer à fuir, puisque nous sommes victorieux; s'il en était autrement, je ne voudrais jurer de rien. »

Le guide le prit par la main et l'emmena à quelques pas.

« Tout ce qui reste du lieutenant est caché sous ce manteau; » et il lui raconta ce qui était arrivé. « J'ai vu bien des combats acharnés, continua le vieux guide, bien des explosions de fureur subite; mais je n'ai jamais rencontré un pareil accès de rage sauvage, ni vu l'âme d'un homme quitter son corps si à l'improviste, ou dans un moment plus critique pour les espérances légitimes de tout homme qui s'en va. Le mensonge le plus impie et le plus perfide a été arrêté sur ses lèvres; il s'est éteint dans l'explosion même du mal. »

Cap restait bouche béante en face du cadavre; Pathfinder parlait encore, et il restait là, ne pouvant se convaincre de la réalité de ce qu'il voyait, de ce qu'il entendait. Il fit effort sur lui-même et dit:

« L'eau douce d'une part, et les sauvages de l'autre, rendent notre vie dans ce pays pénible et incertaine. Ah! je le quitterai aussitôt que je le pourrai. Pauvre quartier-maître! Au fait, maintenant que j'y pense, cet homme, à l'arrivée des sauvages, courut bien vite et sans aucune hésitation se cacher dans les rochers; il connaissait le chemin, et il prit la fuite un peu rapidement pour un officier. Je n'y songeai pas alors; j'étais trop occupé à le suivre pour me préoccuper de tout cela. Vous dites que c'était un traître, un traître prêt à vendre son pays à ces coquins de Français?

— Il ne s'inquiétait guère de qui il l'achetait; pour cette fois, ce sont les compatriotes du capitaine qui payaient.

— J'étais venu chercher le quartier-maître, reprit maître Cap, un peu revenu de son émotion; le sergent approche de sa fin, je pensais qu'il pouvait avoir quelque chose à dire à l'homme qui devait après lui prendre le commandement de l'expédition. Mais il est vraiment trop tard, comme vous dites, le lieutenant a véritablement pris l'avance.

— Oui, insista le guide, qui tenait à son idée, oui, il a pris l'avance, mais par un autre chemin. Quant à l'autorité, j'imagine que le caporal peut commander ses soldats. Nous n'avons d'ailleurs qu'à enterrer les morts, à mettre le feu au fort et aux huttes; car, pour ce qui est de revenir ici, il ne peut en être question: nous sommes sur le territoire de l'ennemi, et maintenant qu'il connaît le chemin, il nous y prendrait comme des rats dans une souricière. Toute la besogne qui reste à faire ici, nous nous en chargerons, le Serpent et moi; puis nous battrons en retraite, ce que nous savons aussi bien faire que marcher en avant. »

Cela dit, les deux amis saluèrent le capitaine Sanglier, et se dirigèrent du côté de la citadelle afin d'assister aux derniers moments du sergent Dunham.

XXIII

En rentrant à la citadelle, maître Cap et Pathfinder s'entretinrent du sergent et de la triste situation dans laquelle il se trouvait; tous deux ressentaient un chagrin profond de l'absence d'un ministre de Dieu, dont les consolations et les encouragements n'eussent pas manqué d'adoucir les derniers instants du moribond.

« Oui, disait Cap, ce n'est qu'un soldat sans doute, mais on ne saurait le laisser filer son câble sans une parole de consolation et un mot d'adieu. Je voudrais pour beaucoup pouvoir aider le digne homme à démarrer sans trop tendre ses tournevires; mais la mort, après tout, n'est qu'une circonstance, puisque nous devons tous nous y soumettre un peu plus tôt ou un peu plus tard.

— Vous parlez d'or, maître Cap; aussi celui qui est sage doit-il se tenir toujours prêt. J'imagine que celui qui franchit le plus heureusement cette passe difficile est celui qui laisse le moins de choses derrière lui quand il doit s'embarquer sur ce rapide. Ainsi me voici, sans vouloir me donner comme un modèle, moi, simple chasseur, coureur, guide, tout ce que vous voudrez; je n'ai pas un pouce de terrain qui m'appartienne, je n'ai jamais dressé une hutte, si ce n'est pour quelques nuits trop froides; mais quand j'ai le ciel sur ma tête pour me faire souvenir que le terme de ma vie est là, quand je foule le sol des forêts, couvert de feuilles sèches, sous mes pas que rien n'entrave, je me sens libre et prêt pour le grand voyage. Je ne dis pas que je ne regrette rien, que je n'aime rien : car j'aime le sergent, mon vieil ami, sa fille Mabel; j'aime Chingachgook et Jasper Eau-Douce; mais ce ne sont pas là des liens ni des embarras. Rien ne m'enchaîne ici-bas. J'ai quelques chiens de chasse dont je fais grand cas; je les ai laissés dans le fort, car ils font trop de bruit, — ils sont jeunes, — pour les emmener en temps de guerre. J'ai Tue-Daim; mais on pourra nous mettre dans la même tombe, nous sommes tous les deux de même taille : six pieds chacun; il n'y a pas l'épaisseur d'un cheveu de plus d'un côté ou de l'autre. J'ai aussi un sac de cuir où j'enferme quelques objets qui m'ont été donnés en souvenir; on le placera sous ma tête. Ainsi je ne laisserai rien derrière moi à l'heure où je recevrai l'ordre de marcher.

— Il vaut mieux, dit Cap, se sentir une bonne conscience à l'heure de la mort que d'avoir des sacs pleins de dollars. Vous êtes dans la bonne voie, ami Pathfinder.

— Je ne tiens point à l'argent; je n'en ai nul besoin. Un été, durant la dernière paix, j'ai fait deux chasses, et j'avais réuni tant de fourrures, que j'ai craint de devenir trop riche et de connaître la cupidité.

— Je suis toujours pour une bonne conscience, dit Cap, ne lâchant point son idée; il ne faut rien avoir à se reprocher au moment de la mort. Je crois que vous êtes dans la bonne voie.

— J'ai pourtant été tenté trois fois dans ma vie, et je dois dire que j'ai faibli intérieurement; j'ose pourtant espérer qu'il n'y a rien qui puisse inquiéter un honnête homme à ses derniers moments.

« La première fois, j'avais trouvé dans les bois un paquet de peaux appartenant à un Français. Il chassait de notre côté de la frontière; ce n'était pas son droit. Il y avait là les vingt-six plus belles peaux de castor que j'aie jamais vues. Ce fut une rude tentation, la loi était presque pour moi; mais je pensai que la loi n'avait pas été faite pour nous autres chasseurs, que le propriétaire avait pu fonder de grandes espérances sur ce trésor : je laissai les peaux à leur place.

« Le seconde épreuve ne fut pas moins forte : je trouvai un jour dans une cachette un fusil, le seul assurément qui pût lutter avec Tue-Daim. Si je m'en étais emparé, si seulement je l'avais fait disparaître, du coup je devenais le premier tireur du pays; je restais sans rival. Je vous dirai que j'étais bien loin d'être aussi habile que je le suis devenu depuis; mais j'étais ambitieux, entreprenant; pourtant, grâce à Dieu! je sus triompher de la tentation, et le lendemain je triomphai aussi de mon rival. Ce fut la plus belle partie de tir qu'une garnison ait jamais vue : mon rival avait son fusil, j'avais Tue-Daim, et je l'emportai haut la main en présence du général.

« Ma dernière lutte contre le diable fut plus rude; jugez-en, maître Cap : vous savez ce que je pense des Mingos; eh bien! j'en trouvai un jour six profondément endormis dans les bois, leurs armes empilées à côté d'eux, à portée de ma main. Je pouvais les poignarder tous les uns après les autres : ils avaient mérité la mort, et nous les poursuivions depuis plusieurs jours avec le Serpent.

— Quel parti prîtes-vous? demanda Cap, qui oubliait complètement que son pauvre beau-frère agonisait à deux pas et attendait son retour.

— L'épreuve fut rude; j'y sus résister, et en fin de compte j'eus raison, car l'issue fut heureuse. Je ne touchai pas à un de leurs cheveux; je ne mis pas la main sur leurs armes, car je me méfiais horriblement de moi, sachant que je ne vois pas les Mingos d'un bon œil. J'attendis patiemment; leur somme fini, ils se remirent en route. Je les suivis, et m'embusquant tantôt d'un côté, tantôt de l'autre, je fis si bien, qu'un seul put rentrer dans son village, et encore il boitait bien bas. Le Grand-Serpent, qui s'était arrêté en route pour abattre quelques pièces de gibier, me suivait, et, quand il me rejoignit, les cinq chevelures des vagabonds étaient pendues à sa ceinture. Ainsi, comme vous pouvez le voir, en prêtant l'oreille à la voix de la justice et de l'honneur, il n'y eut rien de perdu non plus pour le profit. »

Cap grommela un assentiment, et, comme ils étaient déjà depuis longtemps devant la porte du fort, ils entrèrent pour avoir une dernière entrevue avec le sergent Dunham.

Mabel se tenait toujours auprès de son père, attentive et recueillie; sa douleur, très vive, ne l'empêchait point de prodiguer au mourant tous les soins si nécessaires à cette heure pour adoucir l'amertume de ce terrible passage. Pathfinder, sérieux et grave, n'avait pas besoin de faire grand effort pour mettre ses sentiments à la hauteur de cette triste situation; il avait toujours envisagé la mort avec respect; il la voyait là, malgré sa fermeté, avec attendrissement. N'était-ce pas un vieil ami qui allait se séparer de lui? La douleur de Mabel lui étreignait aussi le cœur, et augmentait son émotion et son respect. Seul maître Cap, bien qu'il aimât véritablement son beau-frère et que le chagrin de sa nièce lui fût pénible, n'entrait pas aussi profondément dans la pensée solennelle de ce terrible moment. Il se mit à rappeler les circonstances de la mort de Muir et d'Arrowhead.

« Sois bénie, chère enfant! sois bénie! » murmura le sergent.

Il fut interrompu dans sa narration par un soupir douloureux, promptement réprimé, et s'exhalant dans un coin obscur de la vaste pièce. Une ombre surgit, et Rosée-de-Juin gagna rapidement la porte.

Le sergent avait oublié Arrowhead; il ne se souciait guère non plus de Muir; les liens qui l'attachaient à la vie semblaient complètement relâchés, son visage demeurait sans expression. Il fit pourtant un effort quand Cap eut achevé son récit, et doucement il appela Eau-Douce. Jasper, averti, ne tarda pas à paraître. Le sergent le regarda avec bonté, et on lisait dans ses regards le vif regret des soupçons injustes qu'il avait conçus contre le jeune homme et l'ardent désir de l'en dédommager.

Il régnait dans l'appartement un silence solennel; Pathfinder, Cap et Jasper se tenaient debout, en face du lit du mourant; Mabel était agenouillée sur l'un des côtés de la couche.

« Sergent, dit Pathfinder se décidant enfin à parler, bientôt nous serons dans la même position que vous; nul ne sait ni le jour ni l'heure. Durant votre vie, vous avez rempli votre devoir, et vous pouvez par conséquent partir l'âme tranquille pour le grand voyage.

— Oui, murmura Dunham d'une voix faible, j'ai tâché de faire mon devoir. Peut-être ai-je manqué...

— Mon père! oh! mon père bien-aimé! » dit Mabel.

Le mourant se tourna doucement vers sa fille et lui dit:

« Avez-vous parlé, Mabel? Avez-vous quelque chose à me dire? J'ai besoin d'être soutenu... Ah! il est étrange qu'un père s'appuie sur son enfant dans un pareil moment. Mabel, je ne suis pas sans inquiétude...

— Mon père, placez toute votre confiance en Dieu; invoquez son divin Fils, priez-le, demandez-lui le secours de sa main toute-puissante.

— Ma fille, reprit le moribond, tu as raison; je voudrais pouvoir prier..., j'ai oublié...

— Mon père, je vais prier avec vous, pour vous, pour moi-même, pour nous tous; la voix la plus humble, la plus faible, peut toujours arriver à l'oreille de Dieu. »

Mabel était sublime et touchante à la fois dans cet acte de piété filiale; son calme égalait sa ferveur; elle oubliait sa propre douleur pour inspirer au blessé les pensées les plus consolantes. Ceux qui l'entouraient ne sentaient peut-être pas toute l'élévation de cette âme délicate; néanmoins elle devenait pour eux l'objet d'un respect et d'une vénération sans bornes.

« Mon père, vous savez la prière du Seigneur, disait encore Mabel, vous me l'avez apprise vous-même quand j'étais enfant; récitons-la ensemble. »

Un sourire se montra sur les lèvres du moribond; il avait rempli son devoir de bon père au moins sur ce point, et, de se l'entendre dire par sa fille dans un pareil moment, cela lui donna une inexprimable satisfaction.

« Sois bénie, chère enfant, sois bénie! » murmura le sergent en plaçant avec peine sa main sur la tête de Mabel.

Il garda le silence alors pendant un temps assez long, comme absorbé dans ses pensées; les assistants, profondément émus, n'osaient faire le moindre mouvement. La fille du sergent pleurait.

« Mabel, mon enfant, je vais vous quitter, continua le blessé; je n'ai pas eu le temps de goûter votre affection; j'emporte pourtant avec moi la conviction bien ferme de ce que vous valez... Mabel, votre main; où est-elle?

— La voici, mon père, la voici.

— Pathfinder, dit le moribond étendant le bras du côté opposé à celui où était Mabel, et où sa main rencontra celle de Jasper, agenouillé en face de la jeune fille, prenez la main de Mabel; je vous la confie, mon ami; soyez un père pour elle; soyez l'un à l'autre ce qu'il vous plaira. Je vous bénis, je vous bénis tous les deux. »

L'heure était trop grave pour faire remarquer à Dunham son erreur; d'ailleurs il rendit le dernier soupir en prononçant ces paroles et en tenant unies dans les siennes les mains de Mabel et de Jasper. Mabel, la tête enfoncée dans les couvertures, ne s'aperçut de cette méprise qu'en se relevant au cri poussé par Cap quand il avait vu son beau-frère rendre l'âme. Elle vit les yeux de Jasper fixés sur elle, elle sentit la pression de sa main; mais elle n'y songea point. Le poids de sa douleur lui parut devoir l'accabler longtemps, et ne laisser place à un aucun autre sentiment; elle sortit de la pièce où gisait le corps de son malheureux père pour aller pleurer et prier dans la solitude.

Pathfinder, fort troublé, sachant à peine ce qui s'était passé, prit Eau-Douce par le bras et sortit du fort avec lui. Ils passèrent devant le feu, traversèrent une clairière et atteignirent sans parler le bord de l'eau.

« Tout est fini, Jasper, murmura Pathfinder; le pauvre sergent est mort victime de la malice d'un Mingo : un sort pareil nous attend aujourd'hui ou demain.

— Que va devenir Mabel? dit le jeune homme pour toute réponse, tout entier encore aux dernières scènes de l'agonie du sergent.

— N'avez-vous pas entendu les dernières paroles de son père? Il me confie son enfant; c'est un dépôt solennel que j'accepte : Mabel ne sera point abandonnée.

— C'est un dépôt qu'on peut être fier d'accepter, et une charge que nul ne voudrait refuser! » et il y avait un peu d'amertume dans le ton de ces paroles.

« Vous avez raison, mon ami, et, pour mon compte, je pense que je n'étais point digne de cette mission. Non, je n'ai point d'amour-propre, Jasper; mais si Mabel Dunham ne veut point considérer et mon ignorance et mes imperfections, est-ce à moi de les lui faire voir pour refuser le legs du sergent?

— Vous devez l'accepter, reprit Jasper plus maître de lui ; nul ne saurait vous en faire reproche, au contraire.

— Pensez-vous, mon garçon, dit le guide avec une grande simplicité, que Mabel puisse être blâmée de prendre ce parti? Car tout le monde ne me juge pas aussi favorablement que vous le faites, vous et la famille du sergent, qui êtes des amis intimes. Les habitants des frontières sont en général envieux et jaloux. Il me semble, et je l'ai parfois souhaité, qu'il eût été préférable que Mabel eût de l'affection pour vous, Jasper, et que vous en eussiez pour elle ; tout eût été mieux peut-être, plus à sa place, plus à l'abri de la critique, parce que vous êtes plus jeune et que vous pourriez la rendre plus heureuse.

— Ne parlons point de cela, dit Jasper en proie à un grand trouble; ne parlons point de cela. Mabel sera votre femme; c'est la volonté du sergent. Quant à moi, je consulterai maître Cap, et je m'en irai voir ce qu'il y a à faire sur l'eau salée.

— Comment ! s'écria le guide au comble de l'étonnement, vous, Jasper, vous quitteriez les lacs, les forêts, la frontière, afin de vous en aller vivre dans les villes et les établissements, et cela uniquement pour trouver une légère différence dans le goût de l'eau ! N'avons-nous pas les lacs salés, si c'est le sel qui vous est nécessaire? Je comptais pourtant sur vous, Jasper; je me disais que si nous élevions une cabane avec Mabel, vous choisiriez un emplacement non loin de là, et que vous viendriez vous y établir avec votre femme également; car vous vous marierez, n'est-il pas vrai? Je connais un site à quarante milles à l'ouest de l'Oswego, un beau site, en pleine forêt, loin de toute habitation, mais assez près d'une baie où le *Scud* pourrait mouiller d'ordinaire et où vous reviendriez toujours après vos expéditions. Nous ne serions séparés que par dix milles de distance; je fournirais de venaison les deux huttes pendant vos absences...

— Mais je ne veux point me marier, disait Jasper, touché, malgré l'angoisse qui lui étreignait le cœur, par cette simplicité et cette bonté sans égales du vaillant chasseur. Je ne veux point me marier; car il est probable que je n'aimerai jamais personne autant que vous et Mabel.

— Je vous remercie, mon garçon; je mérite votre affection; oui, je la mérite, et vous savez bien que vous avez toute la mienne. Vous avez également raison d'aimer Mabel; quand elle vous connaîtra mieux, elle vous aimera elle-même, j'en suis sûr; elle est digne aussi de votre affection. Je ne croyais pas, pour mon compte, ressentir jamais pour une créature du bon Dieu un attachement aussi profond; l'idée seule que je pourrais la perdre me trouble et me bouleverse au delà de tout ce que je pourrais dire.

— Ah! Pathfinder, dit Jasper, parlant comme en un rêve, qu'est-ce donc que la réalité pour celui qui perd Mabel, quand un simple doute peut vous faire tant souffrir? »

Il y avait un tel accent dans ces paroles, que Pathfinder tressaillit; il s'arrêta une minute entière au moins à considérer son jeune ami, muet, honteux, déjà repentant d'avoir laissé échapper ces paroles, qui trahissaient le secret de son âme. Le guide, en dépit de sa simplicité, avait d'un coup d'œil embrassé toute la vérité. Mis ainsi sur la voie de ce fait inconnu, mille souvenirs, mille preuves se présentèrent en un instant à son esprit. Comment n'avait-il pas vu cela plus tôt? comment ne l'avait-il pas deviné? Ce qu'il éprouva tout d'abord en faisant cette découverte, ce fut la sentation d'une humilité profonde et d'une douleur excessive : Jasper convenait bien mieux que lui à Mabel ; il saurait bien faire le sacrifice de Mabel et la laisser au plus digne, si surtout, comme il le pensait maintenant, Jasper était plus agréable à la jeune fille.

La rectitude d'esprit que possédait Pathfinder à un si haut degré, sa modestie, la déférence avec laquelle il traitait les droits des autres, la force de sa volonté, lui rendirent promptement l'empire habituel qu'il avait sur lui-même. Il prit Jasper par le bras, le conduisit vers un tronc d'arbre couché à quelque distance, l'y fit asseoir, et se plaça lui-même à côté de lui.

« Jasper, dit-il au bout d'un instant et d'un ton solennel, je viens d'être surpris, oui, très surpris. Vous avez de l'affection pour Mabel, et la chose doit être éclaircie de telle sorte, comme disent mes amis les Delawares, qu'il ne reste pas un nuage entre nous.

— Qu'est-il besoin d'éclaircissements, Pathfinder ? Mabel vous a choisi ; il n'importe que j'aie de l'affection pour elle... Je m'en vais m'en aller à l'Océan, et je vous oublierai tous les deux.

— M'oublier, Jasper ! mais je ne mérite pas ce châtiment. Comment savez-vous, d'ailleurs, que Mabel me préfère à vous ? Comment pouvez-vous le savoir, elle ne me l'a jamais dit à moi-même ?

— Elle doit se marier avec vous...

— C'est le sergent qui l'y a déterminée : une fille soumise doit obéir à son père. Jasper, parlez franchement, — mais vous ne savez pas mentir, — avez-vous jamais dit à Mabel que vous souhaitiez l'avoir pour femme ?

— Jamais, Pathfinder, ni directement ni d'une façon détournée. Je n'aurais jamais voulu vous faire pareille injure.

— Je vous crois, mon garçon, je vous crois. Je devine pourquoi vous voulez vous en aller sur l'Océan : vous vouliez laisser mourir votre secret avec vous. Ainsi vous n'avez jamais échangé sur ce sujet aucune parole avec Mabel?

— Non, jamais rien de positif. Elle s'est montrée aimable et généreuse pour moi, mais c'est tout. Vous a-t-elle fait entendre plus ouvertement à vous-même, Pathfinder, qu'elle avait de l'affection pour vous ?

— Non point, répondit le guide. Elle me disait plutôt que nous ne devions point songer à nous marier ensemble, qu'elle n'était pas assez bonne pour moi; toutefois elle ne manquait pas de dire qu'elle me respectait et m'honorait beaucoup. Le sergent me soutenait ensuite que les jeunes filles bien élevées ne devaient pas parler autrement. Je le croyais, et je pensais que tout allait bien. Oui, je l'ai cru... Mais il est temps de songer aux funérailles du sergent et de faire les préparatifs de notre départ. Nous pourrons ensuite nous entretenir de Mabel. Cette affaire sera examinée; car le père, vous savez, m'a confié son enfant. »

Dans l'après-midi les morts furent enterrés; la tombe du sergent Dunham fut placée au centre de la clairière; un orme d'une grande hauteur l'ombrageait. La cérémonie fut simple; mais les assistants furent impressionnés par la douleur de Mabel.

On ne put mettre à la voile le lendemain, la brise étant trop forte. Le mauvais temps continua pendant deux jours; mais aucun incident nouveau ne vint troubler les hôtes de l'île du Poste. Le calme se fit, et au matin du troisième jour le capitaine Sanglier partit le premier, rejoignant en toute hâte les établissements de ses compatriotes, situés à une assez petite distance.

XXIV

Mabel était restée uniquement préoccupée de la mort de son père. Il n'y avait pas bien longtemps qu'elle le connaissait; elle avait vécu de longues années sans éprouver le besoin de se rapprocher de lui; mais, en le perdant si malheureusement après l'avoir connu, après l'avoir aimé, il lui semblait que le monde entier était vide. Elle tressaillait aussi de temps à autre quand elle pensait à la mort si prompte et si cruelle de la pauvre Jenny, et aux autres scènes d'horreur dont elle avait été témoin depuis son arrivée dans l'île du Poste. L'accablement, la stupeur de Rosée-de-Juin depuis l'heure où elle avait appris qu'Arrowhead était tombé sous les coups du Mohican obligèrent Mabel à sortir de son abattement. Elle sentit la nécessité de consoler la jeune Indienne, et elle s'acquitta de ce devoir avec une douceur et une convenance parfaites.

Le troisième jour, dans la matinée, le départ du *Scud* était imminent ; les derniers préparatifs étaient faits, le vent était redevenu favorable. Les soldats s'embarquèrent avec une satisfaction très marquée ; l'établissement devant être abandonné, ils ne laissaient absolument rien derrière eux.

Pathfinder et Jasper, avant de rejoindre leurs compagnons, jetaient un dernier regard sur l'emplacement du fort ; ils l'avaient vu construire tous les deux. Mabel adressait au Ciel une fervente prière sur la tombe de son père ; c'était son adieu à ce tombeau désormais abandonné, et que sans doute elle ne visiterait plus jamais.

Rosée-de-Juin, accroupie à l'orée du bois, s'abandonnait, sans essayer de s'en rendre maîtresse, à toute la violence de son chagrin ; elle avait déclaré qu'elle resterait dans l'île : elle avait sa pirogue, elle pourrait, quand elle le voudrait, rallier les côtes du Canada ou les établissements anglais.

Bientôt le guide et son compagnon, ayant rejoint Mabel, descendirent lentement vers la petite crique où étaient restées les pirogues qui devaient les conduire au *Scud,* sous toutes voiles à une petite distance du rivage.

Le chasseur semblait rêveur, même triste ; il allait devant ; les deux jeunes gens le suivaient sans parler. Tout à coup il s'arrêta, revint vers eux, et après leur avoir fait un signe de tête il les conduisit vers un arbre couché sur le sol, abrité néanmoins par le feuillage et hors de la vue de leurs compagnons.

Pathfinder s'assit gravement, et dit à Mabel et à Jasper de prendre place à ses côtés.

Tout cela fut accompagné d'une telle solennité, que Jasper et la fille de Dunham comprirent qu'ils étaient en face d'une résolution grave à prendre, et dont les conséquences pèseraient sur leur vie tout entière.

« J'ai quelque chose de lourd et de pesant sur le cœur, dit lentement le guide après les avoir regardés tous les deux; il est temps que je me débarrasse de ce fardeau. »

Il s'arrêta, les deux jeunes gens se turent; ni l'un ni l'autre, ne sachant où Pathfinder voulait en venir, n'osa prendre la parole. Il continua :

« Avant de mourir, Mabel, votre père a décidé que nous deviendrions mari et femme, pour passer notre vie ensemble aussi longtemps que le Seigneur voudrait nous laisser ici-bas...

— Oui, dit Mabel d'une voix assez ferme, c'était la volonté de mon père; et je sais que ma vie tout entière, consacrée à vous servir, sera encore insuffisante pour reconnaître tout ce que vous avez fait pour lui et pour moi. Mais, mon excellent ami, ne ferions-nous pas mieux d'ajourner notre décision sur ce point? Nous ne sommes pas seuls d'ailleurs, et nos affaires de famille ne sauraient intéresser votre ami Eau-Douce...

— Elles l'intéressent, Mabel, elles l'intéressent, soyez-en bien sûre; et c'est précisément parce que Jasper est ici avec nous que je veux traiter cette question. »

Alors avec une simplicité, une droiture, et aussi un héroïsme dans l'immolation de ses propres sentiments à peine explicables dans la nature humaine, le guide fit connaître à Mabel l'affection que Jasper avait pour elle. Il lui soutint qu'à l'heure où elle avait donné, à la demande de son père, son consentement à son mariage, elle n'avait pu s'engager ainsi, ne sachant pas qu'Eau-Douce l'aimait; il affirma que, si elle l'avait su, elle ne se serait point engagée, parce que Jasper devait, à son sens, lui convenir bien mieux. Il se mit à faire l'éloge de son ami, énumérant toutes ses qualités : il était plus jeune, plus instruit, plus capable de la rendre heureuse à la manière des jeunes filles des établissements.

Jasper baissait la tête comme un coupable et détournait la figure; Mabel se cachait le visage dans les deux mains; ils le laissaient parler.

Une idée se présenta un instant à son esprit; ils auraient dû l'interrompre..., pourquoi ne le faisaient-ils pas?... Un homme, même le plus perspicace, et à plus forte raison un homme simple comme lui, pouvait se tromper... Et s'il se trompait? Mais non, cela n'était point.

Il reprit l'éloge de Jasper; il fit valoir les avantages que retirerait Mabel de son union avec lui. A la fin celle-ci, levant la tête, dit :

« Pathfinder, pourquoi nous soumettre tous à cette rude épreuve? A quoi cela peut-il nous conduire? Jasper Western a toutes ces qualités, je le reconnais; mais qu'importe, puisque je dois vous épouser? Jasper Western n'a jamais pensé à moi; il se tait, ne vous en apercevez-vous pas? »

Eau-Douce releva la tête et se contenta de dire :

« Mabel! »

L'émotion l'empêcha de continuer; mais il avait mis toute son âme et tout son cœur dans cette parole. La jeune fille, confuse plus qu'étonnée, se retourna vers Pathfinder.

« Que voulez-vous de moi? J'ai promis à mon père mourant de faire ce que vous exigeriez.

— Je n'exigerai rien, Mabel; j'ai promis de vous guider, de vous défendre, de vous protéger : je serai pour vous comme un père. »

Et alors, avec cette délicatesse de sentiments qu'on n'eût point trouvée dans un homme plus instruit et mieux élevé selon les idées du monde, il essaya de leur faire comprendre qu'il avait eu tort de songer au mariage; sa nature n'était point faite pour la vie de famille : il lui fallait la liberté, l'absence de tout lien sur cette terre; il s'était trompé, disait-il, il avait commis une erreur qui sans doute n'était pas une grande faute; il s'en repentait pourtant, il saurait la réparer.

D'ailleurs, il ne leur demandait point de prendre une résolution immédiate; ils pouvaient se donner le temps de réfléchir. Mais il demeurait convaincu qu'il leur suffisait d'un instant pour trancher cette question s'ils le voulaient; il lui semblait qu'ils s'entendaient déjà.

Puis, cédant à un sentiment plein de délicatesse et de discrétion, il tourna sur ses talons et gagna la forêt, laissant les deux jeunes gens s'occuper de leur avenir et chercher une solution.

Quand il revint une heure après, grave toujours, les traits altérés, bien qu'il affectât de sourire, il n'eut besoin que d'un seul regard pour se rendre exactement compte de la situation.

Il se redressa dans sa haute taille et leur dit :

« Mes amis, j'aimerais à vivre dans votre voisinage, à être témoin de votre bonheur...; mais le mieux sera pourtant que je quitte le 55ᵉ et que je retourne au 60ᵉ; c'est comme mon régiment natal, vous savez. Il aurait peut-être mieux valu pour moi de ne jamais le quitter; il est vrai que cela m'a valu de passer de bonnes années en compagnie du sergent, que j'avais déjà connu dans un autre corps..., et puis je ne regrette pas non plus d'avoir fait votre connaissance, Jasper.

— Et moi, dit Mabel, regrettez-vous de m'avoir connue? Si je pouvais le penser, je crois que je n'aurais jamais un moment de paix avec moi-même.

— Non, non, Mabel, je ne le regretterai pas. J'ai eu tort de penser un instant qu'un avenir auquel je n'avais jamais songé pouvait être fait pour moi; on ne change pas sa nature. J'ai eu tort, le sergent aussi a eu tort: c'est le grand coupable; jamais de moi-même je n'aurais ainsi pris une piste aussi fausse et pouvant me conduire aussi loin de mon but véritable. Non, non, Mabel, je ne regretterai jamais de vous avoir connue. Donnez-moi la main avant que je prenne congé de vous; Cap s'impatiente à bord de nous voir tant tarder. »

Mabel, fort émue, ne savait comment exprimer sa reconnaissance à ce brave cœur, à cet honnête homme; il lui semblait aussi qu'il y avait un manque de délicatesse et une sorte de dureté à faire des projets de mariage au lendemain de la mort si tragique de son pauvre père, comme à recevoir un mari des mains de Pathfinder. Celui-ci dut lui répéter que le sergent lui avait confié sa fille, qu'il lui avait remis la direction de son avenir comme le soin de son établissement. Il ajouta que les circonstances ne souffraient point de retard; Cap avait dessein de repartir le plus tôt possible pour la ville, et il ne pouvait laisser sa nièce sur la frontière, prenant son temps, et attendant l'heure où les convenances lui permettraient d'épouser Jasper. Non, il ne le voulait pas; il s'était déjà entendu avec maître Cap, et le mariage devait se faire dès l'arrivée des jeunes gens à Oswego. Ils aviseraient ensuite à organiser leur vie de la meilleure façon possible, soit que Jasper demeurât sur l'Ontario, soit qu'il suivît le vieux marin sur l'Océan.

« Pour moi, ajouta Pathfinder, je vous quitterai ici même; je retournerai à la solitude et à mon Créateur.

— Que Dieu vous bénisse! disait Mabel en lui pressant les mains et les arrosant de ses larmes; ne reviendrez-vous pas auprès de nous? Nous vous reverrons plus tard; je serai une fille pour vous.

— Oui, c'est cela, c'est cela, vous serez une fille pour

« Donnez-nous votre bénédiction, » dit Mabel en s'agenouillant devant le chasseur.

moi ; je prendrai la place du sergent. Allons, Jasper, partez, prenez votre canot, emmenez Mabel ; il est temps que vous vous rendiez à bord. »

Ils atteignirent ensemble le rivage ; ils allaient partir quand Mabel, saisissant de nouveau les deux mains du guide, s'agenouilla devant lui en lui disant :

« Donnez-nous votre bénédiction avant que nous nous séparions ! »

Jasper s'inclina, et cet homme grand et simple, en enfant de la nature, levant la main, les bénit, priant Dieu de les bénir aussi.

Puis il fit signe à Jasper d'entrer dans la pirogue ; il soutint Mabel y entrant à son tour ; l'esquif quitta le rivage et se dirigea rapidement vers le *Scud*.

Pathfinder resta debout appuyé sur sa carabine, les regardant s'éloigner. Ils lui envoyaient encore des signes d'adieu ; mais il demeura immobile, comme pétrifié sur place. Le cutter orienta sa voile, fit son abatée, et se prépara à doubler la pointe de l'île. Le chasseur le suivait des yeux. Quand Mabel jeta un dernier regard, au moment où les arbres allaient lui dérober la vue de la plage, Pathfinder était toujours dans la même situation ; il ressemblait, à cette distance, à une statue élevée à la mémoire des événements qui s'étaient accomplis depuis quelques jours dans l'île du Poste.

Il demeura longtemps, gardant cette pose fière et morne à la fois. Tout à coup il poussa un long soupir et se mit en marche de son pas ordinaire, souple et prompt ; il se dirigea sans hésitation, — car les mouvements intérieurs de son âme ne pouvaient atteindre ni modifier ses habitudes journalières, — vers un buisson où il trouva Rosée-de-Juin affaissée sur elle-même et pleurant toujours Arrowhead.

Comparant cette douleur à la sienne, il se confessa à lui-même qu'il avait été faible, et il entreprit aussitôt de la consoler. Cette tâche lui rendit son énergie, et lui permit de rentrer plus aisément et plus vite en pleine possession de lui-même. Il connaissait bien la nature des Peaux-Rouges; il sut trouver des paroles et des arguments qui relevèrent un peu cette pauvre âme abattue. Ne voulant rien brusquer, il la quitta en lui disant :

« Oui, oui, livrez-vous à votre chagrin, Rosée-de-Juin, c'est dans la nature; quand il se sera écoulé un temps convenable, je reviendrai vous parler, et vous m'entendrez mieux. »

Il retourna à son canot et s'en alla dans une autre île. Chingachgook était parti dans sa pirogue, laissant le *Scud* regagner le port d'Oswego; mais il ne s'était point embarqué avant d'avoir eu une longue conférence avec son ami. Ils avaient dressé ensemble un plan de campagne qui devait les occuper jusqu'à la fin de la saison, et ils avaient pris rendez-vous pour une époque ultérieure.

Pendant une huitaine de jours, Pathfinder chassa dans les îles environnantes; il abordait de temps en temps à l'île du Poste : il apportait du gibier à la pauvre Tuscarora, il lui disait quelques bonnes paroles et repartait promptement. Elle couchait dans une des huttes laissées à son intention, et passait ses journées en face de la sépulture d'Arrowhead.

Un jour, le Serpent reparut; il fut convenu qu'on partirait le lendemain et qu'on emmènerait Rosée-de-Juin. Elle y consentit.

La saison était devenue mauvaise; cependant le lac était tranquille, ils le traversèrent rapidement; ils abordèrent dans la rivière d'Oswego, au pied du fort, et n'y entrèrent point.

Chingachgook traversa le petit port; toute la garnison

était sur les remparts; mais personne, selon l'ordre donné par Lundie, ne héla les arrivants. Ils abordèrent sur la rive opposée, en face d'une hutte nouvellement construite. Jasper était sur la rive; il les attendait et les accueillit avec joie.

Il était marié depuis deux jours : ainsi l'avait voulu Cap, qui s'était d'ailleurs, la cérémonie faite, empressé de repartir pour les établissements, jurant bien qu'on ne le reprendrait pas à mettre le pied sur les frontières.

L'entrevue fut simple et cordiale; Pathfinder, conduit par Jasper, entra dans la cabane, où tout était déjà rangé en ordre et avait un grand air d'aisance et de propreté. Rosée-de-Juin les avait devancés; elle devait désormais rester auprès de Mabel. Les Tuscaroras l'auraient reniée, et elle ne voulait pas entendre parler des Mingos. L'accueil que fit Mabel à l'ami de son père fut plein de franchise et d'affection; elle le remercia d'avoir voulu être sitôt témoin de son bonheur. Il témoigna aux deux jeunes gens le plus vif intérêt, mais ne consentit point à s'arrêter plus longtemps sous leur toit; il reviendrait plus tard, plus tard; il n'oublierait point Jasper ni Mabel : un père ne doit point oublier ses enfants.

Le moment de se séparer arriva bien vite. Chingachgook avait déjà quitté les pirogues et s'était posté sur la lisière du bois, en face d'un sentier qui conduisait en pleine forêt. Il attendait gravement l'arrivée de son ami. Pathfinder, ayant jeté un regard par la porte de la hutte, l'aperçut; il se leva aussitôt pour faire ses adieux.

« Pathfinder, demanda Mabel, quand nous reverrons-nous? »

Une émotion assez vive s'empara du chasseur; il demeura un instant sans répondre, puis il murmura:

« J'y ai songé, mes amis, j'y ai songé. Je reviendrai; adieu, mes enfants! Jasper, sachez la défendre et la protéger. Traitez-la toujours avec douceur... Adieu!... » Et, en s'en allant, il dit encore : « Le sergent a eu tort...; oui..., le sergent a eu grand tort. »

Il n'ajouta pas un seul mot, il ne se retourna point. Il eut bientôt rejoint son ami; Chingachgook, le voyant approcher, jeta son fusil sur son épaule et s'enfonça dans les bois. Pathfinder, bien que Jasper, Mabel et Rosée-de-Juin l'eussent suivi à une petite distance, ne regarda point en arrière; ils le virent une ou deux fois hocher la tête, une autre fois il agita son bras vaguement; mais son pas était ferme et sa taille droite : il disparut bientôt dans les profondeurs de la forêt.

Jasper et sa femme ne revirent jamais le guide. Ils restèrent une année encore à peu près sur les bords de l'Ontario; mais, cédant aux sollicitations de Cap, ils allèrent s'établir à New-York. Jasper s'occupa de commerce et amassa une fortune fort honorable.

Trois ou quatre fois, à plusieurs années d'intervalle, Mabel reçut des présents de fourrures magnifiques; aucune indication de provenance ne les accompagnait, mais elle n'ignorait point quelle était la main qui les lui avait adressées.

Plus tard, elle fit un voyage dans l'intérieur des terres, accompagnée d'un de ses fils ayant déjà atteint l'âge d'homme. Elle entendit parler, sur les rives du Mohawk, d'un chasseur fort renommé dans toute cette partie des États-Unis; elle l'entrevit même à une certaine distance : il lui parut que lui-même l'observait de loin avec intérêt. Elle s'informa, elle apprit peu de chose : il était grand de taille; il avait des habitudes très étranges; il vivait absolument seul, et n'était connu que sous le nom de Bas-de-Cuir. Une impression mélancolique et douce s'empara d'elle; elle se souvint de la mort de son père et pensa à l'ami, au compagnon dévoué du sergent qui avait promis autrefois de prendre la place de son père; mais elle ne sut rien de plus.

Rosée-de-Juin était morte peu après le départ de Pathfinder dans la chaumière de Mabel : l'enfant du désert n'avait pu survivre à la perte de son mari et à la ruine de sa tribu. On transporta son corps dans l'île du Poste, et elle reposa auprès de la sépulture d'Arrowhead, non loin de la tombe du père de Mabel.

FIN

BIBLIOTHÈQUE DES FAMILLES ET DES MAISONS D'ÉDUCATION

FORMAT GRAND IN-8° — 1re SÉRIE
VOLUMES ORNÉS DE NOMBREUSES GRAVURES SUR BOIS

A TRAVERS LE TYROL, par Jules Gourdault.
A TRAVERS LE ZAMGUEBAR, par les PP. Baur et le Roy.
CHASSES DANS L'AMÉRIQUE DU NORD (LES), par B.-H. Révoil.
CHEVALIERS DE RHODES (HISTOIRE DES), par Eugène Flandrin.
DERNIER DES MOHICANS (LE), de Fenimore Cooper; adaptation par A.-J. Hubert.
ESPAGNE (L'), par l'abbé Léon Godard; illustrations par Gustave Doré.
ESPION (L'), de Fenimore Cooper; adaptation par A.-J. Hubert.
FABIOLA, OU L'ÉGLISE DES CATACOMBES, par Son Ém. le cardinal Wiseman.
FRANCE COLONIALE (LA), Algérie, Tunisie, Congo, Madagascar, Tonkin et autres colonies françaises, par A.-M. G., membre de la Société de géographie de Paris, de la Société royale belge de Géographie de Bruxelles, etc.
GÉNIE DU CHRISTIANISME, par le vicomte de Chateaubriand.
HISTOIRE NATURELLE EXTRAITE DE BUFFON ET DE LACÉPÈDE.
IMITATION DE JÉSUS-CHRIST, par le R. P. de Gonnelieu. Dessins d'Hallez.
ITINÉRAIRE DE PARIS A JÉRUSALEM, par le vicomte de Chateaubriand.
JÉRUSALEM DÉLIVRÉE (LA), traduit de l'italien.
LAC ONTARIO (LE), de Fenimore Cooper; adaptation par A.-J. Hubert.
LEÇONS DE LA NATURE (LES), par L. Cousin-Despréaux.
LES PLUS BELLES CATHÉDRALES DE FRANCE, par l'abbé Bourassé.
MARTYRS (LES), par le Vte de Chateaubriand.
MÉMOIRES D'UN GUIDE OCTOGÉNAIRE, par F.-A. Robischung.
MOYEN AGE ET SES INSTITUTIONS (LE), par Oscar Havard.
PILOTE (LE), de Fenimore Cooper; adaptation par A.-J. Hubert.
PRAIRIE (LA), de Fenimore Cooper; adaptation par A.-J. Hubert.
PREMIERS APOTRES DES GAULES (LES), par l'abbé Et. Georges (de Troyes).
QUATRE DERNIERS PAPES (LES), par Son Ém. le cardinal Wiseman.
QUENTIN DURWARD, de Walter Scott; adaptation par A.-J. Hubert.
RÉVOLTE AU BENGALE (LA) EN 1857 ET 1858, par Arthur Mangin.
ROME, ses églises, ses monuments, ses institutions.
TUEUR DE DAIMS (LE), de Fenimore Cooper; adaptation par A.-J. Hubert.
UN TOUR EN SUISSE, par Jacques Duverney.
VIES DES SAINTS POUR TOUS LES JOURS DE L'ANNÉE. Dessins de Rahoult.
VOYAGES DANS LE NORD DE L'EUROPE, par Jules Leclercq.
WAVERLEY, de Walter Scott; adaptation par A.-J. Hubert.

BIOGRAPHIES NATIONALES

BAYARD (HISTOIRE DE), par A. Prudhomme.
BLANCHE DE CASTILLE (HISTOIRE DE), par Jules-Stanislas Doinel.
COLBERT, ministre de Louis XIV (1661-1683), par Jules Gourdault.
FRANÇOIS DE LORRAINE, duc de Guise (VIE DE), par Ch. Cauvin.
GODEFROI DE BOUILLON, par Alphonse Vétault.
HENRI DE GUISE LE BALAFRÉ, par Ch. Cauvin.
JEANNE D'ARC, par M. Marius Sepet, ancien élève de l'École des chartes.
JEUNESSE DU GRAND CONDÉ (LA), par Jules Gourdault.
LOUVOIS, d'après sa correspondance, 1641-1691, par le général baron Ambert.
MARÉCHAL DE VAUBAN (LE), 1633-1707, par le général baron Ambert.
MARÉCHAL FABERT (LE), par E. de Bouteiller, ancien député de Metz.
MONTMORENCY (LE CONNÉTABLE ANNE DE), 1415-1467, par le général baron Ambert.
RICHELIEU (LE CARDINAL DE), par Eugène de Monzie.
SAINT LOUIS ET SON SIÈCLE, par le vicomte Walsh.
SUGER, par Alphonse Vétault, ancien élève pensionnaire de l'École des chartes.
SULLY ET SON TEMPS, par Jules Gourdault.
TURENNE (HISTOIRE DE), par L. Armagnac.

Tours, Imprimerie Mame.

www.ingramcontent.com/pod-product-compliance
Lightning Source LLC
Chambersburg PA
CBHW050532170426
43201CB00011B/1392